KB175445

감옥의 몽상

감옥의 몽상

현민 지음

2018년 5월 31일 초판 1쇄 발행

펴낸이 한철희 | 펴낸곳 돌베개 | 등록 1979년 8월 25일 제406-2003-000018호
주소 (10881) 경기도 파주시 회동길 77-20 (문발동)
전화 (031) 955-5020 | 팩스 (031) 955-5050
홈페이지 www.dolbegae.co.kr | 전자우편 book@dolbegae.co.kr
블로그 imdol79.blog.me | 트위터 @Dolbegae79

주간 김수한 | 편집 윤현아
표지디자인 박연미 | 본문디자인 박연미·이연경 | 본문 일러스트 전나환
마케팅 심찬식·고운성·조원형 | 제작·관리 윤국중·이수민
인쇄·제본 영신사

ISBN 978-89-7199-850-2 (03300)

이 도서의 국립중앙도서관 출판예정도서목록(CIP)은 서지정보유통지원시스템 홈페이지
(http://seoji.nl.go.kr)와 국가자료공동목록시스템(http://www.nl.go.kr/kolisnet)에서
이용하실 수 있습니다.(CIP제어번호: CIP2018013564)

책값은 뒤표지에 있습니다.

현민 지음

× × **감옥의** × ×

+
+

몽상

+
+

돌베
개

슬픔을 나누는 일이 지난한 감옥에서
어둠은 태워야 하는 것이 된다.
허나 태워버린 어둠에는 재가 남기 마련이고,
이를 씻어내기 위해서는 물이 필요하다.

대학교 과사무실에서 전화가 왔다. "동문회보 발송 때문에 그러는데 댁 주소를 알 수 있을까요?" "저…… 이제 주소가 없는데요." "아. 유학가시나 봐요." "…… 네." "그럼 이메일이라도 알려주시겠어요?" "…… 이메일도 없는데요." 동문회 업무담당 조교는 당황한 눈치였다. 하지만 그에게 사실대로 설명할 수 없었다. 곧 감옥에 간다고 말하면 그는 더 당황했을 것이다. 통화를 빨리 마쳐서 그의 노동시간을 줄여주는 게 나로서는 최선이었다.

　모두가 그렇듯 나 또한 살면서 감옥에 갈 것이라고 예상하지 못했다. 그러나 언제부터인가 감옥행은 은밀히 준비해야 하는 일이 되었다. 결국 나는 2010년 3월 12일부터 2011년 6월 30일까지 영등포교도소에 수감되었다. 그리고 출소 후 불현듯 떠오르는 기억들. 내게 수감경험은 투명하고 자명한 것이 되지 못했다. 수형생활의 흔적을 생생히 느끼면서도 그것을 무엇이라 규정할 수 없었다. 나는 그것이 알고 싶었다. 내 경험을 다시 한번 포착하고 정확하게 이해하고 싶어서 글을 쓰기 시작했다. 흩어진 감각, 감정, 기억 들을 문장으로 조립하면서 당시의 상황을 철저하게 파헤치고 싶었다. 그러면 과거를 지나간 시간으로 만들 수 있을 것이라고 생각했다. 본문의 문장이 종종 현재형을 띠는 까닭은 이 때문이다.

이 과정은 내게 상당한 시간과 노력을 요구했다. 그러나 이 작업에 몰두하면서 특별하게 보이는 내 경험이 일반적인 것일 수도 있겠다는 생각이 들었다. 감옥은 인간이 겪는 몇몇 문제를 감옥 밖 일상보다 첨예하게 보여주는 면이 있다. 나는 교도소의 많은 부분을 접하면서 여러 수감자를 만날 수 있는 위치에 있기도 했다. 이 책은 한편으로는 범죄자의 '인간성'을, 다른 한편으로는 평범한 인간의 '이상성'을 드러낸다. 내가 감옥에 간 배경에도 소박한 바람, 날카로운 정치의식, 부적응자의 몸이 혼재되어 있다. 수감자의 삶이 감옥 안의 이야기로만 제한되는 것은 옳지 않다. 혼란과 갈등을 언어로 옮기면서 세상에 대한 이해를 도모하고 싶었다. 예외라 여겨진 곳을 극단이 아닌 삶이 여러 겹 포개진 자리로 제시하고자 했다.

안타깝게도 감옥은 이해하기가 까다롭다. 직접 경험하지 않으면 알 수 없는 부분이 많다. 정보는 부족한 반면 이미지는 강력하다. 독자가 이해할 수 있도록 감옥을 보여주려면 특별한 절차가 필요했다. 나는 시작은 단순하게, 갈수록 복잡하게 기술하는 방식을 택하였다. 페이지를 넘길수록 공간은 확장되고 인물은 늘어나며 어휘는 다양해질 것이다. 몇 가지 주제는 반복해서 언급되는데 뒤로 갈수록 깊이 있게 다뤄진다. 이 방법은 풋내기 수감자였던 내가 징역꾼으로 나아가는 과정과 비교적 일치한다는 장점이 있다. 가급적 평이한 언어를 사용했지만 이론적 언어도 배제하지 않았다. 이론의 도입은 이야기를 좀 더 정교하고 보편적으로 풀어 나가기 위한 하나의 방편이다. 그러나 이 책은 이론을 통한 분석보다 많은 사람들에게 다가갈 수 있는 이야기를 중시하였다.

마지막으로 이 책이 다른 사람의 결점을 들춘다는 인상을 줄지도 모르겠다. 실제로 나는 자신을 약자로, 교도관이나 다른 재소자를 강자로 기술할수록 자신의 글쓰기를 정당화할 필요가 줄어든다는 점을 알 수 있었다. 나는 타인을 비난하기 위해서 그의 흠결을 지적하고 싶지 않았다. 누군가의 부정적 모습이 노출되더라도 같은 현장에 있는 (나를 포함한) 사람들과의 관계 속에서 다루고자 했다. 의미 있는 맥락에 놓여 있어서 해석이 필요하다고 판단되는 부분에 한해 논하고자 했다. 다른 경험도 마찬가지겠지만 특히 감옥에서는 나와 타인의 삶의 경계가 뚜렷하게 그어지지 않는다. 같은 이유에서 한 사람의 말과 행동을 환원시키는 효과를 낳기 때문에 죄명은 일부러 감추었다. 물론 이상의 시도가 얼마나 성공적인지는 내가 판단할 수 있는 일이 아니다.

서울시 구로구 고척동 100번지에 있던 영등포교도소는 내가 출소하고 얼마 지나지 않아 이사했다. 영등포교도소라는 이름의 공간은 더 이상 한국사회에 존재하지 않는다. 영등포교도소의 마지막 시절을 보냈던 사람들이 보기에 나의 기록이 잘못된 것이 아니기를 바란다. 감옥과 무관한 개인에게도 수인의 이야기가 공감할 수 있는 것이기를 바란다. 나는 이 책에 한 사람의 체험담 이상의, 학계의 연구자도 참고할 수 있는 지식으로서의 가치도 담고자 했다.

차례

++

+++

일러두기

1 맞춤법과 외래어 표기는 국립국어원의 용례를 따랐다. 다만 주요 배경인 감옥의 현실을 생생하게 전달하기 위해 은어, 비속어, 입말 표현은 그대로 두었다.
2 단행본, 신문명, 정기간행물에는 겹낫표(『 』)를, 신문기사, 소논문, 학위논문, 중제목은 낫표(「 」)를, 영화 및 노래 제목에는 홑꺾쇠(〈 〉)를 썼다.
3 인용문 중 저자가 첨언한 사항은 〔 〕로 표시했다.
4 등장인물 대부분은 가명 또는 익명 처리했으며 신원정보는 사생활을 보호하고자 문맥을 훼손하지 않는 범위 내에서 변경해 서술했다. 예외적으로 사회운동가와 시국 관련 수형자의 경우는 실명으로 기록할 가치가 있다고 판단해서 첫 등장 시 (실명)으로 표기했다.

1

시간을 잃다

노인은 고함을 지르면서 교도관에게 달려들었다. 라이터 때문이다. 입소한 사람은 옷부터 파란색 수의로 갈아입는다. 이때 감옥 밖에서 지녔던 물건은 모두 플라스틱 바구니 안에 담는다. 그의 소지품 중에 라이터가 있었다. 라이터는 반입은 물론 교도소에서 따로 보관해주지 않는 물품이다. 곳곳이 막혀 있는 교도소에서 화재가 발생하면 걷잡기 힘들기 때문이다. 교도관은 규정대로 라이터를 폐기하려 했다. 1940년대에 태어난 노인이 라이터 하나를 지키기 위해 악다구니를 퍼붓고 있다.

그가 구속된 사유를 들었을 때, 나는 속으로 적잖이 당황했다. 그는 벌금 9만 원을 내지 못해 이 감옥에 끌려왔다. 마침 내 상의주머니에는 10만 원 남짓의 현금이 들어 있다. 한 출판사에서 영치금으로 사용하라고 후원해준 돈이다. 그의 감옥행은 내 수중의 금전과 바꿀수 있는 것이었다. 결코 크다고 할 수 없는 이 액수의 돈은 한 사람의 수감을 막을 만한 가치를 지닌 것이었다. 제 신세도 깨치지 못한 나는 주머니에 있는 지폐를 만지작거리면서 나설 타이밍을 재고 있다.

고민의 시간은 길지 않았다. 재물손괴*나 무전취식 따위로 입소한 나머지 여덟 사람도 노인의 상황과 크게 다르지 않았다. 한 사람의 벌금은 많아도 100만 원을 넘기지 못했다. 쌀쌀한 3월 상순과 맞지 않는 맨발 차림에 퀴퀴한 냄새를 풍기면서 알 수 없는 소리로 중얼대는 묘한 사람들이었다. 그들의 이름은 '노역'(노역수)이었고 나만 외따로 '직입'**이라고 불렸다. 노역수에게 감옥은 낯선 장소가 아니었다. 직입인 나만 겁에 질려 있는 것 같았다. 노인의 드센 표현이 자신의 욕구를 관철시키기 위해 몸에 밴 삶의 형태일지도 모른다고 생각했다.

'정상적' 절차에는 입소자 개개인이 들어설 틈이 없다. 무엇을 묻거나 따지려면 최소한의 시간이 확보돼야 한다. 그만큼의 시간이 물리적으로 허용되지 않았다. 모든 절차를 중단시켜야, 즉 문제를 일으켜야, 비로소 나라는 존재를 인정받을 수 있다. 예순 넘은 노인처럼 욕을 퍼부으며 성낼 줄 알아야 했다. 그렇지 않으면 직원들은 눈길조차 주지 않았다. 입방아와 호들갑으로 관심과 다정도 병이 되던 감옥 밖 세상과는 사뭇 달랐다.

    ✱   기물파손.
   ✱✱   법정에서 구속되지 않고 교도소에 직접 입소한 수용자.

교도관 개인의 문제는 아니었다. 지문을 날인할 차례가 되자, 나는 잠시 머무적댔다. 어깨에 이파리 세 개를 단 교도관이 "손에 묻는 게 싫어요?"라고 묻는다. 질문에 제대로 대답하려면 단답형이 아닌 긴 설명을 동원해야 했다. 고개를 들어 나를 보는 그의 눈이 충혈돼 있다. 쌍꺼풀 진 벌건 눈은 그가 더 이상 들을 수 없는 상태라는 것을 말해준다. 내가 입을 떼고 말하기 시작하면 이윽고 그 눈이 펑 소리를 내면서 터질지도 모를 일이었다. 그 사이 대기하던 내 입소 동기한 사람은 돌아가면서 인주자국을 닦는 공용수건에 퉤 하고 가래를 뱉는다. 교도관은 그에게 주의를 주고 다시 묻는다. "빨간색이 싫어요?"

그가 내게 대화를 시도하는 특별한 이유는 이 자리에서 단정한 자세로 얌전히 있는 단 한 사람이 바로 나이기 때문이다. 그는 이미 내가 챙겨온 칫솔, 수건, 도서의 반입을 허가해주었다. 내가 소지한 물건을 서류에 기록하면서 "여자친구는 있어요?"라고도 물었다. 내 허름한 죄명과 감춰지지 않는 표정으로 미루어 건네는 말이리라. 어떻든 그의 재량에 감사하거나 요주의 인물로 찍히거나 둘 중 하나를 택해야 하는 갈림길이었다. 내 엄지손가락이 인주를 지그시 누르고 있다.

입소 마지막 순서는 칠판조각 같은 팻말을 양손에 들고 가슴께로 갖다대는 일이었다. 분필가루가 덕지덕지 묻은 팻말에는 수감번호 '1216'이 적혀 있었다. 군인 신분인 경비교도대원이 그 모습을 디지털카메라에 담았다. 왼쪽 가슴에도 1216이라는 새로운 이름이 새겨졌다. 발에 걸친 고무신까지, 완연한 죄수의 차림이었다. 모든 절차가 마무리되자 교도관은 나를 복도식 건물의 맨 끝 방으로 집어넣는다. 맑은 목소리로 "마음 잘 추스르고 있어요"라고 인사하면서 문을 닫아준다. 투박한 쇠뭉치로 된 T자형 열쇠를 내 편에선 보이지 않는 구멍에 넣어 돌리자, 덜커덩 소리가 나면서 문이 잠긴다.

육중한 철문의 폭은 네 뼘이다. 측정 도구가 없으므로 측량 단위로 내 손을 사용했다. 손바닥을 문에 대고 한 뼘씩 옮길 때마다 차가운 기운이 몸에 전해진다. 문에 달린 세로 창살에는 바람이 통하지 않도록 투명한 비닐이 붙어 있다. 공식적 창窓은 아니고 누군가 가로세로가 약 반 뼘 크기인 프랑크소시지의 로고 스티커를 재활용해서 고정시킨 것이었다. 전에 살던 주민이 마련해둔 방한 장치다. 이 문의 폭이 거의 그대로 방의 폭이 된다. 이번에는 팔을 뻗어서 방의 길이를 재본다. 양팔을 벌려도 끝까지는 닿지 않고 약간 남는다. 이 미터가 더 됨직하다. 다행히 벽은 문보다 덜 차다.

한쪽 벽에 등을 대고 앉았다. 좁아서 다리는 뻗을 수 없다. 맞은편 벽 중앙에 큼직한 수용자 생활안내문이 붙어 있다. 규율위반 행위 중에 "다중多衆을 선동하는 행위"라는 문구가 눈에 띈다. 다중이라는 낱말이 이런 데서도 쓰일 줄이야. 나머지는 대수롭지 않았다. 생활안내문 오른쪽 벽지에는 누군가 손으로 쓴 성경 구절이 적혀 있다. 볼펜으로 꾹꾹 눌러서 길게 적은 문장이 기억에서 흐릿하다. 그래도 문장 끝의 「시편」이라는 출처만은 또렷하다. 그 아래에는 탱화풍의 수형자용 달력이 부착돼 있다. 달력 곳곳에 X표시로 날짜를 셈한 흔적이 빼곡하다. 그리고 달마다 불경 구절이 하나씩 딸려 있다. 복잡한 상념과는 거리가 먼 덤덤한 어투가 마음에 든다. 그 구절을 눈으로 따라 읽으면서 깊게 숨을 들이마시고 길게 내쉬어 본다. 목이 칼칼하고 입안은 꺼끌꺼끌하다.

문 옆에는 사각형 구멍이 있다. 크기는 가로세로 한 뼘이 되지 않는다. 보자마자 용도를 직감할 수 있다. 식구통(배식구)이다. 방에서는 밀어서 열 수만 있고 밖에서 닫을 수 있도록 되어 있다. 식구통의 작은 문에는 "소식 중입니다. 조기 출소를 원합니다. 조은[좋은] 소식을 주십시오"라고 적혀 있다. 삐뚤빼뚤한 글씨에서 독방생활의 심정을 헤아려본다. 식구통 위에는 "용서하자"가, 그 옆에는 "잊지 말자"라는 낙서가 있다. 한 사람의 글씨인지 여러 사람의 글씨인지 헷갈린다.

텔레비전이나 영화 같은 미디어에서 감옥은 어둠침침한 실내로 등장한다. 창살로 들어온 한 줄기 빛이 어둑한 감방 내부를 비추는 식이다. 이런 조명 효과는 사연이 있는 주인공을 부각시키고 나머지는 배경으로 처리하는 장치로 사용된다. 대중매체 속 전형적인 감옥의 풍경에는 광원과 음영의 대비가 있다.

내가 갇힌 진짜 감옥에 자연광의 자리는 없다. 감옥에서는 형광등이 태양보다 존엄하다. 형광등은 힘껏 뛰어도 닿지 않는 높이에 걸려 있다. 이 형광등은 밤낮을 가리지 않고, 어디에도 그늘을 만드는 법이 없다. 언제든 교도관이 육안으로 수형자의 일거수일투족을 관찰할 수 있어야 하기 때문이다. 감옥에는 환한 낮만 있다. 때문에 나는 방의 폭과 길이는 잴 수 있었지만, 시간을 측정할 수는 없었다. 공교롭게도 방에는 시계가 없다. 그리고 태양은 형광등에 밀려 제 고도

1 시간을 잃다

에 따라 벽과 바닥에 궤적을 그리지 못한다. 시간을 가늠할 어떤 수단도 없다.

지금 친척 대부분은 내가 스리랑카에 와 있는 줄 안다. 외할머니는 걱정하시면서 "외국은 위험하니까 함부로 바깥에 돌아다니"지 말라고 당부하셨다. 나는 혼잣말로 '할머니 이곳은 낮이고 밤이고 돌아다닐 수 없으니까 안심하세요'라고 중얼거린다. 사실 스리랑카행은 아들의 투옥을 다른 가족들에게 곧이곧대로 전할 수 없었던 어머니가 고안해낸 작품이다.

어머니의 작품은 나와 친구들 사이에서 제법 유명해져서 몇몇 친구들은 아예 감옥 대신 스리랑카라는 말을 애용했다. 나 또한 스리랑카라고 발음할 때의 경쾌하고 발랄한 느낌이 좋았다. 한 번도 방문한 적이 없는 나라를 들먹이면서 넉살과 엄살을 부리곤 했다. 만약을 대비해 검색해본 인터넷 자료에는 스리랑카가 한국과 세 시간 삼십분의 시차가 난다고 돼 있었다. 막상 스리랑카에 도착해보니 시간이 엉뚱한 방식으로 말썽을 부리고 있다.

하루의 시작은 법무부 로고송이 알려준다. "법은 어렵지 않아요. 법은 불편하지도 않아요. 법은 우릴 도와주어요. 법은 우리를 지켜주어요. 랄랄라. [이하 생략]" 남자 혼자 노래를 시작한다. 중반부에 여자와 코러스가 결합한다. 드럼이 들어오면서 곡이 호화로워지고 절정부에 도달한다. 이 노래는 기상을 재촉하는 내레이션으로 마무리된다. 단순한 멜로디지만 구성에 성의가 없다고는 할 수 없다.

첫 끼니 반찬으로 나온 콩나물무침을 입에 넣자 설탕덩어리가 씹혔다. 배식을 하면서 복도를 돌아다니는 재소자는 연두색 조끼를 입고 마스크를 썼다. 한참의 망설임과 더 오랜 기다림 끝에 말을 붙일 수 있었다. 그때 내가 뱉은 대사는 "저기, 음식물 쓰레기 어떻게 해요?"였다. 그는 서 있었고 나는 웅크린 자세로 식구통에 대고 말을 했기에 다른 재소자와의 첫 대화라기엔 조금 민망했다. 그는 변기통에 버리라고 답하고는 후다닥 가버렸다. 철문과 반대편 그러니까 방 끝에는 투명한 문이 있는데, 그 문을 여니 시멘트 바닥에 변기가 박혀 있었다. 나는 내가 아주 멍청한 질문을 했다는 사실을 똑똑히 알 수 있었다.

이후의 일과가 죄다 불분명한 탓에 내 어리석음은 배가되었다. 무엇을 내놓으라는 소리가 들려서 식구통에 플라스틱 그릇을 두면 물통이라고 했고, 페트병을 놓으면 식기를 주라고 했다. 소리에 맞춰 부랴부랴 이것저것 준비해 놓으면 교도관들이 우르르 나타나는 때도 있었다. 이 패턴은 틀림없이 반복일 텐데, 내겐 반복을 반복으로 인식할 수 있는 바탕이 되는 척도(시간)가 없었다. 끼니를 제외한 사이사이의 시간은 덩어리로 존재할 뿐 세밀하게 감각할 수 없었다.

하루의 끝을 알 수 없다는 점이 가장 답답했다. 불이 꺼지지 않을뿐더러 잘 시간을 일러주는 사람도 없었다. 규율이 없을 수 없는 공간인데, 소등은 그렇다 쳐도 취침 알림조차 없다는 것은 의외였다. 저녁밥을 먹고 창밖을 하염없이 바라보아도 시간이 얼마나 흘렀는지, 저녁인지 밤인지 새벽인지 감이 잡히지 않았다. 밥을 조금 전에 먹은 것 같기도 하고, 먹은 지 한참 지난 것 같기도 했다.

가져온『감옥으로부터의 사색』을 읽고 또 읽고 소리 내어 읽었다. 실용서라 생각하면서 세부사항에 주목해서 읽었다. 무언가가 벽을 갉아대는 소리에 귀를 기울이다가 스르륵 잠이 들면 교도관이 담요를 덮고 자라고 지시했다. 비몽사몽간에 때가 낀 베개와 담요를 집어 몸 쪽으로 끌어당겼다. 다음 날 비슷하다고 여겨지는 시간에 담요를 덮고 있으면 교도관이 와서 걷으라고 명령했다. 나는 내게 많은 것이 금지되어 있다는 것은 알았지만, 시간의 부재는 생활의 기초가 되는 감각을 상실하게 만들었다.

시간은 세계를 경험하고 이해하는 조건이다. 우리의 모든 행동과 반응 그리고 관계 맺음에는 시간에 대한 (무의식적) 이해가 전제되어 있다. 넋을 놓고 있는데, 이따금 옆방에서 텔레비전 소리가 들렸다. 내 방의 문과 천장이 맞닿는 공간에도 텔레비전이 비스듬하게 걸려 있었다. 시간이 사라진 세계에서 텔레비전은 삶의 새로운 기준점이 됐다.

나는 텔레비전을 앞에 두고 씨름을 한다. 전원버튼을 누른 다음 장면을 상상한다. 한가로이 텔레비전을 시청하는 내가 싫다. 희희낙락하는 자신을 견딜 수 없다. 나는 '신념'을 배신한 씁쓸한 기분을 미리 맛본다. 텔레비전 화면은 악의 구렁텅이다. 틀고 싶지 않다. 틀면 안 된다. 나는 놀러 온 것이 아니다. 판단은 부풀어 당위가 된다. 조금의 여지를 둬도 안 된다고 다짐한다. 이 이상한 세계를 텔레비전과의 관계로 축소시키자, 상상 속에서 행동과 대응의 영역이 만들어진다. 집중력이 살아나면서 의식이 명료해진다.

텔레비전이 시간에 따라 감옥의 일과를 배치하는 주된 장치라는 사실은 독거방에서 여러 명이 사는 혼거방으로 옮겨지고 알게 됐다. 텔레비전 전원이 차단되면서 감옥의 하루는 끝이 났다. 텔레비전을 켜 봤다면 감옥이라는 시공간에 대한 이해가 훨씬 빨랐을 것이다. 그래도 나는 내 방식대로 텔레비전을 활용했다. 나는 텔레비전과 옥신대면서 시간이 부재한 세계 속에서 자신이 살아 있다고 느낄 수 있었다. 나름의 '저항'을 통해 과거(감옥 밖)와 현재(감옥 안)의 나 사이에 연속성을 마련할 수도 있었다. 브라운관에 몇 차례 얼굴을 비춰보기도 했다. 방에는 거울이 없었다. 텔레비전은 내가 어떤 몰골인지 확인할 수 있는 유일한 수단이기도 했다. 볼록한 브라운관에 반사된 얼굴은 낯설었다.

나는 사박오일 동안 독방에 머물렀다. 사흘 째 되던 날, 규칙 몇 가지를 깨우쳤다. 복도에서 일하는 재소자는 끼니때마다 물, 밥, 약의 순서로 보급을 했다. 약은 내게 해당되지 않았고, 빈 물통과 식기를 차례로 내놓으면 되었다.

교도관들이 몰려다닐 때마다 튀어나오던 알 수 없던 소리도 확실하게 들렸다. "점검 준비이!" 나흘째 되던 날, 비가 내렸다. 감옥에서는 태양보다 비의 존재감이 훨씬 컸다. 빗소리는 내가 들어앉은 감옥도 기존의 세계 어딘가에 있는 곳이라는 안도감을 줬다.

저녁, 밤, 새벽은 독방에서 나갈 때까지 분간을 못했다. 하루의 경계를 명확히 인식하는 일은 혼거방으로 옮겨진 다음에 가능했다. 독방은 교도소가 잡범 신입의 적응을 돕기 위해 베푸는 찰나의 호의였다. 2.2평(7.29제곱미터)짜리 혼거방에서 네 사람이 살았다. 독방은 0.7평(2.34제곱미터)이었다. 비로소 생활이라는 단어를 사용할 수 있는 단계였다. 손목시계를 장만하는 장족의 발전이 있었다. 몸에 시간을 새겨 나가면서 감옥과의 관계도 세워지고 있었다. 벌건 눈의 교도관과 재회한 것은 석 달이 지나서다. 말끔해진 그의 눈은 나를 알아보지 못했다. 곰곰이 생각하더니 겨우 기억해냈다. 그 사람의 눈과 기억력에는 잘못이 없었다. 석 달 후에 그가 본 내 모습이 가지런한 머리에 수염이 없던 말끔한 첫인상과는 딴판이기 때문이었다.

2

식물과 동물 그리고 진화

혼거방의 식물 법무부 로고송이 들리면 고개를 든다. 밥이 식구통으로 들어오면 흡수한다. 교도관이 문을 따면 샤워실의 물을 맞는다. 종교인의 선교 말씀에 몸을 적신다. 텔레비전이 꺼지면 수의를 벗고 몸을 누인다. 내 삶을 주관하는 원리는 방 바깥에 있었다. 운동과 정지의 원리는 내 안에 없었다. 외부에서 힘이 가해져야 운동이 가능했다. 나는 식물이었다.

식물의 삶은 반복되는 하루였다. 요일과 날짜는 의미를 상실했다. 이 반복에는 시간이 흐르거나 쌓인다는 감각이 빠져 있었다. 시간은 내적 감각이 아닌 외부 사물을 통해 이따금 환기되는 방식으로 존재했다. 교도관이 오후 점검을 돌지 않으면 일과의 종료를 믿을 수 없었다. 내 옆의 다른 식물은 혼거방에서 시간의 존재양식을 한마디로 요약했다. "시간 참 안 가네." 그는 날마다의 차이를 인식하기 위해 공책에 달력을 그려 놓고 숫자를 지워나갔다.

2 식물과 동물 그리고 진화

교도관의 보이지 않는 손에 들려 외출했다 들어올 때였다. 힐끔 곁눈질을 해보았다. 세 칸 떨어진 방에는 강도·강간, 그 옆방에는 마약이라고 적혀 있었다. 가깝고도 먼 또 다른 식물의 세계였다. 경제방 한 칸이 내가 관여하는 세계의 전부였다. 식물의 삶은 영양을 섭취해서 생명을 유지하도록 되어 있었다.

취사장의 동물 반복은 방문 쇠창살 사이에 낯선 교도관이 등장하면서 끝이 났다. 그는 나를 골라내더니 취사장에서 일해야 한다고 했다. 갇혀 있는 형벌(감금형)에 노동하는 형벌(징역형)이 보태졌다. 본격적인 징역살이의 시작이었다. 그의 명령으로 나는 짐과 함께 사동ˣ 바깥 통로로 옮겨졌다. 통로와 사동의 배치는 E자 모양이다. 통로는 세로줄, 사동은 가로줄의 자리에 위치한다. 사동은 여섯 채가 있다. 그러니까 E자 두 개를 세로로 붙여 놓은 꼴이었다.

사동으로 들어가는 문을 제외한 통로의 양쪽에는 쇠창살이 가로세로로 길게 질러져 있다. 창살 틈은 물결 모양의 플라스틱판으로 채워져 시선을 차단한다. 통로를 지나도 사동과 사동 사이의 공간은 보이지 않는다. 진행 방향을 제외하면 시선은 좌우 2미터, 위 5미터에서 막힌다. 다른 사동에 있는 취사장방에 짐을 부린다. 아무도 없다. 작업장으로 갈 차례다.

ˣ   수용자가 거주하는 감방을 모아 놓은 건물 한 채를 '사동'이라고 하며 개별 건물마다 번호를 매겨 1사, 2사 식으로 부른다.

나는 일직선 동일한 보폭으로 걷는다. 이 문장에는 오해의 소지가 있다. '걷는다'의 주체는 '나'가 아니다. 교도관이 식물인 나를 옮기고 있다. 위쪽에는 진한 녹색 바탕에 하얀색 글씨로 "고운마음 고운말씨 [줄 바꿈] 정다운 교정마을"이라고 적힌 팻말이 있다. 얼마 가다가 정지. 교도관은 왼쪽 회색 철문에 딸린 자물쇠를 연다. 몸을 왼쪽으로 틀어 문을 통과하자 통로의 폭이 반으로 줄어든다. 열댓 걸음 후 다시 정지. 초록색 원형철근을 접합해서 만든 문이 있다. 자물쇠 부분을 제외하면 이 문에도 구불구불한 플라스틱판이 끼워져 있다. 교도관은 또 열쇠를 빼든다. E자 구역을 벗어나려면 이런 식으로 철문과 자물쇠를 마주쳐야 한다. 감옥의 통로들끼리는 서로 통하지 않고 막혀 있다. 통로는 또 다른 감금장소로서 거대한 체계의 일부를 구성한다. 자물쇠 너머로 두 개의 눈이 이쪽저쪽 휘둘러보더니 문이 열린다.

두 개의 눈이 얼굴을 드러냈다. 그는 나와 같은 차림의 재소자로 입꼬리에서 귀 밑까지 칼로 그은 듯한 흉터가 있다. 지금 내 머릿속에서 그의 흉터가 왼쪽 턱과 오른쪽 턱을 번갈아 오가고 있다. 그는 나를 쳐다봤지만 나는 그의 얼굴을 응시하지 못한다. 겁에 질렸기 때문만은 아니다. 시선을 잡아끄는 것은 따로 있다.

수레들이 나란히 세워져 있는 오른편 공간에는 천장이 없었다. 위가 뻥 뚫려 있었다. 오른편 공간의 끝은 철문으로 막혀 있었는데, 철문 너머 운동장에도 천장이 없었다. 시야가 트이면서 공간감이 천 배로 확장되는 순간이었다. 천장, 담장, 창살, 어느 것에도 막히지 않은 온전한 하늘이 펼쳐 있었다. 초록색 철문을 넘어 도착한 취사장의 절반은 하늘이 굽어보는 자리에 있었다. 어느 방향에서든 만 리 너머 하늘을 볼 수 있었다.

그 하늘 아래, 취사장 징역수들이 움직이고 있었다. 왼편 공간에는 뿜어져 나오는 증기, 우당탕하는 소리와 더불어 분주한 움직임이 있었다. 기이한 사실은 방향과 속도가 일정하지 않다는 것이었다. 앞뒤, 좌우, 빠름·느림에 얽매임이 없는 몸놀림처럼 보였다. 교도관 한 사람의 명령에서 나온 행동이라고는 도저히 생각할 수 없는 개별성과 복잡성이 있었다.

운동에는 두 가지 방식이 있다. 다른 것을 통해 움직이거나, 아니면 스스로의 힘으로 움직이거나. 내가 이곳에 올 수 있던 것은 교도관이 나를 옮겼기 때문이다. 그동안 만났던 재소자들은 모두 그렇게 하나의 방향과 속도로 움직였다. 하지만 이 낯선 광경은 신체 안에 운동과 정지의 원리를 갖지 않고서는 구현할 수 없는 것이었다. 내가 식물이면 그들은 동물이었다.

진화의 과정 이제 취사장이라는 이름의 생태계를 고찰해야 한다. 취사장에서 생존하려면 나는 식물의 상태에서 벗어나 동물로 '진화'해야 했다. 이 진화에는 식물의 몸에는 없는, '두뇌'와 '내장'이라는 계기가 필요했다. 첫째, 취사장에서는 '판단'을 해야 했다. 무엇을 할지 의식적으로 사고하고 결정을 내려야 했다. 감각을 통해 들어오는 정보를 처리하면서 몸을 움직이고 동시에 다음 상황을 예상하면서 목표를 정해야 했다. 반응을 멈추거나 긴장을 풀 수 없었다.

밑바닥 서열인 막장(막짬)은 강도 높은 노동을 수행하는 사이사이에 머리를 짜내 온갖 잡무를 처리해야 했다. 두뇌가 생길 기미는 보이지 않았다. "일'머리'가 없다"고 다른 동물들에게 욕을 먹고 구박당했다. 손찌검도 없지 않았다. 감금형이 전부인 식물의 세계에서 두뇌는 필요 없었다. 실을 꼬아서 끈을 만들거나, 밥상에 까는 신문을 접거나, 편하게 먹기 위해 땅콩 껍질을 까두거나, 담요에 붙은 꼬불꼬불한 털을 골라내는 게 고작이었다.

둘째, 내장이 요란스럽게 나타났다. 취사장으로 옮겨진 지 한 달 되던 무렵(2010년 4월 16일), 나는 한 시간 동안 빵 네 개, 초코바 세 개, 스낵 두 봉지를 해치웠다(초코바는 여름부터 구매신청이 중단되어 출소 때까지 접하지 못했다). 그날 밤 자면서 "방귀를 존내 뀐다"고 여러 차례 차였다. 내장의 발생은 나를 계속 허기로 내몰았다. 주로 막장들이 오가는 쓰레기장은 숨을 고르며 일할 수 있는 유일한 장소였다. 쓰레기 더미 앞에서 도둑질하듯 크래커를 꺼내 다섯 개를 한꺼번에 넣고 씹었다. 며칠 지나지 않아 혼자서 몰래 처먹는 싸가지 없는 막장이라는 소문이 퍼졌다.

끼니 외에 구매물품을 먹어대면 정확히 새벽 5시 30분에 화장실을 가야 했다. 그렇지 않으면 6시였다. 5시 30분에 화장실에 가면 정수리가 훤한 동물이 잠을 깨웠다며 불같이 화를 냈다. 그는 새로운 방의 두 번째 서열로 밤새 켜 있는 형광등빛 때문에 깊이 잠들지 못했다. 자면서 뒤척이는 소리에도 날카롭게 반응했다. 봇물 터지는 허기를 메우면서 새벽 6시 이후에 똥을 누는 몸이 되어야 했다. 6시 20분에 감방문이 열렸고 30분에 작업장에 도착해서 일을 시작했다.

2 식물과 동물 그리고 진화

내 몸은 격렬한 진화를 겪고 있었기에 시시각각의 변화를 의식하지 않을 수 없었다. 취사장 생활을 한 지 두 달쯤 되던 날(2010년 5월 19일)에는 변기가 넘치도록 똥을 싸는 꿈을 꿨다. 중학교 2학년 때 한문 선생님이 나와서 채변봉투를 걷는다고 했다. 주변을 둘러보니 반 아이들 모두 한 아름씩 똥덩어리를 안고 있었다.

사회운동가 여옥(실명)은 이 진화과정을 가리켜 육체노동이라고 일컬었다. "평소에 육체노동을 한 경험이 별로 없잖아. (…) 그곳에서의 경험이 그동안 몰랐던 노동에 대한 새로운 관점을 제시해줄 수도 있다는 생각이 들어"라고 조언했다. 그녀의 편지에 반박할 수 없었다. 군대를 거부하고 들어온 감옥에서 육체노동 때문에 주저앉는다면 참으로 부끄러운 노릇이었다. 『감옥으로부터의 사색』의 어법을 빌자면, 이 육체노동은 '민중성'의 일부였다. 그럼에도 모든 것을 담담하게 긍정하면서 힘들지 않다고 말하게 되지는 않았다.

접견(면회) 때는 "일은 익숙해지겠지만 분위기가 험해서", "일은 일인데 사람들이 그렇네"라는 식으로 궁색하게 이야기했다. 감옥에서 일, 사람, 분위기를 독립 변수로 취급하는 것은 무의미하다. 무엇 하나 독립적으로 존재할 수 없는 공간이기 때문이다. 그것과 별개로 취사장의 육체노동을 단지 근력의 사용이 아닌 시간의 체험이라는 관점에서 바라보고 싶다. 육체노동이 시간에 대한 감각을 변형시키는 과정을 기술하고 싶다. 앞서 나는 독방에서 시간이 소멸한다고 했다. 첫머리에서는 외재하는 시간에 대해 말했다. 취사장의 시간은 몸 안으로 침투했다.

노동과 시간 취사장 노동의 핵심은 조리보다는 무릎 혹은 그 이상 높이인 식깡*에 음식을 담고 수레에 실어 교도소 곳곳으로 나르는 과정에 있었다. 수형자들이 감방에서 식사를 하는 한국 감옥의 특성 때문에 노동의 많은 부분이 포장, 운반, 배송, 수거, 세척에 집중돼 있었다. 모든 식깡에는 각 사동과 작업장의 명칭이 페인트로 큼직하게 쓰여 있었다. 손잡이가 긴 플라스틱 바가지 따위를 사용해서 인원수에 맞게 밥, 국, 반찬을 푼 다음 묵직한 식깡 네다섯 개를 글자에 맞는 장소로 이동시켜야 했다.

문제는 끼니때마다 사용하는 식깡이 달랐다. 식깡을 싣는 수레도 계속 바뀌었다. 항상 모든 식깡을 사용하지도 않았다. 반찬조에 소속된 내가 맡은 식깡은 총 137개였다. 구별할 수 없었다. 불필요한 식깡을 꺼내고 엉뚱한 수레에 실었다. 노력해도 소용이 없었다. 의지의 문제가 아니었다. 그것은 여타 작업장의 생활을 파악해야 획득할 수 있는 감각이었다. 세 칸 떨어진 강도방 재소자들의 얼굴을 막연히 상상하는 일과는 다른 차원에서 교도소 내 모든 곳의 위치와 일과를 꿰야 했다. 방 한 칸이 아닌 체계로서 교도소 전체의 생활을 머리에 담아야 했다.

밥은 매일 먹으므로 취사장에는 정해진 휴일이 없었다. 눈을 뜨자마자 나왔고 식사는 모두 취사장에서 해결했다. 나는 징역형은 형벌이라서 요일이고 뭐고 없이 강제노동을 해야 하는 줄로만 알았다.

✼ 　일본어 '食缶'しょくカン(食+can의 합성어)에서 유래한 이름으로 조리된 음식을 보관하는 대형금속용기.

　　　　　　　　　　　　　　　2 식물과 동물 그리고 진화

그러니까 전에 있던 감방과 취사장만의 생활감각을 통틀어서는 한 재소자가 아침·점심·저녁과 요일의 흐름에 따라 장소를 바꿔가며 식사를 한다는 개념에 도달할 수 없었다. 취사장을 제외한 징역형의 기본 패턴이 주5일 노동이라는 것을 한 달이 지나고 알았다. 징역수들이 대개 사동에서 아침을 먹고, 작업장에서 점심을 먹고, 다시 사동으로 돌아가서 저녁을 먹는다는 것도 알게 됐다. 지당한 사실이라 아무도 알려주지 않았다.

노하우를 전수하자면 아침과 저녁에는 작업장용 식깡을 꺼낼 필요가 없었다. 점심 때는 작업장에 재소자들이 나가 있는 만큼 몇몇 사동에는 식깡이 불필요했다. 취사장은 수작업으로 봉투를 만드는 한 재소자의 노동이 작업장 안에서 완결되는 것과는 다른 세계에 있었다. 취사장은 예외적으로 교도소 내의 다양한 시간들이 교차하는 지점 위에서 노동하는 작업장이었다. 이곳에서 일하려면 교도소 전체의 시간을 몸 안에 욱여넣고 그에 맞춰 움직여야 했다.

진화의 대가 취사장에서 시간은 내적 감각이 됐다. 같은 감옥 안이지만 취사장에서는 전혀 다른 이야기를 들을 수 있었다. 취사장 징역수들은 "시간 하나는 잘 가는 것"이 이 작업장의 유일한 장점이라고 했다. 시간은 부재하다가, 외재하다가, 몸속에서 흐르는 감각이 되었다. 시간에 쫓긴다는 표현도 가능했다. 이곳은 어제, 오늘, 내일의 차이가 있는 세계였다. 나는 이 주에 한 번 꼴인 휴무를 기다렸고, 내일의 새벽 작업자 명단에 이름이 빠져 있기를 바랐다.

석 달이 지났다. 나는 다른 재소자와 함께 비빔판을 운반하고 있었다. 비빔판은 1,000인분의 야채나 채소 따위를 섞는 데 쓰는 직사각형 모양 강판조립물의 명칭이다. 무료한 표정을 지으며 앉아 있던 높은 서열의 재소자가 나를 보더니 한마디 했다. "삼두가 좀 나오는데." 몸을 내려다보니 양팔에 볼록한 것이 붙어 있었다. 그때 나는 내가 어엿한 동물로 진화했음을 깨달았다. 나는 스스로 움직이는 몸이 되었다.

× × × ×

3

간보기

점잖게 생긴 중년 남자가 리어카에 걸터앉아 발톱을 깎고 있다. 손을 놀릴 때마다 발톱 조각이 시멘트 바닥과 하수구 구멍에 아무렇게나 떨어진다. 손발톱은 함부로 버리면 안 된다는데. 그는 더 이상 제 몸이 아닌 발톱의 운명에 괘념치 않는 것 같다. 어쩜 취사장 하수구에 서식하는 쥐에게 몰래 발톱을 제공하는 장면일 수 있다. 발톱을 먹고 사람으로 둔갑한 쥐는 그의 남은 형기를 대신 채워줄 것이다.

발톱을 다 깎은 남자는 주변을 둘러본다. 이번에는 잽싸게 콧속으로 손톱깎이의 머리 부분을 밀어넣는다. 금테 안경 한가운데 자리 잡은 오똑한 코가 손놀림에 맞춰 벌름거린다. '저렇게 하면 되는구나.' 깨달음이 머리를 관통한다. 내게도 비죽이 자라서 난감한 코털이 몇 가닥 있다. 유용한 기술을 습득했다. 그런데 흉하거나 지저분하다는 생각은 한 박자 늦게 들었다. 그런 인상은 즉각적 반응이 아니라 반성적 사고에 속했다. 감옥 밖에 있던 자신을 상기하고 견주는 과정을 거쳐야 그 장면을 더럽다고 느낄 수 있다.

손톱깎이는 날카로운 쇠붙이라서 필요하다고 바로 사용할 수 있지 않다. 교도관이 상주하는 장소에 보관돼 있으며 허락을 맡아야 하는 보안물품이다. 또 손톱깎이를 얻기 위해 교도관과 접촉할 수 있는 재소자는 부조장급 이상으로 한정돼 있다. 부탁하려면 눈치를 봐야 한다. 어찌된 일인지 내가 속한 반찬조의 부조장은 내가 하는 말이 전혀 들리지 않는 듯했다. 그래서 매일같이 내게 소리를 지르나 보다. 하여간 손톱깎이를 쓰려면 여러 날에 걸친 고민과 수차례의 시도가 필요했다.

다 큰 어른이 손발톱 하나 관리하지 못했다. 그동안 익힌 사회적 기술을 발휘할 수 없었다. 반면 의식한 적 없는 생리현상까지 문젯거리가 됐다. 모든 것을 처음부터 배워야 하는 영락없는 어린아이가 됐다. 밥을 먹고, 똥을 누고, 잠을 자는 법을 새로 익혀야 했다. 취사장 방은 취침시간과 무관하게 이부자리를 깔았다. 휴일 없는 작업장에 대한 소 측의 암묵적 배려였다. 그러나 이부자리를 편 방과 그렇지 않은 방은 일상에 큰 차이가 있다. 침구를 안 깐 상태에서 공유되던 공간과 가능하던 동선이 사라지면서 각자의 구역만 빡빡하게 남는 것이었다. 예전의 경계에 대한 감각으로는 자꾸만 타인의 몸에 부딪히곤 했다. 각별히 주의해도 화장실에 갈 때면 이불을 밟는 식으로 다른 사람의 영역을 침범해서 죄송하다는 말을 입에 달고 살았다.

교도소는 형벌을 집행하면서 개인의 자유와 권리를 제한한다.

자유, 권리 같은 추상적 개념의 제한은 몸의 미시적 수준까지 영향을 미쳤다. 취사장의 다른 재소자들은 감옥의 많은 부분을 의식되지 않는 배경처럼 만들 줄 알았다. 그 배경 위에서 그들은 각자의 능력을 발휘하면서 징역을 살았다. 풋내기인 나는 모든 상황을 의식해야 했으며 사소한 일에도 전력을 기울여야 했다. 여기서 살려면 감옥 밖 세계에 기반을 둔 신체감각이 통째로 바뀌어야 했다.

이런 미숙함은 내 수감 절차에서 기인하는 부분도 있다. 보통 수형자는 구치소에서부터 수감이 시작된다. 구치소에서 신입끼리 부대끼면서 감방생활에 익숙해지다가 형이 확정된 다음에 교도소로 넘어온다. 그 과정에서 앞가림하는 법도 학습한다. 나는 담당 판사가 법정에서 구속시키지 않았기 때문에 구치소를 거치지 않고 교도소로 바로 왔다. 행정 용어로 직입소라 불리는 드문 경우다.

취사장의 많은 재소자들은 내 서툰 몸짓을 지켜보고만 있었다. 그런 태도는 긴장감을 주고 고립감을 가중시켰다. 범죄자의 일원이면서도 범죄자들의 소굴에 잘못 발을 들였다는 생각이 들었다. 나중에 알게 됐지만, 여기에는 각자의 의도와 무관한, 정교하게 연출된 그림이 있었다. 이곳에서 빈번한 표현을 빌자면 그들은 나를 '간보고' 있었다.

감옥에는 수감자들의 서열을 정하는 공식 규칙이 없다. 재소자는 징집된 사병처럼 시간에 따른 지위의 상승을 보장받지 않는다. 그러나 이 조건은 평등한 분위기를 낳지 못한다. 역으로 매사에 권력을 두고 경쟁하는 상황이 된다. '간을 본다'는 이 경쟁에서 얼마나 힘을 쓸 수 있는 상대인지 가늠하는 행동을 일컫는다. 권력을 충분히 행사하되 궁지로 몰아서는 안 된다. 물리적 폭력으로 번질 만한 상황을 만들지 않는 것도 기술이다. 약자의 경우 어느 순간 선을 긋지 않으면 공사公私가 구별되지 않는 감옥의 특성상 밑도 끝도 없이 당한다.

즉 감옥에서의 인간관계는 기본적으로 과시와 위축이라는 패턴을 오가며 정의된다. 의식하든 않든 신입이 오면 일단 간을 본다. 재소자들 간의 권력관계에서 어떤 식으로 위축되고 과시하는가를 시험하는 것이다. 당장 신입과 얽히지 않는 재소자들도 이 장면을 관찰하면서 간보기에 참여한다. 나로 말할 것 같으면 철두철미하게 위축에 충실한 사람이었다. 일관성이라는 미덕이 있었다. 1상 9방*에서 있던 일이다. 화장실에서 씻고 있는데, 나를 두고 하는 말이 들린다. "저 새끼는 욕을 하면 꼼짝도 못해. 주눅 들어서 일을 더 못해." 그들끼리의 은밀한 대화였지만, 화장실문은 앙상한 나무틀에 투명비닐 한 장으로 되어 있다.

간을 볼 때는 외모, 몸짓, 말투 같은 보이는 정보뿐 아니라 죄명, 형기, 이력 같은 보이지 않는 정보도 종합해서 고려해야 한다. 그리고 내가 간을 볼 때 상대도 내 간을 보게 마련이다. 이렇듯 수인들은 가시적 정보와 비가시적 정보를 동원하면서 위축을 지양하고 과시를 지향해야 한다. 동원의 성패에 따라 접촉에서 발생하는 긴장이 줄어들거나 늘어난다. 단순화한 예를 들면 여러 교도소를 전전한 수감

✻　　첫 번째 사동(1)의 2층(상) 9번째 방을 의미한다. 2층짜리 건물을 상하로 나누어 표기한다.

6년차 삼십 대 후반의 강도와 구치소에서 막 넘어온 수감 1년차 사십 대 초반의 사기꾼의 관계에서 나이는 중요치 않다. 그러나 사기의 규모가 어마어마하면 양상은 달라진다. 말투를 과장하고 이력을 부풀리는 것은 흔한 수법이다. 예외적으로 건달* 출신이면 평범해 보여도 충분하다.

　병역법위반자는 대개 여호와의증인 신도라서 초범에다 어리고 순할 것이라고 가정된다. 2010년 4월 19일자 우체국 소인이 찍혀 배달된 영등포구치소 병역거부 수감자의 편지다. "방 사람과 실랑이를 하다 멱살이 잡힌 적이 있어요. (…) 나중에 '여호와의증인'인 줄 알았다며 사과를 했습니다. 요상한 해명이죠." 달리 말하면 병역법위반자는 한국사회에서 정의하는 남성성이 결여됐다고 간주되는 사람이기에 이 남자들 간의 경쟁에서 제일 만만한 대상이었다.

내 이력에도 튀는 요소가 있었다. 취사장에 온 첫 날, 입가에 칼자국이 난 사내 양우는 교도관이 볼 수 없는 공간으로 나를 데려가 이것저것 물었다. "뭐 땜에 들어왔냐?" "병역법이요." (…) "왜 이렇게 늦게 왔어?" "대학원도 다니고 해서……." (…) "어디 대학 나왔는데?" "네?" "얼른 말해." "서울대요."

　과시할 의도는 없었다. 얼떨결에 최초로 뱉은 단어였다. 내 학력이 별나다는 점은 알았지만 이곳에서 얼마나 도드라지는지 감이 없

×　조직폭력배, 즉 경찰의 범죄단체계보에 이름이 올라가 있는 구성원.

었다. 신중히 관리해야 하는 개인정보라는 사실을 미처 알지 못했다. 그 다음부터 열심히 단속했건만, 감옥에서 유통되는 정보는 거의 소문이기에 엎지른 물이었다. 4월 28일, 쓰레기장에서 혼자 분리수거를 하는데 정중한 목소리가 들렸다. "사회대가 정문 옆에 있죠?" 침을 꿀꺽 삼키고 뒤를 돌아봤다. 덧니가 눈에 띄는 이파리 두 개짜리 교도관이 있다. 나는 넌지시 정복 가슴에 박힌 이름을 주시하면서 찬찬히 입을 뗀다. "절 아세요?" "여기서도 이야기가 도니까." 그는 이모가 사회대 직원으로 일하고 있다고 밝혔다.

서울대 출신과 병역법위반, 두 정보의 결합이 갖는 파급력은 막강했다. 과시로만 작동하진 않았다. 자연스레 나는 사회성을 결여한 책상물림이 됐다. 그것이 다른 재소자들이 나를 이해하는 유일한 방식이라는 현실을 뼈저리게 느꼈다. 범죄라는 낙인이 새겨진 집단에서 서울대 꼬리표는 반전된 낙인처럼 작동했다. 내게는 서울대를 나왔고 군대를 가지 않은 탓에 적응을 못한다는 이미지가 있었다. 두 가지는 나의 문제를 가리키는 특별한 징후였다. 우연한 실수나 사소한 부적절한 행동도 그렇게 해석됐다. 사실 취사장에 온 신입 막장의 잘못은 마땅히 겪어야 하는 시행착오나 다른 재소자들의 뒤죽박죽인 명령에서 비롯된 것일 수 있다.

1상 8방에 있던 시기의 일이다. 같은 방 사람과 동시에 휴무를 얻었다. 방에서 밥을 먹다가 의도치 않게 그에게 오해를 살 만한 행동을 했다. 이십 대 중반의 재소자 민규는 단단히 별렀던 것처럼 쏘아댔다. 그 내용은 나라는 사람에 관한 총체적 평가였다. 자신은 "군대 안 간 사람을 좋게 보지 않"으며 "가방끈은 짧아도 사회에서 굴러먹을 만큼 굴러먹었"고 "나이 많다고 형 대접하는 사람이 아니"라고 했다.

아무 말도 못했다. 내겐 민규를 평가할 안목이 없었다. 그의 죄명도 학력도 몰랐다. 형-동생 관계는 바라지 않았다. 무엇보다 1상 8방에 온 지 며칠 안 됐다. 그가 '굴렀던' 사회가 어떤 모습인지 궁금증이 일었지만 물어볼 상황은 아니었다. 일주일쯤 지나자 대꾸할 말이 떠올랐다. "나는 당신의 죄명을 모릅니다. 하지만 고의든 실수든, 그게 오로지 당신 탓만은 아닐 거라고 생각합니다." 내 머리로 궁리했지만 내 입으로 구사할 법한 언어는 아니었다. 이 말은 그를 볼 때마다 목젖 근처를 맴돌다 그치었다.

양파껍질을 벗기던 아침의 일이다. 서열 높은 재소자들은 양파에 칼집을 낸다. 나머지는 목장갑을 끼고 그것을 받아 껍질을 마저 벗긴다. 한 손에 칼을 쥔 눈이 째진 재소자가 양파를 휙 던지며 큰 소리로 말한다. "여호와['여호와의증인 신도'의 줄임말]도 아니고. 국가 반역인데. 10년, 20년은 받아야지. 나가서 그거나 뚜드려야겠다[고발해야겠다]." 나 들으라고 일부러 하는 소리다. 길게 이어지는 이야기를 못 듣는 척하면서 흩어진 양파를 주웠다.

눈이 째진 재소자 광천은 이십 대 초반부터 징역을 살았고 긴 수감생활로 군대 갈 자격을 잃었다. 이 글을 작성하는 지금, 나는 그의 죄명을 드러내면서 그를 비난하고픈 강한 유혹을 느끼고 있다. 참고로 감옥에서 타인의 범죄를 공개적으로 비난하는 일은 때론 폭행을 유발하기에 암묵적 금기다. 예외적으로 병역법위반에 대해서만은 대부분이 왈가왈부할 도덕적 자격을 갖췄다고 생각했다.

내가 고수한 원칙도 무능함의 증거가 됐다. 취사장 생활을 하면

3 간보기

서 나이 어린 사람을 '씨'라는 호칭으로 부르고, 자신을 가리킬 때 '형'이란 주어를 쓰지 않고, 욕설을 입에 담지 않았다. 이런저런 소리를 듣긴 했지만 가능한 일이었다. 이 또한 많은 사람들이 사회적 고민이 아닌 사회성의 결여에서 비롯된 행동으로 받아들였다.

흥미로운 점은 그들이 내가 감옥 밖에서 맺던 관계에 무지하지 않았다는 것이다. 오히려 아주 인기가 많았던 사람처럼 여겨져 주목받았다. 살짝 친해진다 싶으면 펜팔할 여자를 소개시켜 달라고 해서 애를 먹었다. 편지를 보내거나 접견 온 사람이 누구인지 꼬치꼬치 묻는 재소자들도 있었다. 그럼에도 그 관계는 내가 지닌 사회성의 증거로 의미 있게 취급되지 않았다. 두 관념은 재소자 한 사람의 머릿속에서 어떤 모순도 일으키지 않으면서 공존했다. 내 주변의 인간관계는 노력의 산물이 전혀 아니고 서울대를 나오면 으레 따라온다고 생각했던 것 같다.

모순으로 느꼈던 것이 또 있다. 취사장에는 "여기는 사회가 아니다"는 말과 "여기도 사람 사는 곳이다"는 말이 공존했다. 사람이 모여 살면 사회 아니던가. 게다가 같은 공간을 설명하면서 전자는 예외성을 후자는 평이성을 강조한다. 교도관이든 고참 재소자든, 한 사람에게 두 이야기를 한번에 들은 적도 있다. 내가 생각하기에 현재 머무는 공간에 대한 문제제기를 차단한다는 맥락에서만 두 문장은 연결될 수 있다. 정치범으로서 자의식과 병역법위반으로서 일상 사이의 괴리는 이 징역살이를 줄곧 꿰뚫는 주제가 될 것이다.

취사장에서는 부식을 넉넉하게 먹을 수 있었는데 그중에 건빵이 있었다. 유통기한이 다될 즈음 공급하는 건빵의 갈색 포장지에는 "Justice 1st [줄 바꿈] 법치로! 정의로! 미래로!"라고 박혀 있었다. 법, 정의, 미래의 삼위일체. 내가 믿던 정의는 이 나라의 법률과 충돌했고 그 대가로 내 미래는 더 깜깜해졌다. 여기서 서울대는 튀는 이력이었지만 정작 내게 수감은 과거의 나와 단절을 의미했다. 지금의 나를 과거의 나와 동일시할 수 없었고 새로운 삶은 아득했다. 그 너머를 내다볼 상상력은 허용되지 않았다.

나는 담장 밖 풍경으로 상상력을 벌충했다. 내가 맡은 일 중에는 취사장에서 쇼핑백을 만드는 작업장으로 식깡을 운반하는 것도 있었다. 쇼핑백 작업장의 위치는 운동장 서쪽에 있는 "새 삶을 준비하는 사랑과 희망의 집"이라는 거대한 간판이 달린 건물 2층이었다. 1층은 교도소에서만 사용하는 공책을 생산하는 제본공장으로 2층까지의 높이는 대략 5미터 됨 직했다. 무거운 식깡을 들고 계단을 오르는 것은 다들 기피했기에 그 일은 막장들의 몫이었다.

그러나 그 운반과정에는 지면에서 수직으로 이동하는 새로운 움직임이 동반됐다. 취사장 내 다른 어떤 작업도 5미터의 높이를 가져다주지 않는다. 낑낑대면서 스물네 개의 돌계단을 오르고 식깡을 내려놓은 다음에는 잠시 영등포교도소를 둘러싼 풍경을 볼 수 있었다. 하늘 말고 감옥 아닌 세상을 두루 조망할 수 있는 유일한 장소였다. 지극히 평범하지만 내겐 각별한 위안이었던 그 건물들. 삼환아파트, 신화태권도장, 남현교회, 영화아파트, 벽산아파트, 서울가든, 하이츠 한마을, 로즈빌, 고척초등학교, 코오롱글로텍, 대우아파트……

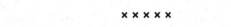

4

최고의 빵잽이

3월 말은 명색일 뿐 호 불면 입김이 나온다. 겉옷은 파란색 셔츠와 바지뿐이고 안에도 파란 계통의 러닝과 팬티 한 장이 전부다. 녹초가 되도록 노동하는데 생활은 나아지지 않는다. 생리적 욕구를 충족하고 위생 상태를 개선하기 위해 나는 눈치를 보면서 다른 재소자들의 동작을 따라하려 한다. 무지한 상황에서 튀지 않으려면 남의 행동을 모방하는 수밖에. 그러나 막장인 내게 그들과 동등하게 적용되는 규칙은 드물다.

취사장은 감옥에서 금지된 불, 쇠, 끈을 모두 취급하기 때문에 안전사고를 방지해야 한다. 수감자들 사이에서도 규율이 엄격한 곳으로 악명이 자자하다. 하지만 규율 중에는 한정된 자원을 일부 수감자에게 우선적으로 분배하기 위해 만들어진 것이 더 많았다. 반찬조 부조장은 웃통을 벗어부치고 김이 모락모락 나는 물을 받아 세면을 한다. 국조 조장은 달궈진 취사기 위에 빨래한 이불을 얹어 건조시킨다.

밥조 부조장은 난로 곁 평상에 앉아 장기를 둔다.

이런 거동을 나는 꿈도 꿀 수 없다. 여기는 맨눈으론 식별 불가능한 자잘한 구역으로 쪼개져 있다. 출입문 같은 것도 없고 똑같은 무늬의 돌바닥 몇 걸음 너머에 불과한데, 나는 접근을 제한당하거나 "○○○에 들어가겠습니다"라고 고함쳐야 한다. 작업용 호스와 연결된 것이 아니면 수도 같은 하찮은 집기도 건드릴 수 없다. 입술은 부르트고 얼굴에는 버짐이 폈다. 축축해서 손이 시린 이 면장갑부터 말리고 싶다. 음식물때에 절어 고린내가 나는 이 옷을 빨고 싶다.

그들은 같은 죄수지만 빳빳한 수의를 입고 윤이 나는 운동화를 신고 다닌다. 그들은 연탄난로를 독점하면서 계란프라이 같은 별미를 맛본다. 그리고 금속수저를 사용한다('금속'이라는 단어가 이곳에서 어떤 의미를 갖는지 전할 도리가 없어서 안타깝다. 수형자는 일회용보다 약간 두꺼운 초록색 플라스틱 수저로 식사한다). 그들이 바로 '빵잽이'라 불리는 부류다. 빵잽이는 징역을 오래 살거나 여러 번 수감되어 감옥 사정에 훤한 수형자를 일컫는 은어다. 수감된 기간이나 횟수 같은 형식적 요건도 중요하지만, 빵잽이의 실제 자격은 감방살이의 편의를 도모할 수 있는 수완에 달려 있다. 간보기가 대표적 기술이다.

빵잽이들 덕분에 감옥 안의 권력관계가 만들어진다. 그렇지만 그 권력관계를 범죄자들의 고질적 성향의 표출로만 이해해서는 곤란하다. 범죄적 기질을 거론하기 앞서 두 가지를 지적해야 마땅하다.

첫째, 빵잽이의 지배는 교도소 운영에 필수적이다. 가다밥*의 공식적 폐지 전까지 수형자들은 저마다 자신의 노동 등급에 해당하는, 틀로 찍어낸 주먹밥을 받았다. 다른 재소자들과 접촉을 차단한다는 구실로 출역出役**을 금지당한 정치범들이 굶주림을 면치 못하던 시절이 있었다. 그로부터 이십여 년의 세월이 흘러 내가 갇힌 감옥에서는 환자를 제외한 모두에게 식단표에 맞춘 식사가 나온다.

고로 소 측에는 조출, 잔업, 휴일 노동을 포함하는 취사장의 고강도 노동을 수인들에게 강제해야 한다는 과제가 있다. 노동환경은 열악하고 제도적 보상은 미미하다. 일선 교도관 입장에서는 죄수에게 함부로 대하면서 간수 노릇을 하던 노골적 시대로 돌아갈 수 없어 난처하다. 원활히 운영하려면 다수의 수형자들이 두려워하는 빵잽이들이 강압적 분위기를 조성해줘야 한다. 교도소는 재소자들 간의 서열을 묵인하고 높은 서열의 재소자에게 비공식적 혜택을 주면서 관리를 맡긴다. 교도관 권위의 실추와 행형제도의 공백을 재소자들의 특정한 문화를 육성해서 보충하는 셈이다.

연탄난로 위에서 지글거리는 계란프라이는 이런 역사적 과정의 산물이다. 배식에 들어갈 재료를 야금야금 빼놓아 요리해 먹는 것은 보통 일이다. 빵잽이들은 가끔 다른 재소자들에게 음식을 나눠주는 은덕을 베풀었다. 그리고 조리한 먹거리를 항상 담당 교도관에게 가져다준다. 이를 가리켜 비리나 뇌물이라 한다면 지나친 말일 테다. 그러나 순수하게 예의를 지키는 차원에서 그랬다 하면 모자란 말이 된

×　　　일본어 'かた'(틀)와 한국어 '밥'의 합성어.
××　　작업장에 나가 일하는 것을 말한다.

다. 서로 간의 암묵적 합의를 확인하고 연장해가는 일상의 의례였다. 취사장은 빵잽이에겐 풍족한 환경이지만 초짜에게는 최악의 작업장이었다.

교도관들은 취사와 분리된 공간에서 주로 신문을 읽었고 자주 하품을 했으며 이따금 인터폰을 받았다. 게으름을 피웠다는 것이 아니고 간수의 노동 자체가 수용자들의 반복되는 일과를 지켜보는 매우 지루한 성격을 띠었다. 식자재 트럭이나 배식 수레가 오갈 때의 문단속 정도만 주의하면 됐다. 대체로 직원들이 취사기가 있는 공간에 들어올 때는 도구함을 여닫기 위해서였다. 쇠붙이로 된 연장은 자물쇠나 쇠사슬로 채워져 관리되고 있었다.

둘째, 빵잽이의 지배는 형과 동생을 정의하는 일에서 출발한다. 형이 될 역량이 없다면 빵잽이 자격요건에서 탈락한다. 이 형제 관계 또한 범죄자들의 전유물이 아니다. 한국사회의 뿌리 깊은 연령주의가 재소자들이 맺는 관계의 토대가 되는 것이다. 교도관에게도 수인들 간의 형-동생 관계는 질문거리가 되지 않는다. 그러나 '평범한' 재소자가 징역을 살면서 겪는 어려움은 많은 경우 강력범의 돌발행동보다 일상적 관계에서 비롯된다. 덧붙이자면 돌발행동조차 일상의 연장에 있다고 해야 옳다.

한 재소자가 자신보다 어린 재소자와 이야기하는 전형적 모습에는 지겹다 싶을 정도로 '형'이란 낱말이 등장한다. 이때 형은 3인칭이 아닌 1인칭 대명사로 쓰인다. 형은 말이지, 형 말 들어라 운운. 반면 (건달 출신끼리의 대화를 제외하면) 자신을 동생이나 아우라고 칭하는 사람은 본 적이 없다. 나는 이런 풍경이 매순간 자신을 형으로 정의

해야만 관계의 우위를 점하기 쉽기 때문에 발생한다고 생각한다. 1상 6방에서 지낼 때 1상 8방의 민규를 화제로 삼은 적이 있다. "형이 민규라고 하니까 이상하네요" 하얗고 긴 얼굴을 한 여호와의증인 민수가 나를 보며 말한다. 이십 대 초반인 그는 자신에게 반말을 하는 민규보다 자신을 민수 씨라고 이르는 내가 두 살이 많다는 사실이 새삼스러웠던 것이다.

그러나 막상 형을 참칭하는 사람들은 나이 많은 사람들에게 공손하지 않다. 나이가 들어도 자신이 인정하는 남자가 아니면 형으로 대우할 수 없다는 것이 그들의 공통된 지론이다. 반찬조에는 사칙연산에 서툰 사십 대 중반의 남자가 있었다. 그는 인원수에 알맞은 분량을 계산해서 식깡에 담지 못했다. 취사장에 일 년 넘게 있었지만 서열의 사다리에 오르지 못했다. 연하의 빵잽이들에게 무시당하면서 고된 자리에 남아 있었다. 이렇듯 일관성이 결여된 연령주의의 작동은 형-동생 관계의 본질을 누설하지만, 형들은 이런 모순 때문에 괴로워하지 않는다.

감옥에서 형이라 함은 명령하고, 생색내고, 대접받아야 한다는 의미다. 여러 말 할 것 없이 같은 죄수 주제에 다른 죄수를 얼마나 돕거나 책임질 수 있단 말인가. 서로의 친분을 과시해봤자 작업장이 갈리거나 다른 교도소로 이송을 가면 그날부로 인연 끝이다. 교도관옆에서 한번이라도 알짱거리는 것이 더 이롭다. 사실 빵잽이는 자신이 동생들의 대표자가 됐을 때만 하급 교도관과 가까운 위치를 차지할 수 있다는 점을 안다. 형은 동생이 실무에 종사하는 교도관에게 접근하기 힘든 구조를 만든다. 동생은 동생이 아닌 위치를 갖는 것을 저지당한다.

입가에 칼자국이 난 양우는 취사장 제일의 빵잽이다. 마흔 살쯤 먹은 그는 야생적 풍모에 단련된 몸을 지니고 있다. 눈꼬리가 올라간 크고 둥근 눈, 기다란 코와 발달된 위턱뼈, 흰머리 때문에 회색빛이 도는 스포츠형 머리가 늑대를 연상시킨다. 양우는 온종일 사동 쪽으로 향하는 출입문 앞에 앉아 있었다. 그곳에는 낡은 사무용 의자가 두 채 있는데, 하나는 그의 몫이고 다른 하나는 잎사귀 두 장을 단 교도관의 몫이었다. 주임(7급), 부장(8급)과 달리 9급 교도관 담당*은 실외에서 근무했다. 막내 교도관과 나란히 있는 모습이야말로 빵잽이로서 그의 실력을 보여주는 표지였다.

양우의 별명은 '왈왈이'다. 그가 취사장에 있는 모든 재소자들에게 소리를 지르면서 지시를 내리는 유일무이한 사람이기 때문이다. 물론 아무도 그를 앞에 두고 왈왈이라고 부르지 않는다. 그리고 왈왈이의 고함질을 가리켜 '짖는다'고 한다. 반장은 따로 있었지만, 그는 카리스마적 존재로 군림하면서 실질적 반장 역할을 했다.

내가 보기에 그가 짖는 것은 충동의 산물이 아니라 상황판단에서 비롯된 계산된 행위였다. 양우는 침착하고 냉정한 편이었다. 마구잡이로 분노를 표출하지 않았다. 나름의 명분도 있었다. 주말에 운동

---

* 이때 '담당'은 담당 교도관이 아니라 재소자들이 '담당님'이라고 부르는 교도관을 말한다. 담당 교도관은 말 그대로 한 작업장이나 사동을 책임지고 관리하는 교도관으로 주로 7급 주임이 맡는다.

장에서 발야구를 하다가 시비가 붙었을 때처럼 무리를 통제하기 위해 짖는 경우가 많았다. 양우가 언성을 높이면 소란스런 작업장이 금세 조용해지곤 했다. 고기가 부족하다며 항의하러 온 다른 작업장의 성난 빵잽이를 상대하는 일도 그의 몫이었다.

5월 중순 취사장에 들어온 마흔 즈음의 재소자는 계속 말썽을 일으켰다. 눈망울이 부리부리하고 키가 훤칠한데다 죄목도 폭력 계열이라서 아무도 그를 다루지 못했다. 제 분을 못 참고 내게 식깡을 집어던진 적도 있다. 어느 날 양우는 그를 데리고 탈의실로 향한다. 며칠 후 그는 몸이 아프다면서 진료를 신청하더니 전에 있던 방으로 돌아갔다. 취사장 가장 깊은 곳에는 아무도 거기서 옷을 갈아입지 않지만 이름만은 탈의실인 빵잽이들만의 방이 있었다. 평상시에는 교도관의 눈을 피해 편지를 쓰거나 수인복에 주름을 잡고, 유사시에는 '문제' 있는 수형자를 타이르거나 위협하는 장소로 사용되었다. 주먹다짐도 이곳에서 벌어졌다.

투옥까지 이르는 일련의 과정이 양우의 인격에 깊은 흔적을 남기진 않은 것 같다. 그에게는 자신의 처지를 비관하거나 우울해하는 모습이 보이지 않는다. 화는 자주 냈지만 그만큼 쾌활하게 웃기도 했다. 그는 감각과 감정, 기분과 정서의 간극이 크지 않은 피상적 인간이다. 그의 목표 또한 단순명료하다. 높은 서열을 차지하는 것. 수차례 수감을 거듭하면서 그는 복잡한 담장 밖보다 감옥이 자신의 야심을 실현하는 데 적합하다는 것을 깨달았다. 양우는 물 만난 물고기처럼 왕성한 생명력을 뿜내고 있다.

한국사회는 군대가 단체 생활의 모태처럼 여겨지기에 많은 사람

4 최고의 빵잽이

들이 취사장 내 서열을 정하는 데 짬*이 중요하다고 생각했다. 형임을 내세워 신분상승을 하더라도 자신은 능력이 출중해서 짬에서 예외인 것이지 짬 자체는 부정하지 않도록 주의했다. 하지만 양우는 짬 따위 아랑곳 않고 순수하게 힘에 기초해 권력투쟁을 했다. 사실 취사장에 머문 날짜만 따지면 그는 문 앞에 앉아 있을 수 없다. 그럼에도 그는 그보다 오래 일한 취사원들을 제치고 그 자리를 차지했다. 이런 행동에는 확실히 시간이 흐르면서 서열이 상승하길 기대하는 재소자를 좌절시키는 요소가 있었다. 그래서 양우를 '공공의 적'이라고 뒷담화하는 수감자도 있었다.

언젠가 나와의 대화에서 양우는 영등포교도소는 초범의 비율이 높아서 전반적으로 "자기 잇속 챙기기 바쁘고 의리가 부족"한 분위기라고 평가했다. 그런데 이 작업장에서 그만큼 자기이해利害에 충실한 사람도 없다. 그에게 부재한 것은 자신의 행동을 이기적인 것으로 해석할 수 있는 관점이었다. 그는 감옥이라는 게임에서 통용될 수 있는 정당한 자원은 오직 몸이라고 생각한다. 그런 의미에서 그는 규칙에 충실한 사람이지 자기만 내세우는 사람이 될 수 없었다. 자신은 감옥이 돌아가는 법칙을 잘 알고 구현할 줄 아는 사람이었다. 그러니까 그의 사고에는 힘에 의지하면 보상을 얻지만, 거기서 벗어난 무언가를 하면 이기주의자나 겁쟁이가 된다는 도식이 깔려 있었다.

6월 초순에 양우는 정식으로 작업반장이 됐다. 그런데 인원점검 때 작업반장이 선창해야 하는 안전수칙을 제대로 암기하지 못해 더

   ✕   시간의 축적에 비례하는 숙련의 정도.

듣거리곤 했다. "하나, 작업 개시 전 기계공구 등 작업용구를 점검한다. 둘, 작업 중…… 딴 생각을 하거나…… 방심 상태에 빠지지 말아야 한다. 셋, ……정, 정전이 되면………." [담당 교도관이 개입한다.] "아니, 그것도 못 외워? 어디 명구가 해봐." "셋, 정전이 되면 표시등을 제외한 모든 스위치는 차단한다." 이런 뜻밖의 모습은 평소 건달 출신의 아우라와 어울리지 않아 재소자들의 실소를 자아냈다.

왈왈이 양우와 한방을 쓰는 스물 두 살짜리 동생 대형은 '수발이'라고 불린다. 왈왈이와 마찬가지로 대형을 대놓고 수발이라고 하는 사람은 없었다. 수발이는 말 그대로 수발드는 사람이란 뜻이다. 간수를 모시는 죄수를 부르는 말이었다고 한다. 수발이란 단어는 21세기 감옥에서 다른 용법을 갖게 됐다.

말이 나온 김에 감옥 언어가 갖는 중요한 특징 중 하나를 언급하고 싶다. 파생되는 의미가 풍부하다는 점 외에 문서에 등록된 사전적 정의 없이 거의 입말로만 전해지기에 발음과 표기가 불분명하다는 특징이 있다. 대표적 사례로 식깡만 해도 '식강', '식간', '식관' 등 사람마다 다르게 말하고 멋대로 적는다.

감옥에서 각 방마다 생활에 필요한 가사노동을 동생에게 전가하는 일은 수두룩하다. 다만 대형의 경우에 정도가 지나쳐서 취사장에서도 양우와 다른 빵잽이들의 살림을 윤택하게 만드는 노동을 했다. 그들의 각 잡힌 수의나 매끈한 운동화는 대형의 노력과 인내의 소산이었다. 대형은 내겐 사용이 금지된 수도꼭지 앞에 쪼그리고 앉아서

4 최고의 빵잽이

양우의 운동화를 열심히 솔로 문지른다. 양우의 음식을 챙기거나 설거지하기는 당연하고 목욕할 때 등을 밀어주고 수건을 건네는 일도 대형의 몫이었다.

병역법위반자 중에도 수발이가 있었다. 공익근무요원이던 택근은 여자친구와 헤어진 다음에 집에서 나오질 않아서 감옥까지 오게 됐다. 신고식 때는 우렁찬 목소리로 트로트 〈황진이〉를 불렀다. 어디서 구했는지 손거울과 빗을 가지고 다니면서 외모 가꾸기에 열심이다. 그러나 취사장에 온 지 며칠 만에 애지중지하던 머리카락을 박박 밀어야 했다. 양우가 지적했기 때문이다. 그리고 그는 대형에 이어 양우의 두 번째 수발이가 됐다. 사람들은 동정하기는커녕 "저런 새끼는 고생해서 정신 좀 차려야 돼"라고 쑤군댔다.

처음에 택근은 영등포구치소에서 다른 정치적 병역거부자(먹살 잡혔던 일을 편지로 적어 보냈던 사람이다)의 도움을 받았다며 내게 반가운 척을 했다. 나는 그를 이해하고픈 마음과 그와 (동류로 묶이고 싶지 않아서) 거리를 두고픈 마음 사이에서 갈팡질팡했다. 하지만 그가 이곳의 생리를 파악하고 나를 만만하게 대하는 기미가 아주 살짝 느껴지자 그와 친해지고픈 마음이 쏜살같이 달아났다. 그렇게 택근은 모든 사람이 멸시하는 존재로 남나 싶었는데…….

놀랍게도 징벌을 감수하고 작업을 거부하는 용기를 발휘했다(징벌을 받으면 가석방 심사를 받을 수 없고 출소 날짜도 늦춰진다). 6월의 어느 아침, 교도관은 출역을 위해 감방문을 열었지만 택근은 나오지 않았다. 그는 격리되어 차례로 조사방과 징벌방에 수용됐다. 얼마간 양우는 자신의 만행이 고발당할까봐 몸을 사리는 기색이었다. 결국 택근은 전주교도소로 이감됐으나 그의 최후의 행동은 숨죽이며 지내던 뭇사람들 사이에서 용자의 것이라고 칭해지며 널리 회자됐다.

나는 양우와 같은 방에서 생활한 적은 없다. 그의 곁을 보살피는 수발이도 아니었고 그가 인정하는 빵잽이 동생도 못 되었다. 그럼에도 그에 대해 잘 알고 가까이 지낸 편이다. 양우가 내 병역거부를 정치적 야심의 발로로 여기면서 흥미로워했기 때문이다. 그는 1997년 감옥에서 만난 운동권 대학생 덕분에 진보 성향의 월간지 『말』을 접했다고 했다. 봉사에 관심이 있다면서 내게 정치할 의향을 묻기도 했다. 그는 나를 '박사'라고 불렀다. 나는 박사학위 소지자가 아니지만, 그에게 학사, 석사, 박사의 차이는 중요하지 않았다.

햇살이 내리쬐던 5월 하순의 운동시간에 있던 일이다. 밀짚모자를 쓰고 나온 그가 둘만의 산책을 제안한다. 운동장을 천천히 걸으면서 그의 성장 과정과 과거 이력을 듣는다. 처음 소년교도소에 수감됐던 계기와 조직폭력배 생활에 대해서. 한 광역도시에서 룸살롱 두 개를 맡아 경영했을 때가 그의 가장 화려한 시절인 것 같다. 그는 내가 전공인 사회학을 알려주기 위해 썼던 제도라는 단어를 낯설어하지만, 자신이 몸담았던 조직을 설명하면서 계보라는 고급 어휘를 구사한다. 맞선 자리에서 난감했던 기억을 회상하면서 여자와 자연스럽게 대화하는 법을 질문한다. 개중에는 강원도의 한 국립공원 초입에서 식당을 운영하는 어머니 이야기도 있다.

그날 저녁 같은 방을 쓰는 준서는 투덜거리며 "그 빵잽이는 형이 서울대이기 때문에 좋아하는 거야"라고 말했다. 몇 가지 이유를 들어 반박하고 싶었지만 그만두었다. 준서는 나와 같은 병역법위반자지

4 최고의 빵잽이

만 양우는 여호와의증인 준서에게 '사이비'라는 모욕적인 별명을 붙였다.

모든 감방의 철문 바깥쪽 바로 옆 벽에는 방의 면적과 수용 정원이 표시된 아크릴판이 부착돼 있다. 그 아크릴판에는 인원수에 맞게 표찰들이 끼워 넣어져 있다. 수감자 한 사람이 방을 이동할 때마다 따라다니는 폭 2센티미터 길이 15센티미터의 하얀 플라스틱 표찰에는 수인번호, 이름, 생년월일, 죄명, 형기, 형 종료일, 종교가 써 있다. 취사장으로 차출되던 날이다. 나를 끌던 교도관이 1상 9방 앞에 멈춘다. 그 감방의 표찰에는 각각 살인, 강도, 강간이라고 적혀 있다. 교도관은 네 번째 자리에다 병역법위반이라고 쓰인 내 표찰을 집어넣는다. 영문을 모르던 나는 사자우리에 던져진 토끼처럼 참담한 심경이 되었다.

　일하지 않는 미출역수(미지정)는 범죄의 성격에 따라 방을 쓰도록 분류한다. 강도방, 마약방, 경제방 등. 미출역 때 내가 경제방에 있던 까닭은 병역법위반자의 수가 적어서 요령껏 끼워 맞춰졌기 때문이었다. 출역수는 작업장을 먼저 고려하기에 죄명을 따지지 않고 함께 생활하는 경우가 많다. 취사장방은 총 열 개 내외를 오르락내리락했다. 각각의 방은 대체로 한 명의 형과 두셋의 동생들로 구성된 소왕국이었다. 형의 독립적 지배를 보장하고 형들끼리의 충돌을 방지하기 위해 마련된 장치였다. 형제들의 왕국에서 배제된 나이 든 수감자들은 끼리끼리 한방을 쓰면서 서로를 '사장'이라는 호칭으로 불렀다. 앞에 성을 붙여서 김 사장, 최 사장 하는 식이다. 당연히 동생들은 끝에 '님'자를 첨가해서 불러야 한다. 형제게임에 참여하지 못하는 그들이 서로를 존중하고 존중받기 위해서는 이력과 별개로 사장이라는 계급적 성격을 띤 명칭을 동원해야 했다.

5

악에 대하여

그는 누구보다 활기차게 발야구를 하고 있다. 타석에 들어선 그가 찬 공이 멀리 날아간다. 외야수를 맡은 재소자는 힘껏 달려보지만 손이 닿지 않는다. 공은 운동장 동쪽 구석의 버드나무를 넘어갔다. 그는 왼쪽 주먹을 꽉 쥔 채 의기양양한 표정을 짓는다. 그에게 이 게임은 단순한 놀이가 아니다. 나처럼 마지못해 하는 일도 아니다. 자신이 차는 공에 인생의 성패가 달려 있기라도 한 것처럼, 그는 다른 수감자들보다 훨씬 진지하게 경기에 임하고 있다.

튀어나온 눈썹 뼈, 길게 째진 눈, 고집스러워 보이는 사각턱, 왼쪽 어깨의 조악한 문신. 그가 우쭐거리며 홈으로 들어오고 있다. 빛나는 미소에는 단순한 기쁨 이상의 의미가 담겨 있다. 그는 자신이 대단한 사람이라는 확신에 사로잡혀 우월감을 뽐내고 있다. 양우와는 또 다른 유형의 빵잽이, 이 사람의 이름은 광천이다.

5 악에 대하여

1상 9방에서 물 쏟아지는 소리가 들린다. 알몸의 광천이 고무대야에 물을 채워서 정수리부터 붓고 있다. 손목시계 바늘이 5시를 가리키고 있으니 기상을 알리는 법무부송이 울리려면 한참 남았다. 투명한 화장실문에 비치는 광천의 형체는 큰 키라고는 할 수 없지만 다부진 몸매다. 왕王자 복근이 보인다. 성기도 이물질을 넣어 울퉁불퉁하게 변형시켰다. 투박한 모양새로 봤을 때 감옥에서 시술한 것 같다.

스포츠에 능한 근육질 체구에 냉수마찰과 성기 성형까지…….· 광천은 자신의 몸에 관한 한 대단한 통제력을 발휘하는 사람이다. 광천이 기울이는 노력은 육체적 차원에만 머물지 않는다. 취사장의 고달픈 노동에 지쳐 모두가 곯아떨어진 한밤중에도 그는 편지를 쓰거나 책을 읽는다. 언젠가 내게 일본인 친구가 접견을 왔을 때, 그는 일본어를 배우고 싶으니 펜팔친구로 소개시켜 달라고 했다.

이런 행동들은 광천이 다방면에서 성장을 추구하고 있다는 증거다. 두말할 나위 없이 그는 왈왈이 양우보다 까다로운 과제를 수행하고 있다. 그는 힘이나 권력을 넘어서는 무언가를 구하고 있다. 불현듯 광천이 자신이 쓰던 벽면에 붙여 놓았던 팝송 〈You Raise Me Up〉의 가사가 떠오른다. 그는 "산에 올라야 할 뿐 아니라stand on mountains (…) 폭풍이 부는 바다도 건너야 한다walk on stormy seas."

그런데 간혹 그는 이해하기 힘든 행동을 했다. 밥조 조장 명구가 교도소 전체 인원에 알맞은 쌀의 양을 계산하도록 내게 의뢰한 날의 일이다. 명구가 준 인원표를 들여다보는데, 광천이 나타나서 표를 가로채간다. 이런 것도 모르냐며 명구와 나를 나무라고는 부지런히 셈을 한다. 잠시 후 계산을 마친 그는 기세등등한 표정을 지으면서 제자리로 돌아갔다.

그때는 광천의 기묘한 태도에 어떻게 반응해야 할지 몰랐다. 허세가 있거나 나서기 좋아한다고 단정짓기에는 석연치 않은 구석이 많았다. 내가 감방 구석에서 스티븐 컨Stephen Kern의 『시간과 공간의 문화사 1880~1918』에 코를 박고 있을 때도 자기도 한때 저런 류의 책을 많이 읽었다고 말했다. 괴테의 『젊은 베르테르의 슬픔』부터 시작하는 '고전'의 목록을 줄줄 읊고는 몇 권이나 읽어봤냐고 질문한다. 이런 생뚱맞은 행동이 광천이 성숙한 인간처럼 보이지만 그렇지 않다고 추측할 수 있는 단서였다. 그는 끊임없이 자신의 가치를 확인해야만 살아 있다고 느끼는 인간이었다.

양우와 견줘보면 광천이란 인물의 특성이 보다 정확한 맥락 속에 드러난다. 소개한 것처럼 양우는 구속과 출옥을 반복하면서 빵잽이로 거듭났다. 그 와중에 범죄와 철창생활은 치명적 과오에서 언제든 선택할 수 있는 현실의 일부로 자리 잡았다. 그는 담장 안에 대한 두려움도 밖을 향한 그리움도 딱히 없으며, 양자는 약육강식의 법칙이 적용되는 동등한 차원의 세계. 게다가 양우는 천성상 단순한 캐릭터다. 서열만 '제대로' 확립되면 흡족해 했다. 그에게는 강자만이 지닐 수 있는 느긋함이 있다.

광천은 이십 대 초반에 수감되어 십 년 이상 장기징역을 살면서 빵잽이가 된 유형이다. 삼십 대 중반이 됐건만 그는 죗값을 다 치르지 못하였다. 그는 징역꾼인 자신이 권력을 행사하면서 현실을 지배한다고 믿고 있다. 걸핏하면 동생들에게 자신이 시련을 극복하고 강해지기 위해 얼마나 애썼는지 말하곤 했다. 진실을 말하자면 그렇게 해서 그가 다스리게 된 현실은 옥방 한 칸에 지나지 않는다. 여유로운 양우와 달리 광천의 자신만만한 표정에는 완벽하게 감춰지지 않는 초조함이 묻어나온다. 광천은 빵쟁이가 되어 담장 안 생활에 대한 공포를 내쫓았지만, 담장 밖 세계와의 단절은 불안이 되어 내면 깊숙이 뿌리 내렸다.

백령도 근해에 수장된 장병을 추모하기 위해 교도관들이 근조리본을 달고 근무하던 밤이다. 광천이 몇 년째 준비하고 있다는 사업계획서를 검토해달라며 내민다. 파티나 이벤트를 할 때 사용하는 용품과 관련된 기획이었다. 그는 눈을 반짝이면서 자신이 얼마나 값진 아이디어를 나와 공유하고 있는지 강조한다. 그 눈망울이 마치 부모나 교사의 칭찬 어린 손길을 고대하는 어린아이 같다.

제조비가 만만치 않을 텐데 기술 검토가 부족하다는 생각이 들긴 했다. 하지만 내 사업 감각은 형편없을 테니 이런 판단 따위는 아무래도 좋다. 문제는 광천에게 자본금은커녕 영치금도 넉넉하지 않다는 사실이 고려되지 않았다. 사업 아이템에 대한 넘치는 자신감과 당당한 태도에는 자신이 처한 현실에 대한 인식이 송두리째 빠져 있었다. 자신은 우월하며 무엇이든 할 수 있다는 그의 환상fantasy이 어느 정도인지 적나라하게 드러나는 대목이었다.

나는 눈치를 살피면서 어떻게 시장을 개척할 것인지 묻는다. 예상한 질문이라는 듯 그는 득의양양한 미소를 띠우며 지방자치단체와 접촉해서 이 상품이 크고 작은 축제에 채택되게 할 것이라고 대답한다. 더 이상 무슨 말을 어떻게 하면 좋을까……. 빛을 발하던 광천의 눈망울이 멍해지더니 급기야 싸늘해진 것은 그때였다. 폭발이 일어난다. "나도 배울 만큼 배웠어. 우리 집도 살 만큼 산다고. 나도 컴퓨터 교육을 받았고, 핸드폰을 만져본 적이 있다고."

광천이 분노하는 시점은 예측하거나 종잡을 수 없었다. 다혈질이라거나 변덕이 심하다는 표현으로는 턱없이 부족했다. 행여 심기가 거슬릴 만한 일이라 해도 상황을 넘어서는 극심한 좌절감을 표출하곤 했다. 감정의 스펙트럼 가운데 불쾌와 짜증에는 자리가 없고 증오와 복수의 영역으로 곧장 돌입하는 것 같았다. 이 에피소드만 하더라도 나는 그 앞에서 언감생심 지적 능력이나 집안 형편을 내세운 적이 없다. 애초에 그런 일은 불가능했다.

분노의 유일한 조짐은 넋이 나간 것처럼 멍해지는 눈동자였다. 그 순간 그의 유체는 다른 차원의 세계에 가 있는 것처럼 보였다. 짧은 여행에서 귀환할 때마다 거만한 낯빛은 사라지고 열등감에 시달리는 광천이 나타났다. 이런 변화는 주변 사람도 감지하게끔 일어나고 있었다. 여느 때처럼 설거지를 하던 날, 준서가 내 팔꿈치를 툭툭 치면서 경보음을 울린다. "저것 봐. 또 심각해졌다." 준서가 가리킨 자리에는 광천이 우두커니 서 있었다.

광천은 자신이 비범하다는 환상에 매료된 사람이다. 언젠가 발 딛을

5 악에 대하여

바깥에서 쓸모 있는 인간으로 건재하고 싶다는 소망이 이 환상을 제조해냈다. 광천은 환상 속의 자신을 수의 입은 자기보다 현실감 있게 느낀다. 화려한 전자가 초라한 후자보다 심리적 욕구를 충족하는 데 알맞기 때문이다. 이렇게 현실을 부인하고 환상으로 봉합하는 과정이 광천의 인격을 특징짓는다.

그러므로 그의 남들과의 비교, 거듭된 자기확인, 우월감을 통한 도취는 만회할 길 없는 장기수의 취약함을 과잉보상받으려는 시도라고 할 수 있다. 광천의 말과 행동은 양우와 달리 내면의 무력감에 대한 (무의식적) 저항에서 비롯된다. 실로 그는 무언가를 좇는 것이 아니라 무언가에 쫓기는 것이다. 이런 시도들이 그에게 일시적 안정감을 줄 수는 있겠지만, 궁극적으로는 자신에 대한 환상을 강화함으로써 불안을 근절하지 않고 은폐한다. 외부의 사소한 방해나 거부를 계기로 환상이 일그러졌을 때 그는 '심각해진다'.

준서가 지목한 초점 없는 동공에서 나는 블랙홀의 이미지가 떠올랐다. 환상으로 봉합한 자국이 벌어지면서 틈입하는 세계가 바로 블랙홀이다. 이 블랙홀은 광천의 환상과 짝을 이루는 그림자로, 그 크기와 밀도를 끌어올린 인간은 다름 아닌 광천 자신이다. 환상이 비대해지고 망상이 섞이면서 그림자도 블랙홀의 수준에 이르렀다. 스스로를 지켜내기 위한 부단한 매진이 낳은 의도 밖의 산물이 블랙홀인 것이다.

블랙홀의 중심부가 빛을 빨아들이는 것처럼, 그의 내면에도 그동안의 노력과 성취를 무화시키는 성질이 있다. 장기수인 그의 삶은 밑빠진 독과 같다. 성과를 얻기 위해 분투하지만 그의 사회적 지위에는 아무런 영향을 주지 못한다. 발야구에서 점수를 내도 그의 육체는 절정기를 지나 노화하고 있다. 성기를 개조해도 섹스는 고사하고 자위할 공간조차 없다. 독학한 지식을 과시해봤자 이메일 계정도 웹서핑 경험도 없다. 그는 십 년 넘게 제 손으로 물건 값 한번 지불한 적이 없다.

블랙홀의 존재는 그를 견딜 수 없는 불안에 빠뜨린다. 검은 구멍은 네가 뽐내는 능력은 아무 것도 아니고 너는 그저 감옥에서 인생을 썩히고 있을 뿐이라고 말한다. 물론 이런 소리가 들리는 곳은 그의 내면세계다. 광천은 자신의 환상이 빚어낸 그림자를 외면함으로써 감당할 수 없는 진실과의 대면을 피한다. 진실에서 멀어지더라도 그것이 덜 처절하기 때문이다. 대신 자기 안의 분열을 외부 환경 때문에 발생하는 갈등으로 바꿔 놓는다. 광천이 화가 치민 이유는 내가 머뭇거리는 표정을 지으면서 자신을 무시한다고 여겼기 때문이다.

이런 인격이 형성되기까지 감옥이 강제한 부분과 스스로 움직인 부분이 각각 얼마인지 알 도리는 없다. 그가 이런 생존방식이 자신에게 얼마나 해로운지 어렴풋이 알아챘더라도 징역에서는 그런 깨달음을 묻어버리는 수밖에 없었을 것이다. 나는 그의 환상이 수감 후뿐 아니라 전과도 관계가 있지 않을까 추측해보았지만 알 방도는 없었다. 다만 단서가 될 만한 이야기는 있었다. 왜 감옥에 오게 되었냐는 한 재소자의 질문에 광천은 단박에 "자존심 때문"이라고 답했다.

양우가 내면이 없는 인간이라면 광천은 내면이 공허한 인간이다. 광천은 텅 빈 내면을 보상받길 원하나 힘과 권력만으로는 이를 채울 수 없다. 핵심이 되는 정서적 요소가 빠져 있기 때문이다. 그는 힘과 권력만큼 사랑과 인정도 절실했다.

여기에는 두 가지 문제점이 있다. 첫째, 죄수들은 공통 목표를 지닌 집단이 아니기에 유대감을 쌓기 어렵다. 타인에 대한 기대치가 낮고 시간을 들여 신뢰를 구축하기 힘들다. 형기가 짧은 수형자일수록 진정성 있는 관계를 맺으려는 의지가 없으며 명령만 따르는 식이다. 요행 친해진 사람도 작업장이 바뀌면 얼굴 한번 구경하기 힘들다. 둘째, 권력추구와 인정욕구는 모순되는 가치를 지향한다. 힘이나 권력의 추구는 빵잽이로서 역량을 키우는 데 공헌한다. 반면 사랑과 인정의 욕구는 의존성을 의미하며 이는 '여성성', 곧 약함을 상기시킨다.

난제를 해결하기 위해 광천은 형-동생 관계를 동원한다. 일단 타인의 사랑과 인정을 붙들려는 시도는 통제력을 최대한 발휘할 수 있는 대상인 동생에게로 향한다. 그는 동생의 모든 것을 소유해서 관계의 (불가능한) 안정성을 확인하고자 한다. 다음으로 그는 동생과의 관계에 '형제애'를 끌어들여 자신의 의존성을 형의 보살핌으로 가장한다. 순전히 자기본위인 말과 행동 들이 관심과 돌봄으로 둔갑하고 동생은 이에 응답해야 하는 것이다. 이런 식의 해법은 자신의 남성성을 훼손시키지 않고 취약성을 감추기 위한 교활한 것으로써 매우 착취적인 관계를 낳는다.

이것이 장기수 광천이 심리적 안정감을 누리기 위해 갈고 닦은 방법이다. 양우의 동생이 노동력을 갈취당하는 수발이라면, 광천의 동생은 지배받는 노예이자 충성을 바치는 신민臣民이고 그를 사랑하도록 운명 지워진 애인이어야 한다. 그 동생은 바로 나였다. 그와의 만남은 우연이었지만, 내 모습은 그의 이목을 끌었고 그는 나를 자기 곁에 둘 만하다고 판단했다. 내 학력과 운동권 간판 그 외 몇 가지를 더 보탤 수 있겠지만, 확실히 나는 가만히 있기만 해도 이 교도소에서 튀는 존재였다. 그의 환상도 자신의 자부심을 높일 수 있다면 누구에게든 작동할 준비가 돼 있었다. 그렇게 그는 자신의 환상을 충족시키고 함께 발전시킬 동생으로 나를 택하였다.

첫 만남부터 그는 내 소지품을 낱낱이 검사하고 관급한 밍크이불이 더러워서 다른 사람들에게 피해를 준다고 지적한다. 법무부 담요 하나만 펴고 자게 했다. 방 안의 다른 수형자들은 저마다 침낭과 이불을 몇 겹씩 깔고 덮고 있었다. 그날 야근하던 간수가 1상 9방에서 이상한 점을 발견하지 못했다는 사실은 미스터리다(나는 금요일 오전에 구매신청서를 내고 다음 화요일 오후에 침낭을 받고 나서야 그 상태에서 벗어날 수 있었다).

취사장에서 나는 그를 언짢게 하지 않기 위해 필사적으로 노동한다. 그러나 그가 쳐다보고 있으면 긴장이 되어 몸이 뜻대로 움직이지 않는다. 안 그래도 서둘러 익혀야 할 일들을 그르치고 만다. 감방에서도 그에게 꼬투리를 잡히지 않기 위해 강박적으로 정리하고 청소한다. 그렇지만 그가 나를 단속하는 데는 미미한 것으로도 충분하다. "편지지를 꺼내면서 부스럭거렸어", "오줌 누는 소리가 들린다", "네 국어사전은 공간을 많이 차지한다고", "자면서 내 구역으로 넘어왔어" 등등.

신입인 내가 어설폈다는 사실은 부정하지 않겠다. 그러나 당신은 지금 내가 적응과정을 묘사하고 있다고 오해해서는 안 된다. 광천은 다른 사람의 이불을 아무렇지 않게 뭉개며, 화장실에서 똑바로 서서 소변을 보고(좁은 바닥에 오줌이 튀지 않도록 변기 가까이 쪼그려 앉아 싸는 것이 기본 예의다), 자면서 이를 갈지만 말썽거리라고 비난받지 않는다. 매 순간 자신의 권력에 대한 증거가 필요했던 것이었다. 그래서 내 육체의 모든 기능도 자신의 통제 아래 두려고 한다.

그 사람은 나를 통제하는 권력뿐 아니라 친밀함을 요구했다. 갓 입양한 동물을 대하는 시선으로 나를 바라본다. 머리를 쓰다듬는다. 무서워하지 말라고 타이른다. 형이 시키는 대로 하면 다 잘될 것이라고 말한다. 휴무이던 그 사람은 입방入房×한 나를 반기면서 새로 산 내 침낭을 꿰매다가 바늘에 찔렸다고 했다. 손가락을 보여주며 호 불어달라고 한다. 내 의견을 묻지 않고, 그가 나를 위해 '실용적'으로 개조한 침낭은 누빔이 뜯어져 솜이 군데군데 뭉쳐 있는 상태로 탈바꿈되었다. 그리고 나는 운동시간마다 다른 재소자들이 볼 수 있게 그 사람이 준 나이키 반바지를 입어야 한다.

줄리아 로버츠Julia Roberts의 배역을 맡아 할리우드 영화〈적과의 동침〉Sleeping with the Enemy(1991)을 촬영하는 심정이었다. 어느 날, 그 사람은 반바지를 도로 빼앗아 간다. "사상이 불순한 빨갱이 새끼." 매섭게 돌변한 광천이 무섭다. 무슨 실수라도 한 것은 아닌지 머릿속을 샅샅이 뒤져본다. 그는 내 표정이 밝지 않고 무슨 생각을 하

×   작업장에서 일을 마치고 감방으로 돌아오는 것을 말한다.

76

는지 알 수 없다며 길길이 날뛴다. "예뻐해줄래야 예뻐해줄 수가 없다." 그런 날은 우연히 눈을 마주치는 일도 허락되지 않았다. 다음 날, 광천은 아무 일 없었다는 얼굴로 나를 살갑게 대하였다. 그다음 날에는 그의 얼굴을 다정하게 보지 않고 피한다는 이유로 또다시 처벌받았다. "내가 괴물이냐." 비슷한 패턴이 반복되었다. 이 감정의 롤러코스터에서 자력으로 탈출할 방도는 없었다. 광천은 서툴고 부족한 나를 형인 자신이 감싸주며 참아주고 있다고 진심으로 생각한다.

그 사람은 내게 분노를 토할 때마다 "왜 벽을 치냐", "왜 오픈하지 [마음을 열지] 않냐"며 고함을 질러댄다. 자신의 육체뿐 아니라 마음까지 벽에 가두고서 환상 속에 사는 인물은 광천이다. 그의 내면은 비어 있고 그 허기가 지독했기에 그는 타인의 욕구나 관계의 적절한 한계를 인식할 줄 몰랐다. 상대방이 생각과 느낌을 정직하게 표현할 수 있도록 하고 그것을 수용하는 것이 친밀감을 살찌운다는 사실을 모르는 것 같다. 그 앞에서는 나 자신인 적이 없다. 광천은 권력과 폭력을 행사하면서 내가 웃고 즐기고 사랑에 빠진 연인처럼 행동하기를 원한다. 출소한 다음에 재회해서 먹을 음식과 술의 목록을 같이 작성하기를 바란다. 내 지인들을 소개받아 자기 사업에 착수할 미래를 기대한다.

그럼에도 나는 내가 그보다 우위에 있다고 간주했다. 광천의 환상은 다른 사람을 소유하고 지배해야 유지되기에 그럴 만한 대상이 없으면 제 힘을 잃는다. 아이러니하게도 빵잽이 형은 신입인 동생에게 의존하고 있다. 솔직히 나는 그 사람이 안쓰러웠다. 눈을 희번덕거

5 악에 대하여

리며 소리 지르는 모습이 도와달라고 호소하는 것처럼 보였다.

내 민중주의적 관념도 광천을 가련히 여기는 데 일조했다. 정치범의 사명감 같은 것 말이다. 학생운동 경험으로 형성된 소박하고 천진한 관념이었다. 드물지만 그가 성찰하듯 자신을 돌아보는 순간도 있었다. "시간이 아까워서 못 자. 억울해서 못 자. 어린 나이에 들어왔으니까." "미안하다. 망가지게 마련이야. 징역을 오래 살면 삐뚤어지게 되어 있어." 그 사람을 치유하지 못하면 그의 상처가 더 깊어질 것이라고 생각했다. 마치 내가 그와 좋은 관계를 맺어서 그를 구원할 의무라도 맡은 것처럼. 취사장에서 나 말고는 아무도 그 임무를 해낼 사람이 없어 보였다.

성장에 대한 판타지도 이를 거들었다. 상처투성이 장기수와 참된 우정을 나눈다면 나는 곱게 자란 엘리트의 한계를 극복하고 변신할 수 있을 것이라고 착각했다. 끝으로 자처해서 온 교도소니까 어떤 일이든 감수해야 한다는 작심인지 체념인지도 있었다. 이런 식으로 내가 광천과의 관계에서 '자발성'을 발휘한 부분이 있다. 후회스럽다. 미련한 생각을 품은 채 그와 관계를 지속하면서 자신을 보호할 기회를 몇 번이나 흘려버렸다.

나는 광천의 상처 입은 상태에 눈이 멀어 스스로 상처 내고 있다는 사실에는 주목하지 않았다. 그는 사회 전체적 맥락에서 약자일 수 있겠지만 이곳에서는 나보다 백배의 경험을 축적한 강자였다. 그 사람은 분명 무서워하는 내 눈동자를 알았다. 내가 두려워하는 냄새를 맡았다. 하지만 자신의 행동을 조금도 의심하거나 주저하지 않는다. 제 욕망을 고집하기 위해 내 공포와 불안을 외면하고 도리어 철저하게 이용한다. 그는 재소자 문화에 정통했으며 나를 고립시키기 위해 사람들이 나에 대해 갖는 편견을 이용해서 안 좋은 소문을 퍼뜨리기도 했다(양우는 뒷담화에 관심이 없었다. 그는 근본적으로 대형 고양이과 동물 같은 존재였다).

광천이 내 정치범 자의식과 민중성 관념까지 이해하지는 못했겠지만, 최소한 내 성정과 지향을 꿰뚫어보고 이를 자신에게 유리하게 활용할 줄은 알았다. 여기에는 장기수 특유의 번뜩이는 관찰력과 직관력이 뒷받침되었다. 그렇게 '벽', '오픈', '괴물' 같은 말들이 탄생했다. 그 말들은 그의 잘못을 나의 허물처럼 느끼게 만들었으니 매우 성공적이었다. 그 사람은 문제가 커져 일이 잘못됐을 때도 어떻게 행세해야 하는지를 알았다. 그날도 그랬다. 시끄러운 소리를 듣고 1상 9방 앞에 찾아온 교도관을 몇 마디 말로 돌려보낸다. "아무 일도 아니에요." 공포에 질린 나는 온몸을 벽에 붙인 채 고개를 숙이고 있다. 마음속으로 간신히 도움을 요청한다.

"그 사람은 악인이야."

여호와의증인 준서는 단정적 말투로 선악에 대한 관념을 표출하곤 했다. 당혹스러웠다. 준서는 취사장 동료였지만 감방이 달랐기에 (나중에는 한방을 썼다) 일과 후 내가 광천한테 어떤 일을 당하고 있는지 정확히 알지 못했다. 그럼에도 준서는 한 사람의 인격을 판정하는 데 어려움이 없었다. 죄명 하나면 충분했다. 그가 판단하는 배후에는 성경의 '진리'에 기초한 신앙심이 있었다.

5 악에 대하여

사회구조적 관점을 학습한 나는 그런 이해가 단순해 보였다. 그러나 준서 덕분에 어떤 상황에서는 단순한 이분법이 복잡한 고민보다 얼마나 유용한지를 배웠다. 여호와의증인 신도들에게 교리는 징역에서 원치 않는 관계의 한도를 정하는 지침이 됐다. 준서는 '악인들'에게 겉으로는 복종했을지언정 속으로는 큰 가치를 부여하지 않았다. 반면 내 복잡한 사고는 실생활에 도움이 안 되었으며 광천과 정서적으로 깊이 연루됨으로써 물리적 층위 이상의 자기파괴에 이바지했다.

나는 제 버릇을 버리지 못하고 준서가 제기한 악이라는 주제를 기어이 고민 리스트에 첨가한다. 그리고 내가 아는 두 빵잽이를 생각해본다(노파심에 말하건대 이하는 둘의 인격에 대한 가치평가가 아닌 악이라는 개념에 관한 반성적 고찰이다). 양우가 악하다면 그가 타인에게 무심하기 때문이다. 양우의 폭력은 타인에 대한 원한이나 증오에서 시작되지 않는다. 그는 취사장의 수형자들을 좋아하는 편이다. 육식동물이 초식동물을 사냥하는 동기에는 사악함이 개재될 여지가 없다. 강해서이지 악해서가 아니다. 양우는 취사장의 육식동물이다.

광천이 악하다면 그에겐 타인이 절실하기 때문이다. 광천의 악은 양우와 달리 인간 내면의 복잡성에서 출발한다. 광천의 폭력은 타인의 조그만 망설임도 그를 동요시켜 혼란스럽게 만들기 때문에 발생한다. 그는 타인이 시간, 정성 그리고 전부를 주어야만 불안을 겨우 가라앉힐 수 있다. 자신을 전적으로 사랑해주는 타인이라는, 불가능한 과제를 감옥에서 추구하기 때문에 동생이 희생양이 된다.

광천의 장기징역은 그를 보통 사람이 아닌 예외적 존재로 가정하는 근거가 되기 십상이다. 특히 그 사람의 공허한 내면은 우리의 경험세계를 벗어나기에 그의 동기는 통상적 이해를 넘어선 불가사의한 것, 즉 악으로 현상하기 쉽다. 이것이 정녕 악이라면 '악'을 쓰다, '악'에 받치다 정도가 적확한 용법이겠다. 이 악에 비극이 내포되어 있다면 나약한 인간이 발'악'하면서 변모하는 과정이 담겨 있기 때문이다. 약함과 악함이 뒤얽혀 풀 수 없게 된 매듭. 나는 그것이 광천이 저지른 죄의 가장 큰 대가라고 생각한다.

× × × × ×

6

형제애와 동성애

"다 보여줘. 숨기고 이럴 거 없어. 여긴 공동체니까 소유물도 없고……. 형한테 벽 쌓는 거야?"

영등포교도소에 들어온 지 십칠 일 되던 날 광천이 말했다. 그는 빵을 먹으라고 권하면서 내 허벅지에 자신의 손을 얹는다. 책상다리를 하고 앉아 한 손으로 내 허벅지를 쓰다듬고 다른 손으로 과자를 집어먹는다. 한 치의 망설임도 없는 자연스러운 행동이어서 얼어붙은 듯 꼼짝할 수 없다. 도대체 나에게 무슨 일이 일어나고 있는 것일까. 그는 천진난만한 표정으로 이 순간을 즐기고 있다. 나는 광천의 옆자리에 앉은 자신의 부주의함을 속으로 자책한다.

이튿날 작업장에서 돌아온 나는 그와 거리를 둘 만한 자리를 필사적으로 찾는다. 그러나 좁은 감방에서 무슨 소용이 있으랴. 허벅다리 안쪽에서 다시 그 사람의 손길이 느껴진다. 맨살에 전해지는 선득한 느낌. 그는 내 무릎을 베개 삼아 눕는다. 귓불과 종아리를 만진다.

이마부터 발목까지 손가락 끝으로 한 군데씩 짚어가며 쓸어내린다. 그는 내일 저녁에도 내 몸 곳곳을 어루만질 예정이다.

성적인 면이 존재하지만 명백하게 성적이라고 정의하기에는 애매한 테두리. 그 사람은 서서히 그 한계를 넓히고 있다. 날짜는 잊었지만 기억은 선명한 다른 날, 광천은 웃으면서 "내 이불 속으로 들어와서 자라"고 말한다. 난처해진 나는 어색한 표정을 지으며 아무 말도 못하고 있다. 곧 그는 그냥 장난을 친 것이라고 한다. 재미있자고 한 이야기라고 한다. '사려깊게도' 자신은 "그런 사람[동성애자?]이 아니"니까 걱정하지 말라는 말까지 보탠다. 그럴 때마다 감방 안의 다른 재소자들은 못 본 척하면서 광천의 행동에 암묵적 동의를 보냈다. 외면할 수 없는 경우라면 그들은 낯간지러운 광경을 접하는 것처럼 멋쩍은 미소를 지었다.

> "도대체 무얼 참고 있는 거니. 그런 성추행 상황에서 좀 더 확실하게 네 의사를 밝혀야지. (…) 견디다 보면 스스로 성장할 수 있는 고통이 있는 반면에, 견디다가 망가지는 고통이 있어. 그걸 구별할 줄 알았으면 해."

친구 여옥이 보낸 2010년 4월 7일자 편지에서 발췌했다. 나 같은 초범은 어디까지가 감옥에서 겪는 보통의 시련인지 어디부터가 이상한 사건인지 분간하지 못한다. 의논하고 싶어도 의지할 수용자가 없고, 교도관에게는 다가갈 수 없다. 감옥 밖 지인에게 설명하기도 여의치 않다. 여옥에 따르면 육체노동처럼 정직하게 겪어야 하는 민중성은 전자에, 성추행처럼 비판하며 저항해야 하는 권력관계는 후자에 속하는 것일 테다. 내게는 두 가지 모두 광천 한 사람과의 관계를 중심으로 벌어지는 일이다. 그는 반찬조 선임이기도 했다. 취사장의 일원으로 자리 잡으려면 그에게 절대적으로 의존해야 했다.

신기한 점은 내가 성폭력적 상황에 처했음이 알려지자, 버텨 보라던 조언이 사라진 것이다. 바깥 사람들은 나보다 놀랐고 저마다 도움을 주기 위해 애써주기까지 했다. 이 일은 성적 괴롭힘을 집어넣어야 내 형편이 타인들에게 진지하게 취급받는다는 인상을 내게 남겼다. 깨닫지 못하는 사이에 성폭력적 삽화와 함께 괴로움을 토로하게 되었다. 그러나 선정적인 성폭력의 이미지로 전달할 수 있는 상황만은 아니었기에 못내 찜찜했다.

성폭력은 명백한 강요보다는 미묘한 상호작용 속에서 일어났다. 몸을 만진다는 사실에는 성적 함의가 분명히 있었지만 끔찍하기보다 곤혹스러웠다(나는 강간을 당하지 않았다). 내 모든 것을 통제하려 하고 마음대로 되지 않으면 날뛰는 광천의 모습이 훨씬 무서웠다. 그 사람이 나를 완전하게 지배하려는 것에 문제의 핵심이 있었고 성적 괴롭힘은 그 일환이었다.

감옥에 가면 동성애자들이 덮친다는 소문이 있다. 제 입으로 말했듯이 광천은 자신을 동성애자라고 생각하지 않는다. 텔레비전을 보면서 여자 연예인을 소재 삼은 음담패설을 곧잘 하기도 한다. 즉 감옥 내 성폭력은 동성애자라는 '변태'들이 저지르는 행동으로 단정할 수

6 형제애와 동성애

없다. 동성애는 성적 지향과 관련되기 때문에 성폭력을 설명하는 적합한 척도가 못 된다. 세간의 통념은 동성애자에 관한 부정적 상상만 증폭시킬 뿐 성폭력이 권력의 문제임은 은폐한다. 동성이라는 같음보다 형제라는 위계에 집중하자. 그 사람은 동생인 나를 자신의 소유물로 여긴다. 그래서 내 의사를 존중하지 않고 아무렇지 않게 몸을 만지작댄다.

광천이 심했지만 그에게 한정되는 이야기는 아니다. 육체노동을 익히면서 취사장의 성원으로 인정받는 것과 형들이 마음대로 다루는 몸이 되는 것은 하나의 과정이었다. "귀에 좆대가리를 박았냐"는 욕설과 엉덩이 깊숙한 곳을 더듬는 손짓은 같은 층위에 있었다. 모욕뿐 아니라 칭찬도 그러했다. 반찬조 부조장 규열은 일을 잘 했다면서 내 볼기를 움켜쥔다. 젖꼭지를 꼬집거나 엉덩이를 주무르거나 성기를 툭 치는 식의 '놀이'는 쉬는 시간에 흔히 벌어진다. 친밀한 것과 성적인 것 사이의 경계는 애매하다.

형들은 자신의 행동을 성적인 것으로 간주하지 않는다. 광천이 그랬던 것처럼, 동생을 건드리는 일은 '장난'으로 통용된다. 하지만 긴장을 푸는 놀이는 형이라는 권력이 뒷받침될 때만 가능하다. 어느 동생도 같은 방식으로 형에게 장난치지 않는다. 싫다는 의사를 밝히고 중단을 요구할 수도 없다. 놀이의 기본 요건인 주고받기가 성립하지 않는 것이다. 성감대를 겨냥한 원치 않는 스킨십은 놀이라는 의미만 독점적으로 부여받기에 일상으로 공고해질 수 있다.

형은 동생을 주무르면서 "-년아"라고 부른다. 이 장면에는 매우 성적인 그것도 동성애가 아닌 이성애 구도가 함축돼 있다. 이것은 감옥 내에서 자체적으로 '여자'를 생산하는 과정이다. 교도소에서 여자는 아침과 낮 시간에 틀어주는 라디오 목소리와 저녁에 시청하는 텔레비전 화면에만 있다. 여자는 청각과 시각으로 존재할 뿐 손에 닿지 않는 대상이다. 접견실에서도 투명한 창에 가로막혀 타인의 육체를 만질 수 없다. 나를 포함한 몇몇 동생들에게 강요되는 친밀성은 여자에 대한 감각을 보충하는 성격supplement을 띤다. '년'이라는 호칭의 사용은 형들이 동성애자가 된다는 정체성의 혼란을 겪지 않으면서 자신의 욕망을 어지간하게 추구할 수 있게 해준다.

그들은 이십 대 초중반의 귀엽게 생긴 재소자들을 여자로 '만든다'. 근육이나 체모의 분포, 팔과 다리의 모양, 속눈썹 길이 등이 여성성을 식별하는 기호처럼 작동했다. 광천도 내 "다리가 하얗다"고 말했다. 내 외모는 평범하고 나이도 있지만, 전형적 남성성과는 판이한 말투와 몸가짐이 문제가 됐다. 나는 타인의 눈도 똑바로 보지 못했고 큰소리가 나거나 살갗이 조금만 닿아도 움찔거렸다. 취사장처럼 거친 작업장에서는 눈에 띄는 특성이었다. "니는 장난을 못 치겠다. 조금만 뭘 해도 소스라치게 깜짝깜짝 놀라서." 과거 제빵사였던 밥조부조장 종표의 말이다. 내가 고안한 대처법은 기껏해야 머리를 바짝 깎고 면도를 하지 않는 것이었다.

학창시절 경험 때문에 나는 이런 대우가 낯설지 않다. 남고에서 기숙사 생활을 할 때, 방 친구들은 내가 겨드랑이털이 안 났다는 사실을 발견하자 '여자'라는 별명을 붙였다. 내겐 밴드의 죄는 촉감이 답답해서 양말 윗부분을 접어 신는 습관도 있는데 이것 또한 여자라는 증거가 됐었다.

6 형제애와 동성애

남성적인 것과 여성적인 것에 관한 기준은 절대적이지 않다. 빵잽이들은 한국사회에서 여성적이라고 정의되는 일에 능숙했다. 불이나 도구 없이도 한정된 재료로 요리를 할 줄 알았다. 구매품인 훈제닭, 콜라, 간장을 가지고 먹음직스런 찜닭을 차려냈다. 햇볕도 바람도 안 드는 협소한 공간에서 빨래가 잘 마르도록 너는 노하우는 고단수 주부도 모르는 살림의 지혜에 속한다. 각양각색의 볼펜이나 캐릭터디자인 편지지에도 십 대 소녀처럼 열광했다.

이런 면모들은 여성적인 것이라고 인식되지 않는다. '년' 소리를 들을 일도 없다. 빵잽이들은 여타의 수형자들보다 우월하기에 여전히 남성이다. 즉, '남성적인 것'과 '여성적인 것'은 상하관계에 붙여지는 이름이다. 이 법칙이 적용되기에 동생되기와 여성되기는 겹칠 수 있다.

4월 중순, 일과 후에도 당번을 맡아 노동하던 날이다. 잔업을 마치면 다른 당번들과 함께 온수목욕을 한다. 반찬조 조장 우진은 하얗고 근육질과는 거리가 먼 내 몸을 빤히 보면서 작업반장 기욱에게 말한다. "씻겼으니까, 신고식으로 돌려[윤간해] 버릴까?" 나는 그 말뜻을 알았지만 어수룩함을 가장하면서 모르는 척한다. 책상물림 이미지를 역이용한 것이다. 실질적 위협을 느낄 만한 분위기도 아니었다.

사십 대 중반인 기욱은 살색이나 체형이 아닌 내 몸의 다른 기관에 주목한다. "야. 이 보지야. 니는 뭔데, 좆대가리가 나보다 크냐?" 나는 양성구유兩性具有가 아니다. 두 사람이 내 몸의 의미를 두고서 경합을 벌이고 있다. 내 몸을 여성적인 것으로 인식한 우진과는 반대로, 기욱은 그보다 우람한(?) 내 남근penis에서 자신의 남성성을 향한 도전을 읽어냈다. 그는 "좆대가리"의 도발을 꺾기 위해 여성 성기를 비하하는 표현 "보지"를 사용한다. 이때도 여성적인 것을 정의하면서 위계를 가르는 법칙이 동원됐다.

성적 괴롭힘은 권력의 행사이기에 교도관도 가해자의 범주에서 예외가 아니다. (다음 사례는 내 작업장을 관리하던 교도관과 무관하다.) 5월 11일, 식깡을 나르는데 누가 탁 소리나게 뒤통수를 때린다. 고개를 돌려보니 검붉은 낯빛의 교도관이 거만하게 서 있다. "할 만해? 인상 쓰지마. 적응됐지?" 이 사내는 본 적이 있다. 그는 3월 24일 "못 보던 애네. 신입이냐?"라고 말하면서 한 손으로 내 귓불을 비비적거리고 다른 손으로 내 허리께를 쿡쿡 쑤셔대던 사람이다.

6월 17일, 보안과* 계단에서 있던 일이다. 반대편에서 걸어 내려오던 교도관이 내 오른쪽 유두를 잡아당기면서 시계 반대방향으로 비튼다. 그는 내 눈을 똑바로 응시하면서 씨익 미소를 짓는다. 하얗게 센 머리에 금속테 안경을 걸친 처음 보는 간수였다. 그 교도관은 내가 여호와의증인이거나 소년 교도소 출신 절도범이라고 가정했을 것이다. 제 딴에는 귀엽게 여겼을 수도 있겠다. 내 팔뚝에 용이나 호랑이 한 마리가 살고 있어도 그랬을까. 삼 일 뒤 다시 볼 기회가 생겨서 제복에 붙어 있는 이름을 외워뒀다. 직급과 성명을 적을 수 있다. 하지만 장담컨대 그에게는 하찮은 일이라서 아무 기억이 없을 것이다.

✕　재소자를 직접 상대하는 교도관들이 사무를 보거나 대기하는 건물.

　　　　　　　　6 형제애와 동성애

잔업을 하고 사흘이 지난 날, 우진은 "형이 널 보면 아슬아슬하다[흥분이 된다]"고 말한다. 그러나 그는 광천처럼 굴지 않았다. 한방을 쓰지도 않았는데다, 적어도 우진은 사람의 환심을 사는 법을 알았다. 그는 자신의 문신이 풍선껌 판박이스티커를 모아서 붙인 것이라고 농담한다. 우진의 등에는 삼국지의 무장 관우가 청룡언월도를 든 채 적토마를 타고 있었다. 고갈된 줄 알았던 내 웃음보가 터진 날이었다. 다음 날에는 테크토닉 댄스를 흉내 내면서 양손에 낀 노란색 고무장갑을 붙였다 띠었다 하는 동작을 취한다. 그러면 고무장갑 양쪽에 매직으로 그려 넣은 반쪽의 하트 문양이 합쳐지면서 "I ♥ YOU"라는 문장이 완성됐다. 교도소에서 구할 수 없는 사탕을 슬쩍 쥐어주거나, 작업장 사물함에 옷가지나 파스 등을 몰래 넣어주기도 했다.

쌍꺼풀이 진 길고 가는 눈맵시를 지닌 이국적인 외모. 동생들끼리는 우진을 이곳의 숱한 빡빡이들과 구별짓기 위해 '이집트 빡빡이'라고 부른다. 나는 그가 영화 〈헤드윅〉Hedwig and the Angry Inch(2001)으로 유명한 감독이자 배우인 존 카메론 미첼John Cameron Mitchell을 닮았다고 생각했다. 마스카라를 칠하면 맵시 날 것 같았다. 지금 이야기가 곁가지로 흐르고 있다. 하지만 나로서는 모처럼의 즐거움을 지속시키기 위해 조금 더 말해야겠다. 그는 옛날 조직폭력배는 무조건 덩치부터 불려야 했는데 요즘은 날렵하게 보이도록 잔근육을 키워야 한다고 했다. 합숙소에서 조직생활을 시작한 열아홉 살 때는 국, 찌개, 라면에 돼지비계를 넣어 먹는 것이 돈 없는 막내들의 정해진 식단이었다. 그는 정육점에서 살코기는 발라내고 비곗살만 사오는 심부름을 했다. 우진은 푸른 하늘을 보면서 유년시절 북한산 기슭에서 방방(트램폴린) 가게를 했던 외할아버지와의 추억을 떠올리기도 했다.

우진과의 관계는 우리가 성sexuality을 사유하는 데 동반되는 난점을 보여준다. 그와 있었던 에피소드에는 상반되는 요소들(사랑, 우정, 돌봄, 권력, 폭력)이 섞여 있기 때문에 단일한 의미로 수렴되지 않는다. 성이란 개념은 깊은 친밀함부터 잔혹한 폭력에 이르는 스펙트럼을 망라한다. 비슷한 행동이라도 상황과 맥락에 따라 의미와 느낌이 다르다. 스스로도 혼란스럽고 쉽게 정리가 되지 않았다. 하지만 접촉에 관해서 한 가지는 분명하게 말할 수 있다. 나는 광천의 진득하게 만지는 접촉에는 긴장하면서 몸 전체가 굳었다. 반면 우진의 접촉에는 긴장하지 않았다. 짧은 시간에 가볍게 두드리는 우진의 접촉은 격려하는 느낌을 주었다.

4월 중순에 있던 또 다른 일이다. 수레를 끌고 운동장을 거쳐 배식을 가는데, 백발이 성성한 노인이 윤이 나는 소년의 손을 잡은 채 잰걸음으로 운동장을 돌고 있었다. 소년은 머플러를 둘러서 금방 눈에 띄었다(긴 천은 자살용품으로 간주되기에 목도리류는 사거나 들여올 수 없다). 미국 드라마 〈프리즌 브레이크〉Prison Break에서 봤던, 바지 주머니 안감을 내놓고 다니는 티백(배우 로버트 네퍼Robert Knepper)과 그것을 쥐고 따르는 앳된 재소자의 모습이 연상됐다. 범상치 않아 보였지만 신참인 내게 타 작업장 사람들의 사연까지 캐낼 재주는 없었다. 가난한 재소자에게 빵을 사주는 대신 오럴섹스를 요구하는 재소자에 관한 이야기를 듣기도 했다. 춘천교도소에서 이감 온 수형자의 목격담이었다.

6 형제애와 동성애

여호와의증인 준서는 지적 호기심이 많고 통찰력이 있는 사람이다. 내 병역거부 소견서*를 읽고는 "누구나 느낄 수 있는 불쾌한 감정을 깊숙이 들여다보았다"는 평을 남겼다. 시간이 날 때마다 이런저런 질문을 해대서 약간 귀찮았지만 싫지는 않았다. 한번은 내 앞으로 온 사회운동 단체의 소식지를 읽더니 퀴어queer가 뭐냐고 물어서 LGBT**부터 설명을 해주기도 했다.

6월 중순, 쌀포대를 창고로 나르던 때의 일이다. "형, 바이bisexual 아니에요?" 준서는 닷새 전에도 내게 "양성애자죠?"라고 질문했다. 어쨌든 가르친 보람이 있다. 여호와의증인들은 유사한 의미로 '남색가'라는 단어를 썼는데, 그는 나와 대화하기 위해 자기 언어를 내려놓고 맞춤형 어휘를 구사한 것이었다. 여호와의증인도 아니고 정치범스럽지도 않은 내 정체가 많이 궁금했나 보다. 그런데 정작 준서의 눈썹 끝을 실룩거리는 버릇, 일종의 틱 증상은 끼를 부린다는 인상을 준다. 그는 내 눈동자 색깔이 짙다면서 아주 가까이에서 내 얼굴을 들여다보기도 했다.

흥미로운 점은 나와 준서 사이가 두터워지자 수인들이 이 관계를 동성애로 인지했다는 것이다. 우진은 내가 나이 적은 사람들에게 '씨'라는 호칭을 고집하기 때문에 섞이지 못한다고 두어 차례 지적한 적이 있다. 취사장에서 형-동생을 벗어난 관계는 여간해서는 가깝게 보이지 않았다. 그런데 막상 무시할 수 없을 정도로 준서와 내가 친밀

   ✕   내 병역거부 소견서는 이 책의 304~326쪽에 실려 있다.
  ✕✕   L: 레즈비언(여성 동성애자), G: 게이(남성 동성애자),
          B: 바이섹슈얼(양성애자), T: 트랜스젠더.

해지자 그는 우리를 '변태'라고 지목하면서 질투 비스무리한 감정을 비치었다.

어느 날 작업장 칫솔꽂이에 있는 나와 준서의 칫솔이 우연히 마주보도록 돼 있었다. 아무도 의식하지 않았는데 우진은 그 모양을 가리키면서 "이거 뭐냐? 변태냐? 사랑해?"라고 나무랐다. 우진만 그런 것이 아니다. 핸드폰 대리점 점원이었던 이십 대 중반의 재소자는 준서가 내게 장난치는 모습을 보더니 김수현 작가의 드라마 "〈인생은 아름다워〉 같다"고 했다. 이 드라마는 교도소에서도 인기리에 방송되고 있었는데, 법무부는 '미풍양속'을 해칠 우려가 있다며 돌연 방영을 중단시켰다. 이 드라마에는 게이커플이 주요 배역으로 등장한다. 나는 이왕이면 태섭(배우 송창의)이고 싶다고 생각했다.

수감자들이 나와 준서의 관계를 동성애로 여긴 까닭은 순전히 기존의 형-동생 관계를 교란시키기 때문이었다. 그들은 이 '부자연스러운' 관계를 동성애로밖에 해석할 수 없었다. 일단 우리의 대화에 '년'자가 들어간 욕설은 없었다. 이 친밀성에는 여성의 생산이 없었다. 그리고 장난을 시작하는 사람은 거의 준서였다. 연상인 나는 싫은 척하면서 수줍게 응하는 편이었다. 비교적 평등했다. 마지막으로 형들의 장난에서는 찾아볼 수 없는 명랑함이 있었다. 준서와 나는 왈왈이 양우가 탈의실 안에서 벌인 결투를 흉내 내는 몸놀이를 개발하기도 했다. 그는 계속 내 정체를 연구하고 있는지, 어느 날에는 북한 조선로동당 간부라고 했다가 알고 보니 외계인이라는 둥 자꾸 판정을 번복했다.

여호와의증인 준서에게 동성애자라는 명명은 곤욕이었겠지만,

6 형제애와 동성애

내게 주변의 의심스런 눈초리는 묘한 기쁨을 불러일으켰다. 이 관계가 지닌 특별한 성격이 취사장 모두가 알아챌 만큼 환하게 빛이 났던 것이었다.

7

형제 대 형제

내가 손에 든 노란 서적의 표지에는 '성서는 실제로 무엇을 가르치는 가?'라고 적혀 있다. 이 도서는 준서한테 선물받은 것으로 준서는 '가르침책'이라고 줄여 부른다. 200페이지 남짓한 소책자를 넘겨보면 여호와의증인에서 발간한 서적 특유의 알록달록한 일러스트가 눈에 띈다. 일러스트에는 성서 시대의 재현 못지않게 현대인들과 그 미래에 대한 묘사가 많다는 점이 독특하다. 성경책도 함께 받았는데 여기는 익숙한 공동 번역이 아닌 '신세계역'이라고 되어 있다.

가르침책은 여호와의증인 교리를 초심자 눈높이에 맞춰 설명하는 내용이다. 나는 이 책을 교재 삼아 일주일에 한 차례 운동시간을 빌어 준서와 '성경연구'를 한다. 성경연구는 그가 제안한 것인데, 연구라는 이름은 내게 지적 대화를 나눌 수 있으리라는 기대를 품게 했다. 준서가 나를 선택한 까닭은 아무래도 나와 그가 병역법위반이라는 죄명을 공유하고 있기 때문일 터이다. 참고로 여호와의증인 교단

7 형제 대 형제

에는 장로는 있지만 목사나 사제에 준하는 성직자는 없다. 대신 신앙생활과 전도 활동이 한 몸이다. 여호와의증인 신자에게 교리전파는 의무에 속한다.

성경연구는 가르침책을 함께 읽으면서 인용된 성경구절 중 일부를 찾아보는 식으로 진행된다. 매 페이지 끝자락에는 두세 개의 질문이 제시되어 있는데, 준서는 내가 이 질문에 제대로 답변하는지 점검한다. 까다롭지는 않고 앞서 읽은 내용을 그대로 말하면 된다. 예컨대 "아담의 모든 후손이 늙고 죽는 이유는 무엇입니까?"(29쪽, 이하 7장에서 쪽수를 표기한 인용문의 출처는 전부 가르침책이다)라고 물으면 "인간은 죄를 지은 아담으로부터 불완전성을 물려받았기 때문에 늙고 죽습니다"라고 답해야 한다. 그러니까 성경연구는 엄밀한 토론보다는 정해진 틀 안에서 교리문답을 하는 형식을 띠었다. 준서의 설명에 따르면, 여호와의증인은 초창기에 만국성서연구회라는 단체였고 구성원은 성경연구생이라는 이름으로 활동했었다.

여호와의증인 신도는 전쟁이 발발했을 때 세상 어느 진영에도 가담하지 않아야 한다. 그들이 병역거부를 가리켜 "중립을 지킨다"고 표현하는 이유도 이 때문이다. 매년 한국에서는 700여 명의 젊은이가 중립을 지키기 위해 입영 대신 수감을 택한다. 이 수치는 전 세계 병역거부 수감자 중 90퍼센트 이상을 차지한다. 일제시대 독립운동 기록으로 남아 있는 여호와의증인의 병역거부가 해방 후 반국가적 행위로 취급당하는 것은 역사의 아이러니다. 독일의 나치가 공개처형

한 최초의 병역거부자도 여호와의증인이었다.

병역거부와 동일한 맥락에서 여호와의증인들은 정당에 가입하거나 선거에 참여하지 않는다. 그러나 그들이 국가를 적대시하는 것은 아니다. 자신이 소속된 나라의 법률은 존중하지만 종교적 믿음과 충돌할 경우에는 하느님의 말씀을 우선시하는 것이다. 1상 16방에서 만난 여호와의증인 윤석은 쿠바의 사례를 들려줬다. 정확한 시기는 모르겠지만, 쿠바 정부는 여호와의증인이 불온한 집단인지 알아보기 위해 투표는 하지 않더라도 투표소에는 오라는 지시를 내린 적이 있었다. 선거일이 되자 그들은 하나같이 선거인명부만 확인하고 투표소를 빠져나갔다. 그 후 사회주의 국가 쿠바에서 여호와의증인의 종교 등록을 허용했다는 이야기다.

이것은 국민의 의무와 개인의 자유가 대치하는 풍경이라 할 수 없다. 국가의 일원이냐 하느님의 자녀냐, 라는 세속성과 신성성의 대립이야말로 진정한 쟁점이다. 그런데 양자 어디에도 개인을 온전히 긍정하는 사고는 없다. 개인은 더 큰 단위에 통합된 부분으로만 인식된다. 실로 모든 종교에는 개인성(개체성)individuality으로부터 탈피해야 구원(궁극적 의미를 깨달음)을 얻는다는 도식이 있다. 여호와의증인에게도 개인성은 하느님에게 다가가기 위해 포기해야 하는 관념이다. "하느님의 아들 예수 그리스도를 따르고자 하는 사람은 누구나 자기를 부인해야 합니다. 자기를 부인한다는 것은 개인적 욕망이나 목표가 하느님께 전적인 순종을 하는 데 방해가 되지 않게 하는 것을 말합니다."(179쪽) 그들은 개인의 고유성이 드러나는 최초의 표지인 생일을 축하하지 않는다.

나는 징병제가 개인에 부과하는 역할에 압박감을 느끼면서 한국사회에 만연한 집단주의를 문제 삼고자 했다. 국가도 절대자도 아닌 감히 스스로에게 충실하기 위해 군대에 가지 않은 것이다. 내 병역거부의 출발점은 대의나 이념보다 내면세계나 신체감각에 있다. 나아가 내게는 삶의 의미를 탐구하려면 자기다움을 잃어서는 안 된다는 믿음이 있다. 이처럼 그들과 나의 죄명은 동일하지만 그 내막은 판이하다. 여호와의증인 교리에 비추니 그들에게 지상의 유죄는 천상의 판결에 의해 무죄가 되지만, 나의 죄crime는 성경에서 말하는 교만의 죄sin에서 말미암은 것이라는 결론이 도출된다. 사탄은 하와가 "옳고 그른 것을 **스스로 결정**할 수 있고, **자신이 원하는 대로** 할 수 있다"며 유혹하였다(61~62쪽, 강조 표시는 인용자).

그러나 수인의 처지는 개인으로 존재한다는 것의 의미를 집단으로부터의 자유가 아니라 고립무원 상태로 전도시킨다. 형이 확정된 수감자는 모든 것이 돌이킬 수 없이 아득해졌다는 느낌을 갖는다. 이 위화감은 한 사람이 독립성과 자율성을 발휘하게 해주던 내적 토대가 무너지는 것과 상응한다. 이런 현상은 수형자의 감금이 물리적 환경의 변화를 넘어서 '세계'의 상실을 초래하기 때문에 나타난다(나는 세계를 나를 제외한 외부 환경이 아니라 내 행위와 그로 인해 의미가 형성된 모든 것을 총괄하는 의미로 사용한다). 재소자는 이 세계의 상실에 대해 저마다의 방식으로 반응한다.

밥조 부조장 종표는 얼굴이 둥그스름한데다 작은 입술이 튀어나와서 사십 대 중반의 나이에도 귀엽게 보이는 사람이다. 그는 작업장에서도 감방에서도 틈날 때마다 무협지나 판타지 장르의 소설책에 코를 박고 지낸다. 1상 6방에서의 저녁, 종표는 파묻은 고개를 위로 젖히더니 대뜸 동생들에게 물었다. "니들, 내가 왜 하루 종일 판타지만 보는지 아나." 무슨 영문인지 모르겠다는 표정들을 확인하고서는 말을 이어나간다. "가만히 있으면 그때 내가 왜 그런 짓을 했지 싶어서 먹먹하다. 자꾸 그런 생각에 사로잡혀서 나올 수가 없다. 차라리 판타지를 보는 게 속 편하다." 이야기를 마친 그는 다시 판타지의 세계로 돌아갔다.

반찬조 조장 우진은 과거의 세계를 소환해서 취사장에 덧씌우려 한다. "반찬조 말고는 다 쓰레기야", "하루 종일 빵*에서 시간 죽이는 인간들, 다 쓰레기야." 실없는 소리를 늘어놓다가도 그는 조원들을 다독이기 위해 이런 말을 빼놓지 않는다. 영등포교도소에서 취사장, 특히 반찬조만큼 힘든 노동을 하는 곳은 없다는 주장이다. 하지만 그의 대사는 스스로를 확인하고 긍정하기 위해 되뇌는 주문처럼 보인다. 그는 자신이 육체를 단련하고 형제애를 다지고 있다고 생각하지만, 몸의 피로로 삶의 의미를 대체하고 있는지도 모른다.

우진도 이곳의 형제애가 얼마나 허수로운지 알고 있다. 매해 6월과 12월에는 전국 구치소와 교도소마다 대대적 이동이 있다. 직업훈련생 교육이 종료되고 새로운 훈련생을 모집하는 시기이기 때문이다. 몇몇 형들은 선발 가능성이 높은 어린 재소자들이 지원하지 못하도

---

*   감방의 속된 말.

록 방해했다. 미묘한 암시와 노골적 협박이 있었다. 느지막이 어떤 형들이 훈련소를 신청했다는 사실이 알려졌다. 우진도 화성직업훈련교도소의 이발기술 분야에 응모했다. 각자의 징역은 각자의 몫이라는 현실이 새삼스레 드러났다.

재소자들이 여호와의증인을 좋아하지 않는 이유는 소수 종교에 대한 편견 때문만이 아니다. 증인들이 세계를 상실한 개별자의 운명에서 비껴 있기에 시샘하는 것이다. 그들의 징역은 각자도생이 아니라 이전 세대 증인들이 수십 년 동안 쌓아온 토대 위에서 이루어진다. 그들은 한결같이 교도관에게 순종하며 헌신적으로 노동했기에 교인끼리의 생활을 보장받게 됐다. 한국의 교도행정과 여호와의증인 사이에는 오랜 세월을 거치면서 형성된 암묵적 관행이 있다. 그들에게는 담장 안에서도 공동체를 유지할 수 있도록 마련된 자리가 있다. 이를테면 준서와 민수는 "1상 6방은 원래부터 증인방이야" 같은 말을 아무렇지 않게 한다(여호와의증인에게 우선권이 있기 때문에 증인이 들어오면 1상 6방으로 배정받아 함께 지내는 것이 당연하다는 의미다). 이것은 어느 수인에게도 허용은 물론이고 상상되지 않는 권리다.

수형자들 사이에서 '형제'는 외톨이인 개개인이 자원을 더 차지하기 위해 동원하는 수직적 문화를 뜻한다. 이 형제에서 핵심은 형과 동생을 구분하는 데 있다. 여호와의증인의 형제에서 골자는 아버지가 같다는 것이다. 후자의 형제는 아버지를 숭배하는 자녀들에게 붙는 이름이며 원리상 동등한 수평적 관계다(글의 형편상 자매는 논외로 한다). 게다가 이 아버지는 감옥은 물론이고 모든 시공간을 초월한 절대자 하느님이다. 여호와의증인의 세계는 세속적 세계와 애초부터 비교 불가능하기에 내 것처럼 흐늘거리지 않는다. 그들에게 고통은 박해나 유혹으로 해석되기에 그들은 불안과 혼란을 최소한 덜 겪는다. 시련試鍊의 축자적 의미대로다. 어떤 면에서 그들의 징역살이는 신과의 결속감을 키우는 데 기여한다고도 할 수 있다. 수감된 여호와의증인에게는 자신의 운명에 대한 완벽한 해석 체계와 담장에 구애되지 않는 막강한 공동체가 있다.

죄명만 따지면 여호와의증인과 동류로 묶여야겠지만 내 동기는 정치적인 것으로, 나는 병역법위반 중 1퍼센트도 되지 않는 비여호와의증인 병역거부자다. 헌데 한국사회에는 병역법위반을 정치적 문제제기로 인식하는 사람이 매우 적다. 내 죄명은 차치하더라도 지금은 감옥 내에 '정치범' 내지 '양심수'라고 불리던 수형자들이 집단으로 존재하는 시대가 아니다. 한때 굵직한 축을 담당했을 조폭 무리도 보이지 않는다. 조폭은 자신의 활동 근거지를 벗어난 지역에 수감되며, 일반 범죄자들 또한 공범 관계만 돼도 분리 수용되는 실정이다.

　권리를 주장한다는 점에서 정치범과 비스무리한 '코걸이'라는 용어가 있긴 하다. 코걸이는 교도관에게 자신의 요구를 관철하는 데 능한 재소자를 폄하하는 은어다. 그러나 어디까지나 유별난 개인에 국한되는 호칭이다. 석연찮은 이분법이긴 하다만 코걸이는 정의보다 이익, 저항보다 협상 쪽에 기운 어휘다. 코걸이의 대표 기술인 '코를 걸다'는 간수가 자기편의를 위해 규정을 어기는 일을 재어두었다가 협

상카드로 써먹는 행위를 말한다. 국가인권위원회나 법무부에 진정陳
情을 넣어도 코걸이 소리를 듣는다. 재소자는 단독으로 진정함에 접
근할 수 없기에 직원에게 요청해야 하는데 그 결과 혼자만 자리를 비
우는 어색한 장면이 연출된다. 나머지 재소자들의 추측과 해석이 곧
소문이 되어 퍼지는 것이다. 교도관뿐 아니라 수감자들 사이에서도
코걸이가 경멸적 의미를 띠는 까닭은 코걸이의 행동이 한편으로는
형제게임의 규칙을 무시하고 있고 다른 한편으로는 개인적 구제 이
상의 효과를 낳기 힘들기 때문이다.

　나는 광천한테서 벗어나기 위해 면담을 신청했다. 감옥 밖 지인
의 도움이 있었기에 가능한 일이었다. 고충을 처리하러 온 교도관은
내부 사정을 외부인에게 알렸다는 사실을 달가워하지 않아 했다. 한
잡지사의 원고청탁 덕분에 내 서신이 특별히 검열당한다는 사실을
알게 됐는데, 나는 이 점을 역이용해 교도관에게 전업 관련 정보를
얻고 싶다는 편지를 쓰기도 했다(수형자가 봉합하지 않고 제출한 편지를 소
측에서 직접 풀칠을 해서 부쳐준다). 이것은 모두 내 생존도모와 생활개선
을 위한 일종의 코걸이짓이었다. 그리고 7월을 목전에 둔 월요일 아
침, 설거지를 마치고 땀범벅이 된 나는 드디어 짐을 챙기라는 부름을
받았다.

　여름이 되자 취사장 사람들 중 절반 이상이 뿔뿔이 흩어졌다. 날
씨가 쌀쌀할 즈음에는 예전에 알던 얼굴이 거의 없었다. 그 사이 왈
왈이 양우는 영등포에서 쫓겨나 대구교도소로 이감을 갔다. 평소 그
에게 원한을 품고 있던 수형자가 출감 때 작성하는 출소자 설문서에
고발을 했다는 소문이 돌았다. 수발이 대형은 경제사범이 많은 세탁

소로 옮겨졌다. 종표는 교도소 단지에 입주한 카드단말기공장의 노동자로 뽑혔다. 이발 교육생에서 탈락한 우진은 새로 생긴 민영 교도소의 1기 재소자로 발탁됐다. 준서는 나처럼 영치창고로 전업해서 우리의 성경연구는 계속되었다. 양우도 우진도 없는 취사장에서 광천은 빵잽이로서 독보적 지위를 누렸다. 이따금 그가 내 인맥을 활용한 사업을 구상하고 있다는 소식이 들렸다.

8

감옥의 경제

영치領置란 수감자 소유의 물건을 관에서 맡아 보관하는 업무를 뜻한다. 감옥에서 '영치시키다'는 동사는 사물을 목적어로 가지며 이를 가리켜 영치품이라고 한다. 영치의 주요 목적은 좁은 방을 최대한 활용하기 위함이다. 추위를 이겨낸 봄의 수인들은 겨울 침구를 영치시킨다. 활자에 몰두하는 수감자들은 책이나 필사노트를 영치시킨다. 소유물이 많은 사람이면 같은 방 재소자에게 영치 좀 하라는 구박을 받을 수 있다. 널리 알려진 영치금*이라는 단어도 있다. 수형자들은 화폐를 지닐 수 없기에 관에서 받아 관리한다. 이 낯선 단어는 일본식 행형제도의 산물이다.

영치일터는 엔간한 작업장들이 모인 공장구역과 떨어져 있다. 수감자와 외부인이 만나는 접견실 옆에 붙어 있으니 특이한 자리에 위

×   감옥 밖의 사람이 재소자에게 부쳐주는 돈.

치한 셈이다. 1층에는 담당 교도관 두 사람이 근무하는 사무실이, 2층에는 영치품 보관창고가 있다. 맞은편 멀찍한 곳에는 교도관들이 업무를 보거나 휴식을 취하는 보안과라는 건물이 있다. 영치창고에 있으면 보안과 앞에서 제복 차림 교도관들이 분주히 움직이거나 삼삼오오 흡연하는 풍경이 보인다. 사동과 공장 구역에서는 목격할 수 없는 장면이다. 눈을 감고 숨을 들이키면 대기 중에 스민 담배냄새가 아렴풋이 맡아질 때도 있다. 새로운 작업장이 선사하는 신선한 풍광이다.

두 건물 사이의 공터는 사동에서 직업훈련소로 이동하려면 거쳐야 하는 유일한 길목이기도 하다. 아침에는 라이브 음악도 들을 수 있다. 오전 8시 10분이면 이열종대를 이룬 직업훈련생들의 합창소리가 창고 안까지 울려퍼진다. 나도 가끔 흥얼거렸던 그 노래의 가사는 다음과 같다.

> "희망찬 아침햇살 가슴에 안고/ 오늘도 정열로 기술을 닦는다/ 인내와 땀방울은 나의 보람이요/ 새길을 창조하는 거름되리라/ 우리는 긍지의 직업훈련생/ 우리는 보람찬 영교[*] 훈련생."

영치창고로 향하는 열네 개의 돌계단을 오를 때면 영락없이 지하로

---

[*] 영등포교도소의 줄임말.

내려가는 기분이 든다. 육중한 철문을 밀어젖히면 환풍기 돌아가는 소리가 들린다. 가로는 네 뼘 길이고 세로는 한 뼘쯤 되는 네모꼴창은 팔을 뻗어도 안 닿는 높이에 있는데 햇빛을 투과시키지 못한다. 사방의 목재선반에는 큼직한 주머니(영치낭)가 빽빽하게 진열되어 있다. 군데군데 한때 나프탈렌이 담겨 있었을 빈 플라스틱통이 덩그러니 걸려 있다. 실상은 물류창고에 가깝지만 삼십 년 이상 묵은 공간과 그 안을 채운 사물들이 뿜어내는 퀴퀴한 냄새는 내게 낡은 도서관을 연상시켰다. 그래서인지 먼지 가득한 공기가 묘하게 따뜻했다.

작업장마다 감금되어 있다는 조건은 같았으나 그 때문에 새로운 환경이 갖는 차이를 확연히 알 수 있었다. 영치업무에는 교도소 내 다른 작업장과 달리 속세의 사물을 다룬다는 특징이 있다. 천여 개의 영치낭마다 죄수번호와 이름이 적혀 있으며 안에는 수감자의 물건이 들어 있다. 모든 재소자의 첫 번째 영치는 입소할 때 옷가지를 벗고 소지품을 꺼내 놓으면서 시작된다. 갓 입소한 신입의 자루라면 수의로 갈아입기 전 마지막 옷이, 장기수의 자루에는 편지 꾸러미나 성경 필사노트가, 출감을 앞둔 사람의 것에는 가족이 부친 새 옷(출소복) 따위가 들어 있는 식이다.

제일 먼저 할 일은 어제 들어온 사람의 물건을 장부와 대조하고 알맞은 자리에 두는 것. 오후에는 내일 나갈 사람의 물건이 대장과 일치하는지 확인하고 내놓아야 한다. 수형자의 물건을 접견인에게 전달하거나 거꾸로 접견인이 넣어준 물품을 검사하고 배달하기도 한다. 단 외부인 상대는 교도관만 할 수 있다. 주머니가 도서로 가득 차기 전에 박스로 포장해서 가족이나 지인에게 택배로 부치는 작업도 있다. 사소한 것 하나 허투루 넘기지 않아야 하는 영치노동은 내 꼼꼼한 성격과 잘 맞았다. 두 담당 교도관이 농담 삼아 출소를 만류할 정도였다.

전업한 지 얼마 지나지 않아 나는 낭 속의 물건을 가지고 재소자의 과거나 징역살이를 헤아리는 버릇이 들었다. 이는 자잘한 사물을 단서 삼아 한 사람의 인생을 공상하는 놀이로 발전했다. 애초부터 의식한 행위는 아니었지만 열악한 환경에서도 위안거리를 찾아내고 마는 수인으로서 생존본능의 발현이었다. 취사장에서 함께 일한 사십 대 재소자의 영치낭에는 집 열쇠, 딸 사진, 로또복권, 출장마사지 명함, 부두 임시출입증이 있었다. 내 또래 재벌 3세의 낭에서는 에르메스 다이어리와 까르띠에 지갑 같은 '명품'을 처음 접했다. 가발이나 의수는 나올 때마다 화들짝 놀랐고, 섹스용품과 타투 도안집은 선정적 호기심을 자극했다. 가장 인상적인 낭은 한 무기수의 것으로 그는 징역살이를 하며 뽑은 치아를 영치시켰다.

이외에도 죽도나 쇠파이프 같은 검찰 압수품, 여자 교도소 수형자가 보낸 연애편지(요즘 사람들은 편지를 잘 쓰지 않기에 여자 교도소와의 펜팔은 재소자들 사이에서 부러움을 산다), 어머니 약값이 필요하다는 구걸 종이, 스포츠신문에서 오려낸 여자 연예인 사진, 마권 영수증, 전당포 증서, 시를 적은 쪽지, 국적을 알 수 없는 화폐 등을 매일 보고 만졌다.

일은 고됐지만 덕분에 나는 수감자 개개인에 대해 많은 것을 알게 됐다. 목장갑을 끼고 영치낭을 뒤적이면서 프랑스 철학자 미셸 푸코Michel Foucault가 고문서 더미에 파묻혀 연구하는 모습을 상상했다. 그러면 지금 이 시간은 어느 연구자도 겪지 못한 나만의 경험이라는 생각이 들면서 야릇한 만족감이 솟았다. 타인의 사유를 좇지 않고 고유한 과제를 추구하는 학자가 된 기분이었다. 8월 초순에는 식품조리* 수형자의 자루에서 푸코의 책『감시와 처벌』과『임상의학의 탄생』을 발견하기도 했다.

영치품 외에 재소자가 실생활에서 사용하는 물건은 크게 구매품과 차입품 두 종류로 나뉜다. 구매품은 말 그대로 교도소 내에서 구매하는 물건으로 대략 120여 가지 품목이 있다(2010년 8월 기준). 가격대는 52원(대봉투), 72원(지우개), 125원(볼펜심)부터 2만 9,500원(긴팔 티셔츠), 3만 1,050원(침낭), 3만 5,190원(고급 운동화)까지 있다. 그 사이에 군것질거리(빵, 땅콩, 소시지, 컵라면), 양념(간장, 고추장, 참기름, 마가린), 반찬(김, 참치, 무말랭이, 멸치 조림), 의류(런닝, 팬티, 양말, 내복), 문구(볼펜, 노트, 풀, 편지지), 생활용품(치약, 화장지, 수세미, 고무장갑) 등이 골고루 분포한다.

매점은 따로 없다. 정해진 시각에 구매신청서를 제출하면 영치금에서 자동으로 차감되고 사나흘 뒤 감방으로 물건이 배달되는 식이다. '구매'라는 작업장의 재소자들이 가져다준다. 관에서 때때로 무상지급하는 물품도 있지만, 양적·질적 측면에서 살림에는 크게 보탬

---

*   작업장이 아니라 직업훈련소 중 하나의 명칭이다.

이 되지 않는다. 내복 하의의 경우 빨래를 하니까 다리 길이가 한 뼘 반 정도 늘어나 입을 수 없었다. 이는 감옥에서도 돈이 없으면 생활이 팍팍해진다는 의미다. 언론에는 범죄자를 먹여살리는 데 드는 비용이 얼마나 막대한지에 관한 보도가 적지 않다. 반면 재소자의 소비가 독점 업체인 교정협회에 가져다주는 이익에 관한 통계는 찾아보기 힘들다.

차입품은 외부에서 재소자에게 넣어주는 물건을 칭한다(실상은 더 복잡한데 이해를 돕기 위해 단순화했다). 감옥 환경이 터무니없이 열악하던 시절에는 바깥에서 담요나 내의를 직접 넣어줬다. 현재 이불류는 차입이 불가능한 대신 교정협회에서 생산하는 여름 이불, 침낭, 담요를 사서 쓰도록 되어 있다. 의류도 출소복을 제외하면 거의 차입되지 않는다. 전반적으로 구매품목은 늘고 차입품목은 주는 추세다. 마약 사범은 예외적 경우로 모든 차입이 막혀 있다. 붉은색, 노란색 물품은 심리적 안정을 해칠 우려 때문에 허가하지 않는다는 우스꽝스러운 규정도 존재한다. 외부 사물 유입의 제한에는 수인들 사이의 위화감 조성을 염려하고 교정사고를 방지해야 하는 공무원의 입장이 반영되어 있다.

그럼에도 모든 사물이 구매품으로 채워지지 않는 것은 다행스럽다. 차가운 화폐가 매개하는 구매품과 달리 차입품에는 사람들의 따스한 마음이 담겨 있다. 그림자도 못 봤지만 매우 인상적인 접견인이 둘 있었다. (배달물품에 딸린 영수증에는 품명, 수량, 수용자 번호와 감방, 접수한 민원인의 성명, 두 사람의 관계가 적혀 있다.) 한 칠순 노모는 사십 대 아들을 위해 학교 앞 문방구에서 산 것 같은 디자인의 색깔 볼펜과 꽃

무늬 편지지를 가지고 접견을 왔다. 그녀의 아들은 취사장의 조리장으로 깍두기나 백김치를 담그던 사람이었다. 매주 젖은 수건을 받아 가고 깨끗한 수건을 차입시키는 어머니도 있었다. 아들은 러시아문학을 전공한 여호와의증인 신도로 병동의 재소자를 돌보는 업무를 맡았다. 두 어머니는 편지지를 고르거나 수건을 빨면서 아들의 징역을 나눠 살고 있었다.

8월 말, 병역거부자 김영배(실명)가 영등포구치소에서 영등포교도소로 이송을 왔다(같은 날 이입자 중에는 훗날 정지영 감독의 영화 〈부러진 화살〉(2011)의 모델이 된 김명호(실명) 교수도 있었다). 영치업무 중에는 수형자가 새로 오면 자루에 수번을 적은 이름표를 만드는 일이 있기 때문에 그의 이감을 바로 알 수 있었다.

영배는 처진 눈썹으로 짓는 소탈한 미소가 매력적인 친구다. 진보정당에 소속된 사회운동가로 나보다 훨씬 또렷한 정치적 신념으로 병역을 거부했다. 구치소에서는 정당활동 이력이 문제되는 바람에 출역을 저지당했다. 이 교도소에서는 인상이 선하다는 이유로 여호와의증인 취급을 받아서 간병인력으로 발탁됐다. 불온한 정치범이 도로 하나를 건너오자 유순한 병역법위반자가 된 것이다. 죄명이 같으니 문제될 것은 없었다. 나로서는 덕분에 운동시간을 영배와 보낼 수 있으니 축복이었다. 다음은 그가 함께 운동장을 거닐며 들려준 구치소 시절의 에피소드다.

감방에 신입이 들어왔는데 국적이 몽고인 이주노동자였다. 평소 알고 지내던 한국인을 믿고 예금통장을 맡겼는데 통장이 조직적 사기에 이용되었다. 그는 공범으로 간주되어 일당과 함께 검거되고 말았다. 타국의 감옥에 갇힌, 자신을 변호할 능력도 없어 보이는 이 몽고인이 딱해서 영배는 나름의 선행을 베풀었다. 징역을 사는 데 필요한 침낭, 운동화, 손목시계, 전기면도기 등을 구매해서 줬다. 아직 자신도 마련하지 않은 물건들이었다.

그런데 동일한 물품은 다음에 구매신청을 해도 배달되지 않았다. 나중에 구매내역이 몽땅 전산에 등록되어 있으며 자신이 '소유'한 물품은 더 가질 수 없다는 사실을 알게 됐다. 예를 들면 침낭과 전기면도기는 하나, 칫솔은 셋, 수건은 다섯 개까지 보유할 수 있다. 그래서 영배가 차고 있는 손목시계는 석방을 앞둔 재소자에게 물려받은 것이다.

이듬해 1월, 영배는 영등포교도소에서도 어처구니없는 일을 당한다. CRPTCorrectional Rapid Patrol Team(기동순찰팀)가 찾아와서 대뜸 우표를 내보이라고 명령한다. 참고로 CRPT는 머리부터 발끝까지 까만 제복(등판에 CRPT라는 글자만 하얀색으로 커다랗게 박혀 있다)을 입고 전기충격기와 쇠몽둥이를 휴대하면서 24시간 근무하는 특별한 간수들이다. 평범한 교도관과 달리 위압적 분위기를 노골적으로 풍긴다. 감옥에서 물리력 행사는 CRPT가 담당한다. 어두운 옷차림과 마뜩찮은 행동 때문에 수용자들은 CRPT를 '까마귀'라고 부르면서 경계한다.

까마귀들이 방문한 이유는 영배가 소유한 우표를 20퍼센트밖에 사용하지 않았기 때문이었다. 1,750원짜리 등기우표는 재소자들 사이에서 화폐 같은 기능을 할 수 있었다. 구입량에 비해 사용량이 적거나 우표가 없는데도 편지를 곧잘 보낸다면 다른 재소자와 비밀스런 거래를 한 혐의를 받았다. 그 정도는 전산으로 얼마든지 파악 가능했다. 그런데 당사자인 영배는 등기우편을 얼마나 보냈는지 기억도 못했다. 감옥에서는 구매물을 받는 데 여러 날이 걸리기에 넉넉하게 우표를 사뒀을 뿐이었다.

영배가 겪은 황당한 사건은 교정행정의 발전이 의미하는 바가 무엇인지 고민하게 한다. 전 소지품의 전산화는 수용자의 일거수일투족을 감시하는 바탕이 된다. 소위 찍힌 재소자를 벌주기 위한 근거를 마련하는 전형적 방식이 전산 시스템을 통해 이루어진다. 소지품을 모조리 뒤져서 전산 기록과 어긋나는 물건이 있는지 조사하는 것이다. 재소자라면 누구나 동료에게 받은 물건 몇 개쯤은 가지고 있기 마련이다. 영배의 손목시계에 해당하는 물품이 내게도 여러 개 있다. 그럼에도 대다수 수용자들이 징벌을 받지 않는 사연은 교도소 측이 '아량'을 베풀고 있기 때문이다.

위와 같은 방법을 사용했을 때 한 재소자의 규칙위반을 적발하기란 식은 죽 먹기다. 어떤 수감자든 규율을 어긴 자로 정의 내릴 수 있다. 나는 영치창고에서 일하면서 CRPT가 몰려와서 영치품 대장을 샅샅이 훑는 모습을 몇 차례 목격한 적이 있다. 표적이 되는 재소자는 이미 정해져 있고, 징벌에 앞서 구실을 마련하는 행동이었다. 죄수들은 이런 징벌을 가리켜 "빈총을 맞았다"고 했다.

규칙위반이 예외일 수 없는 까닭은 감옥에서 가장 빈번한 경제활동이 구매도 차입도 아니기 때문이다. 여기에 빠진 것은 재소자들끼리 사물을 직접 주고받는 행위다. 세 번째 교환 유형을 '증여' giving라고 하자. 증여는 감옥의 경제를 바깥세상과 구별하는 핵심 요소다. 그러나 권력의 시선에서 화폐나 전산을 거치지 않은 교환은 오직 하나의 의미를 지닌다. 범죄자들의 수상쩍은 모의.「형의 집행 및 수용자의 처우에 관한 법률 시행규칙」 제214조(규율) 15항은 "허가 없이 물품을 (…) 교환 또는 주고받는 행위"를 금하고 있다.

내가 보기에 증여는 범죄적 인격보다 장소적 특성에서 비롯되는 몫이 크다. 과거 행실의 연장으로서 범죄 모의가 아니라 새로운 공간이 야기하는 판이한 행동일 수 있다는 이야기다. 담장 밖 세상에서 우리는 남과 거리를 두면서 외면할 '자유'를 가지고 있었다. 반면 그런 자유가 없는 감옥에서 타인은 언제나 나의 시선과 의식 안에 머물러 있다. 나 역시 다른 사람에게 마찬가지 조건에 놓인다. 이런 상황은 타인을 향한 혐오감과 자신에 대한 수치심에 시달리게 만든다. 그러나 이 부자유는 우리를 덜 이기적으로 행동하게 유도하기도 한다. 자그마한 먹을거리도 권하지 않을 수 없다. 감옥은 범죄성의 발현이나 이해타산의 추구를 넘어서는 상호작용을 북돋기도 한다.

　내가 입소한 2010년 3월 초순에는 한기가 충분히 누그러지지 않았었다. 감옥에서 3월은 추위를 견딜 준비를 하기에는 늦은 시점이다. 하지만 내 주변에도 영배 같은 인물이 있었기에 죄수복 안에 껴입을 옷을 갖출 수 있었다. 취사장 개인사물함을 열면 우진이나 다른 재소자들이 넣어준 누빔조끼나 바람막이셔츠 등이 들어 있었다.

출옥을 앞둔 사람이 아끼던 물건을 동료 재소자에게 나눠주는 일은 보편적이다. 수인들 사이에는 감옥에서 쓰던 물건을 밖에 가져가서 활용하면 다시 구속된다는 믿음이 통용되기 때문이다(출소자 중에는 면세인 구매물이 시중보다 저렴하다며 비타민제 따위의 의약품을 짊어지고 나가는 인간도 소수 있었다).

음식의 경우 장기간 보관할 냉장고도 없거니와 버릴 곳도 마땅치 않다. 유통기한 내 먹지 못할 것 같은 빵이나 우유(생우유는 없고 멸균우유만 판매한다)는 요령 있는 재소자의 손을 거쳐 형편이 넉넉지 않은 감방으로 전달된다. 이런 행동거지를 규율위반으로만 정의한다면 협소한 시야가 아닐 수 없다. 당연히 모든 증여가 선의에서 비롯되는 것은 아니다. 광천이 그랬던 것처럼 대가를 요구하기도 하고 서열을 교묘히 확립하는 데 유용한 면도 있다. 그러나 위계를 세우는 데 반드시 증여가 필요하지는 않다.

이제 거리낌 없이 칫솔을 선물하던 인심 좋은 재소자는 소유 개념을 익혀야 한다. 내 영치금으로 사주거나 내 앞으로 들어온 물품을 타인에게 주는 일은 어리석은 짓이 된다. 새 칫솔을 구입하거나 차입받을 수 없기 때문이다. 전산의 도입은 모든 물건을 개인의 소유로 붙박아두는 효과를 낳는다. 한때 감옥의 사물은 여러 주인을 전전하는 삶이 당연했는데 이제는 첫 번째 주인만을 섬기도록 강제당하고 있다. 게다가 평생 하나의 이름으로 살아야 한다. 수건으로 등록된 물건은 일생토록 수건이다. 낡은 수건은 걸레로 갱생更生할 수 없다. 어떤 음모가 숨어 있을지 모르기에, 새 수건을 받으려면 헌 수건은 폐기를 신고하고 반납해야 한다. 이른바 선진화된 교정행정이 자아내는 풍경이다.

교정의 궁극적 목표는 사회복귀다. 교정행정의 전산화는 오늘날 사회의 지배적 가치를 반영하면서 그 사회를 닮은 인물을 만들어낸다. 그 인간의 형상은 비정하고 현실주의적인 소비자 개인에 다름 아니다. 사회복귀라는 지상 목표에는 정작 사회에 대한 성찰이 빠져 있다. 수인들 간의 교환에 현 사회가 잃어버린 가치가 담겨 있다고 하면 지나친 주장일까. 개별 사정을 고려하면서 규정을 융통성 있게 적용하려는 선한 교도관들은 고된 노동을 감수해야 한다. 노동강도를 낮추려면 규정을 기계적으로 적용하면서 무정해져야 한다. 이는 재소자에게도, 교도관에게도, 사물에게도 해롭다. 범죄자 낙인과 소비자 개인이라는 이분법에는 다른 식의 인간에 대한 이해와 고민이 들어설 여지가 없다.

마지막으로 영치금을 통한 구매, 외부인의 차입, 재소자들 간의 증여 어디에도 속하지 않지만 아주 특별한 사례를 언급하고 싶다. 5년형을 선고받고 병동의 독방에서 생활하던 사십 대 남성이 있었다. 2010년 12월 28일, 그는 접견 온 아들한테 긴팔 티셔츠 두 벌을 내보내려 했다. 어떤 재주를 부렸는지 몰라도 바깥세상 상표를 단 괜찮은 의복이었다. 티셔츠는 현재 차입불가라서 오래전에 들어온 옷이겠지만, 이 정도 품질이면 재소자들 사이에서 희소가치를 띠는 물건이었다. 당연히 전산에도 잡히지 않았다.

영치담당 교도관은 물품의 출처를 깐깐하게 따지면서 그와 실랑이를 벌였다. 재소자의 소유가 입증되지 않은 물건을 반출하기란 곤란한 노릇이었다. 하지만 교도관은 수형자의 간청을 끝까지 뿌리치지 못하고 아들에게 옷가지를 전해주었다. 사실 그는 눈치를 채고 있었다. 바깥세상의 달력으로는 사흘이 지났지만 그날은 두 사람이 맞는 성탄절이었다. 중학생 아들은 할아버지와 둘이 살고 있었고, 재소자는 비굴한 표정까지 지어가며 아버지 역할을 하려 했던 것이었다.

8 감옥의 경제

9

아버지는 이방인

여호와의증인 신자들의 일상용어 가운데 '이방인'이라는 말이 있다. 자기들의 신앙 공동체 바깥에 있는 사람을 일컫는 단어다. 내가 만난 여호와의증인 병역거부자들은 어머니의 종교만 여호와의증인이고 아버지는 믿지 않는 경우가 많았다. 이것만으로는 유별난 현상이라 할 수 없다. 한국사회의 종교 생활에서 나타나는 성별 차이의 일반적 경향이 소수 종교에도 반영된 경우이기 때문이다. 그러나 그들이 이런 아버지를 '이방인 아버지'로 호칭한다는 점은 주의를 끈다. 의미상 이방인은 나와 다른 세계에 속하는 인물인 반면 아버지는 친족 체계에서 일촌으로 배치되기 때문이다. 두 단어가 나란히 놓였을 때 발생하는 모순이 흥미롭다.

우리가 아버지를 감히 이방인이라고 부르지 못하는 까닭은 사회 도덕적 규범 때문이다. 하지만 이는 현실과는 거리가 있다. 세상에는 이방인 못지않게 거리감이 있는 아버지가 많다. 이방인과 아버지라는 단어의 조합은 얼핏 모순처럼 보이지만 '정상'가족의 규범에 포함되지 않는 관계를 보이게 만드는 효과가 있다. 내가 이 말에 매혹된 것도 자신의 경험을 설명할 수 있는 언어이기 때문이었다. 내 아버지도 절대적 거리감을 상기시키는 이방인이다. 부언하자면 나는 속류 정신분석에서 이야기하는 권위적 아버지와의 소원한 관계에 대해 말하고 있지 않다. 아버지를 일찍 여의어서 나는 아버지라는 존재가 낯설기만 하다. 아니, 유복자로 태어나서 애당초 아버지라는 존재를 접한 적이 없다. 아이에게는 고난도인 명사 유복자는 가방, 공책, 문방구 등의 낱말과 비슷한 시기에 내게 각인되었다.

눈을 씻고 봐도 이 운동장에서 과자봉지나 유리조각, 빈 깡통 같은 생활쓰레기는 발견할 수 없다. 모래뿐이라 맨발로 뛰어도 긁히거나 찍힐 염려 없이 '안전'하다. 동쪽 모퉁이에는 오래된 버드나무 한 그루가 가지를 늘어뜨리고 있다. 바람이 세게 불어 운동시간 내내 모래가 흩날리던 날이다. 나와 영배는 담장 바깥에는 성가신 바람이 불지 않을 것이라는 진지한 헛소리를 하면서 버드나무를 지나쳐 달리고 있다. 그러고 보니 햇빛도 담장 안쪽만 피해서 비춘다. 무슨 영문인지 알 수 없지만 나는 이런 말을 내뱉었다. "진짜 내가 아버지 없이 자라지 않았다면, 병역거부 같은 건 하지 않았을 것 같아."
　물론 아버지가 안 계셔서 병역거부를 했다는 식의 인과관계는 성립하지 않는다. 아버지의 부재가 한 사람의 인생에 큰 영향을 미쳤다 해도 그것이 병역거부의 직접적 원인이라면 과장된 말일 테다. 병역거부는 엄연한 정치적 선택이자 실천이다. 왜 허무맹랑한 이야기를 꺼냈는지 이유를 묻는다면 잘 설명 못하겠다. 그럼에도 자꾸만 그렇게 생각이 기울고 그리 말하고 싶은 때가 이따금 있다. 어느새 달리기를 멈춘 영배는 시선을 조금 위로 향하더니 말없이 고개만 끄덕인다. 무슨 이야기인지 알 것 같다는 표정을 짓고 있다. 그 역시 일찌감치 아버지와 사별했기 때문이리라.

영배 아버지는 영배가 일곱 살 때 세상을 떠났다. 사인은 간암이었다. 병원에서 큰어머니는 영배 어머니에게 "애들 놔두고 도망갈 생각 말아라"고 경고했다. 이 대사를 영배가 직접 들었는지 전해들었는지는 확실치 않다. 그 의미가 조카들에 대한 염려인지 조카들을 떠안는 일에 대한 두려움인지도 분명치 않다. 결국 남편의 임금노동과 아내의 돌봄노동으로 유지되던 가족에게 가장의 죽음은 남은 구성원의 생계를 위협하였다.

내 아버지는 폐결핵으로 말미암아 싸늘한 주검이 되었다. 그때 큰아버지가 내 어머니에게 건넨 말은 훨씬 간명해서 이해하기 쉽다. "나는 [너희들을] 책임질 수 없다." 어머니 뱃속에서 엄지손가락을 빨고 있을 때, 나는 이 문장을 들었다. 다른 친척들이 발음하는 '낙태'라는 두 음절도 희미하게 들렸다. 큰아버지는 십 남매의 장남이다(참고로 내 외할머니와 큰아버지는 연세가 같다). 그 또한 때 이른 아버지와의 사별로 아홉 동생들에게 가장 노릇을 해야 했다. 아우를 잃은 슬픔 이상으로 그 가족까지 떠맡는다는 근심에 짓눌린 그는 비정非情에까지 쫓기었다. 그해 1981년, 스물여덟의 내 어머니는 남편을 잡아먹은 청상이 되어 친정으로 돌아왔다.

두 이야기에는 아버지의 사망으로 가족이 위태로워졌다는 공통점이 있다. 내 가족에게 이 위기는 짙은 슬픔을 드리웠지만 경제적 빈곤을 초래하지는 않았다. 내 어머니는 고용이 보장된 일터에 다니고 있었다. 내 가족은 온전히 기능하기 위해 어머니가 돈을 벌고 외할머니가 밥을 하는 식으로 신속하게 재편됐다.

이듬해, 나는 이 세상에 태어났다. 위로는 한 살 터울 누나가 있었다. 이 같은 가정환경 때문에 안락한 가족에 대한 내 기억의 원형은 어머니가 아닌 외할머니를 중심으로 형성되어 있다. 구불구불하게 파마를 한 외할머니의 머리카락을 집게손가락으로 돌돌 말며 잠이 들고, 외할머니가 고사리손을 잘근잘근 깨물면 눈이 떠졌던, 아주 어린 시절의 촉각 기억이 글을 짓는 이 순간에도 선명하다.

영배 가족에게 위기의 극복은 힘겹고 더디었다. 영배 어머니는 여성이 생계부양자가 되기에는 만만치 않은 현실과 부딪힌다(안정된 고용으로의 진입 여부는 두 여성의 삶에 차이를 낳는 중요한 변수로 작동한다). 영배가 회상하는 유년기와 소년기는 여행기처럼 들리는데, 이 여행은 한 여성이 두 자녀(영배와 여동생)를 경제적으로 부양할 수 없어서 의지할 곳을 찾아 떠돈 이주의 역사다. 영배 가족은 시행착오가 되풀이될 때마다 주변 환경이 송두리째 달라지는 경험을 한다.

전도사인 이모네 집에 얹혀살 때, 오늘날 대형교회가 된 개척교회에 다니던 이야기를 하면서 영배의 목소리는 차츰 활기를 띤다. 목사가 되겠다는 꿈을 갖고 성경을 읽던 행복한 시절이 되살아나기 때문이다. 한편 어떤 아저씨네 집에 머물다가 새벽에 황급히 짐을 꾸려 도망쳐 나온 이야기를 할 때, 그의 목소리는 더없이 차분해진다.

영배 어머니에게 재혼은 경제활동의 연장선 위에 있다. 내 어머니에게 재혼은 정절이라는 도덕적 관점에서 주변 사람의 시선을 고려해야 하는 문제였다. 여성의 경제적 지위에 따라 재혼(남자와의 관계)은 다른 의미를 띤다. 세 식구의 야반도주를 설명하면서 영배는 새 할머니가 자신과 동생을 '학대'했다는 다소 특별한 어휘를 사용한다. 그날 밤 모자는 조용히 눈빛을 주고받으면서 다음번에는 좀더 착하고 성실한 남자를 구해야 한다고 다짐했는지 모른다.

모래를 먹다 지친 우리는 자세와 방향을 바꿔 바람을 등지고 걷는다. 영등포교도소는 사방이 담장으로 막힌데다 겹겹이 고층 아파트로 포위되어 있는데, 대체 이 바람은 어디에서 불어오는 것일까. 혹시나 싶은 마음에 가끔 고개를 들어보지만 아파트 창문이 열리면서 사람이 모습을 보이는 일 따위는 없다. 저 아파트는 교도소로 드는 햇볕을 차단하기 위해 일부러 설치한 건축물인 것 같다. 특이하게도 아파트에는 일반적인 새시 위에 불투명한 가림창이 덧대어 있다.

　1988년 내가 살던 중소도시 전주에도 중산층을 위한 아파트가 한창 들어서고 있었다. 내 가족이 이사한 5층짜리 아파트 단지에는 집마다 자가용이 있고, 주말에는 외식을 하고, 남자아이는 태권도장 여자아이는 피아노학원을 보내는 것이 보통의 문화였다. 내 어머니는 노상 말이 없고 피곤한 기색이었다. 여섯 식구를 먹여 살리기 위해 스스로에게 엄격해야 했던 그녀의 삶에 경쾌함이나 여유가 끼어들 자리는 없었다. 외할머니의 꼼꼼한 성정 덕분에 집안은 말끔했지만

　　　　　　　　　　　　　　9 아버지는 이방인

어딘가 가라앉아 있고 유쾌함과는 거리가 먼 분위기였다. 같은 동 친구네 집 주방에서 나던 토마토케첩 냄새나 안방에서 풍기던 진한 화장품향은 우리 집에서 맡을 수 없었다.

내 유년기는 중산층 핵가족이 규범인 환경 속에서 결핍을 느끼는 아이의 외로움이라는 주제로 수렴된다. 가장 많이 했던 거짓말은 아버지 그리고 자동차와 관련된 것이었다. 두 가지 다 다른 집에는 있지만 우리 집에는 없다고 여겨지는 것이었다. 학년 초 가정환경조사를 할 때마다 나는 '결손' 가정 항목에 손을 들지 않았고, 아이들이 질문할 때를 대비해서 집 전화번호 뒷자리에 나만의 공식을 적용해서 만든 자동차번호를 외우고 다녔다.

어른들은 내가 유복자라는 사실을 알았을 때, 그윽한 눈을 하고 진지한 표정을 지으면서 내 얼굴을 물끄러미 들여다보았다. 그리고 한결같이 어머니에게 효도하라고 당부했다. 당시 나는 그 말을 피상적으로밖에 이해하지 못했다. 내 어머니의 안정된 경제활동은 내게 보호막이 되어 학업에 전념할 소중한 기회를 주었다. 그렇지만 공사 영역의 공간적 분리로 나는 어머니의 노동 세계에 대해 알 기회를 잃었다. 직장 생활을 하면 집에서는 내색할 수 없는 종류의 문제가 생긴다는 사실은 짐작조차 못했다.

어렸을 때부터 자기중심적 인간이던 나는 외려 다른 아이들(실은 일부지만 그때는 전부가 그렇게 보였다)처럼 소풍이나 운동회 때 어머니가 따라오지 않는 것이 불만이었다. 왜 엄마는 기운이 없고 퇴근하면 방에 누워 있기만 할까, 물음표를 달고 살았지만 그것을 질문해서는 안 된다는 것 정도는 눈치채고 있었다. 1980년대 후반에는 인신매매가 커다란 사회문제였는데, 나는 엄마의 퇴근이 늦어질 때마다 엄마가 영영 집에 오지 않을지도 모른다는 공포와 불안에 시달렸다.

한밤중의 사건 다음에 영배 어머니는 작은집으로 향한다. 직업 군인인 작은아버지와 사업가인 작은어머니의 집은 경제적으로 여유로웠다. 영배 어머니는 그곳에서 '식모살이'를 했다. 노동과 돌봄, 작업장과 주거가 뒤죽박죽인 환경에서 영배 어머니와 영배의 삶은 밀착되었다. 공식적 노동시장에 취업한 내 어머니와 달리 영배 어머니의 노동 세계에는 공사 구분이 성립하지 않는다. 곧 영배는 어머니의 어려움을 함께 겪을 수밖에 없었다.

영배는 어머니가 작은어머니한테서 꾸중 듣는 장면을 생생하게 묘사한다. 영배 어머니가 자녀들에게 보호자로서 권위를 유지하는 것은 쉽지 않았다. 그런데 내가 보기에 이런 열악한 환경은 영배로 하여금 어머니의 삶을 깊이 이해할 수 있는 계기를 제공한 면도 있다. 동일한 상황에서 고통을 공유하는 인간 대 인간으로 대면하게 만든 구석이 있다. 내가 자기만의 방에서 알 수 없던 무언가를 갈망하던 시절, 영배는 여동생에게 밥을 해먹이며 가족의 일원으로서 노동과 돌봄의 일부를 담당했다. 그리고 어린 자신은 아버지를 대신할 수 없다는 사실을 깨닫는다.

애'어른' 영배가 중학교 3학년이 됐을 때 영배 어머니는 현재의 새아버지를 만난다. 새아버지의 두 아들도 남동생으로 맞아들여 영배 가

9 아버지는 이방인

족은 여섯으로 불어났다. 대학에 입학하고 학생운동에 참여하면서 영배는 자신의 과거를 해석할 수 있는 '계급'이라는 개념과 인연을 맺는다. 이 개념은 그가 병역거부를 결심하는 바탕이 되었다. 지금 영배가 출소한 다음에는 지역운동이나 노동운동에 헌신하고 싶다고 말하고 있다. 팔八자 모양으로 처진 영배의 눈썹은 가난한 자를 위해 낮은 곳에 머물겠다는 의지의 체현처럼 보인다. 그는 한 가정의 믿음직한 아버지가 될 것이다.

나는 여전히 어머니를 엄마라고 부르는 어른'애'다. 내게 아버지의 부재는 일종의 결핍이다. 이것이 다른 사람 그리고 세상과 어떤 관계를 맺도록 이끄는지에 대해, 답을 찾지 못했다. 이 징역살이가 그 답으로 향하는 여정 어딘가에 놓여 있기를 바랄 뿐이다. 앞으로도 나는 이 결핍을 채우고 싶다는 끈질긴 유혹에 시달리면서, 실상 그러지 못하는 자신을 가끔 책망할 것이다. 나는 한 아이의 아버지나 누군가의 남편이 되는 삶을 상상하지 못한다. 그래서 요즘 내 어머니는 어떻게 지내시냐고? 새아버지는커녕 못난 자식을 걱정하며 사신다.

운동시간은 감옥에서 가장 자유로운 시간이기도 하다. 작업을 하지 않고 여러 작업장에 있는 사람들이 너른 공간에 모일 수 있기 때문이다. 일터나 감방에서는 불가능한, 관계의 선택적 조합이 가능하다. 마음에 맞는 사람들끼리 모여 작업장이나 방생활에 대한 불만을 토로하고 험담도 할 수 있는 귀중한 시간이다. 가끔은 오늘처럼 속 깊은 이야기가 오가기도 한다. 교도관의 호루라기 소리가 운동시간의 종료를 알린다. 어느새 모래바람도 가라앉았다. 각자의 작업장으로 돌아가야 한다.

10

감옥의 지리

영치창고의 마지막 일과는 배달이다. 오후 4시면 접견인이 민원실에 맡긴 물건이 전부 도착한다. 크고 무거운 것부터 밀차(핸드카트)에 차곡차곡 쌓는다. 작고 가벼운 물건은 하나씩 비닐봉투에 담아 손잡이에 매단다. 노란색 운반바구니가 튼튼히 묶여 있는지 점검한다. 준비가 완료되면 수량이 얼마나 되고 들러야 할 곳은 어디인지 교도관에게 보고한다. 이제 영치창고를 나서자. 준서와 내가 앞장서고 교도관이 우리의 뒤를 따른다. 교도관이 앞서는 법은 없다. 재소자가 교도관을 따르는 행렬이라면 재소자가 도주하더라도 교도관이 바로 알아챌 수 없기 때문이다. 이 원칙을 계호戒護라고 한다. 수형자는 접견실을 가든 화장실을 가든 교도관의 계호를 받아야 움직일 수 있다.

　나는 취사장과 영치창고에서 생활하면서 감옥이 난데없이 떨어진 지옥이 아니라는 사실을 점차 알게 됐다. 감방은 감옥의 구성 요소 중 일부에 불과했다. 감옥은 여러 요소가 복잡하게 얽혀서 작동하는 정교한 체계다. 특히 형벌이 확정되기 전 임시로 머무르는 시설인 구치소와 달리 교도소는 사회와 안녕을 고하고 죄수로서 맞아야 하는 본격적인 생활공간이다. 교도소는 감방뿐 아니라 공장이나 직업훈련소 등이 포함되어 있는, 수형자가 '징역'을 치러야 하는 교정시설이다. 그런데 수감자는 통념처럼 정형화되어 있지 않으며 연령, 학력, 계급, 건강 상태 등이 천차만별이다. 따라서 감옥의 운영에는 재소자들의 분류가 필수적인데, 그 핵심은 공간을 구획하고 인간을 배치하는 기술에 있다.

영치창고에서 나와 밀차를 끌고 보안과 앞 공터를 지나면 통용문[*]과 맞닥뜨린다. 이곳은 현역병으로 징집됐지만 법무부로 차출된 경비교도대원 두 사람이 단속하고 있다. 그들이 열어준 통용문을 거쳐서 서쪽으로 난 길을 따라 이동하면 오른편에 하얀색 삼각지붕 건물이 보인다. 요일에 따라 종교별로 집회가 열리는 강당이다. 한쪽 면에 출입문 두 개가 붙어 있는 독특한 양식의 건축물은 일제식민지 시기의 극장이었다고 한다. 강당은 영등포교도소에서 가장 오래된 아니 영등포교도소보다 더 오래된 건물이다. 여기에서 시선을 거두어 정면을 바라보면 운동장이 펼쳐져 있고 그 뒤에는 2층으로 된 ㄱ자 모양의 구조물이 자리를 잡고 있다.

운동장 절반을 감싸고 있는 ㄱ자 건물과 주변을 공장구역이라

[*] 차량이나 사람이 드나들 수 있는 문.

통칭한다. 2층 건물은 열두 개의 공간으로 구획되어 있으며 개개의 공장에는 팻말이 붙어 있어 교실을 연상시킨다. 팻말에 적혀 있는 글자는 목공, 인쇄, 옵셋, 제본, 봉제, 철공 등이다. 학교와 다른 점은 각 공장마다 바깥쪽으로 나 있는 출입문이 자물쇠와 철제빗장 이중으로 잠겨 있다는 것이다. 공장은 저마다 특징이 있는데, 예컨대 목공* 은 나무의 종류는 물론이고 대패, 끌, 그라인더 같은 연장의 쓰임까지 익혀야 하는 수준 높은 작업장이다. 오랜 기간 머물면서 숙련의 단계를 밟을 수 있기에 주로 장기수를 배치한다. 건달도 곧잘 볼 수 있다. 곽경택 감독의 영화 〈친구〉(2001)의 소재가 된 인물이 목공에 있었는데, 15년 동안 징역을 살았던 그는 2010년 9월 출소에 앞서 사과박스 열 개 분량의 짐을 부산의 가족 앞으로 부쳤다.

징역살이는 징벌로 노동의 의무를 지는 것으로서 대개 이런 공장에 나와서 일하는 생활을 말한다. 하루 종일 감방에만 있지 않고 출퇴근을 하는 개념이다. 이런 재소자들을 출역수라 부른다. 출역수에게는 매달 상대평가로 점수가 매겨지며 축적된 성적이 기준을 충족시키면 3급수, 2급수, 1급수 식으로 수감자 등급이 하나씩 상승한다. 등급이 올라가면 접견 횟수나 시간 등이 늘어나는 보상이 주어진다. 1급수까지 이룬 출역수의 최종 과제는 가석방 신청자 명단에 이름을 올리고 법무부의 심사를 받아 정해진 날짜보다 하루라도 빨리 석방되는 것이다.

✱ 정확한 명칭은 '목공소'지만 작업장 이름은 보통 두 글자로 줄여서 사용하기 때문에 그 방식에 따라 표기한다.

공장은 수용자들이 생활하는 데 필요한 물건을 자체적으로 생산하고 유통한다. 목공의 경우 감방마다 비치된 접이식밥상을 제작한다. 이 원리는 일개 소를 넘어서 전국 교정시설 차원의 분업으로 확장된다. 영등포교도소는 인쇄, 제본, 옵셋이 특화되어 있어서 재소자들이 구매해서 사용하는 노트와 편지지 세트를 전국 구치소와 교도소에 공급한다. 참고로 노트의 표지는 탁한 연두색 바탕에 이탤릭체로 'A New Life-Hope Notebook'이라고 써 있다. 단골 반찬인 어묵은 김천소년교도소, 된장과 고추장은 공주교도소에서 제조된 물건이다(취사장에서 어묵, 된장, 고추장 등을 취급할 때 포장지 겉면에 인쇄된 글귀를 보았다).

공장 노동은 담장 바깥의 그것과는 규모와 속도를 비교할 수 없는 수준이다. 가장 인원이 많은 곳은 양면테이프를 사용해서 쇼핑백을 조립하는 단순노동 작업장이다. 나이가 많거나 장애가 있는 재소자들이 몰려 있으며 일거리가 없을 때는 하루 두 시간 정도 노동한다. 쇼핑백공장의 월급은 7,000원(일반 공장은 4~5,000원 정도). 계약관계를 맺고 하는 노동이 아니기에 임금이나 급여라는 용어는 공식적으로 사용하지 않는다. 작업장려금 명목이며 출소 때 한꺼번에 지급받는다. 취사장은 다른 작업장에 비해 일찍 나오고 늦게 들어가고 주말에도 일하기 때문에 신입인 내 작업장려금도 월 5만 원 남짓이었다. 이것은 교도소와 계약한 외부 공장으로의 출역을 제하면 최고 수준이다.

취사장이나 영치창고는 공장이 아니라 관용부(관리부서)로 분류된다. 관용부란 취사, 영치, 세탁, 구매 등과 같이 교도소 시설의 운영과 유지에 필요한 노동을 하는 작업장을 일컫는다. 준서와 나는 출역수지만 재소자들끼리만 작업하지 않고 직원의 업무를 보조하면서 영치낭 속 물건을 관리한다. 공장구역 첫 번째 자리에 위치한 작업장 영선營繕*도 관용부에 속한다. 언 수도를 녹이는 일부터 가벽 세우기, 전기공사에 필요한 납땜까지 교도소 시설의 일상적 개량과 보수는 영선 출역수의 몫이다. 영선을 필두로 밀차를 끌지 않는 준서가 물건을 전달하고 교도관은 영수증에 지장을 찍도록 한다. 사고를 예방하기 위해 물건을 포장한 비닐봉지는 재소자에게 주지 않는다. 나는 창고에 보관하거나 외부로 부칠 물품을 받아서 밀차에 싣는다. 영선이 끝나면 위층의 재리(재소자 이발소)로 이동한다. 다음은 목공, 그 옆은 철공 그리고 제본, 인쇄, 옵셋……

공장에 들어가면 용건이 없는데도 물건을 구경하기 위해 밀차 주변을 어정거리는 재소자가 반드시 있다. 잘 보면 그들 중에는 수감번호표 색상이 다른 사람이 있다. 대부분의 수감자는 왼쪽 가슴 흰색천에 식별번호가 박혀 있지만 노란색과 파란색이 가끔 눈에 띈다. 노란색천은 요시찰要視察로 조폭일 가능성이 크다. 파란색천은 향정신성의약품관리법 위반이며 2500번대로 수번을 배정받는다. 파란색천은 죄명이 죄명인지라 외부인을 통한 물건 반입이 금지되어 있다. 빨간색천은 사형수라고 하는데 실제로 보지는 못했다(사형수에게 형집행은 죽음을 뜻하기에 과거 사형수는 구치소에서 생활하였으나 요즘에는 교도소에서 무기수와 비슷하게 징역살이를 한다). 모범수인 1급수는 옷 색깔로 구

---

*   건축물의 수리나 복구를 담당하는 부서.

         10 감옥의 지리

별된다. 우중충한 퍼런색이 아니라 연갈색 또는 청록색 수의를 입고
있다.

어느덧 공장구역 끝자락 미화(교도소 내외부 청소)까지 왔다. 미화
를 끝으로 공장 배달을 마치면 사동구역으로 진입한다. 교도관이 미
화 출역수가 굽실거리며 건넨 물을 들이키면서 한마디 한다. "서울
시내에 이만한 땅덩어리가 없다. 내가 처음 왔을 때 저 줄기[운동장
구석 미화 앞에 심어진 버드나무를 가리킴]는 지금 가지만 했고 아파트 같
은 건 하나도 없었는데. 이제는 아파트들 때문에 눈이 녹질 않는다."
60년 넘게 한 자리를 지킨 영등포교도소는 이전을 앞두고 있다.

공장구역에서 사동구역으로 넘어가려면 취사장을 통과해야 한다.
취사장에 들어서자 예상대로 재소자들이 부산하게 움직이고 있다.
그 와중에도 나한테 알은체를 하는 사람이 있는데 교도관과 함께 있
는 나는 무심한 태도를 취해야 한다. 이런 태도는 강요된 것이지만
교도관을 핑계 삼아 형들의 귀찮은 참견에 대꾸하지 않아도 되니 내
게는 유용한 면이 있다. 식깡에 음식을 담고 뚜껑을 덮고 한자리에
모아두면서 발생하는 소리가 예전에 일하던 기억을 불러일으킨다.

식깡 하나하나의 표면에는 작업장 이름이 페인트로 써 있어서
인원수에 맞게 음식을 담도록 돼 있는데, 반찬조에는 광천이나 규열
이 신경 써서 관리하는 식깡이 따로 있었다. 그 식깡은 식단표에 없
는 풋고추나 다진마늘을 비닐봉지(어떻게 구했는지!)에 싸서 바닥에 깔
고 그 위에 반찬을 덮은 상태로 배달되곤 했다. 제육볶음 같은 반찬

이 나갈 때도 그들은 건더기 위주로 정량에 넘치게 담았다.

그런 날이면 광천과 규열은 직책에 맞지 않게 직접 배식을 나가는 수고를 마다하지 않았다. 원칙상 취사장 출역수는 배달할 때 정해진 자리에 식깡만 놓고 돌아오도록 되어 있다. 그들은 우연을 가장하여 일부러 지체하면서 그 식깡에 해당하는 작업장의 성원들과 눈인사라도 나누려고 애를 썼다. 취사장에서 형님 노릇하던 재소자들이 동생이 되길 자처하면서 깍듯하게 모시는 재소자들이 그 작업장에 있었다.

그중 한 곳이 샤워실과 붙어 있는 세탁(세탁소)이다. 세탁은 수용자의 수의나 담요 등을 관리하는 곳으로 상급 경제사범이 모여 있는 작업장이다. 세탁은 영등포교도소에서 자유롭고 여유로운 부서로 손꼽히며 재소자 중에는 영자신문을 구독하는 부장검사 출신 변호사가 유명하다. 사실 취사장의 수발이였던 대형이 세탁으로 발탁된 이유는 품이 드는 일을 시키려면 어리고 수더분한 재소자 한두 사람이 별도로 필요하기 때문이었다.

작업장의 구분은 물품생산이나 시설관리 같은 노동의 성격에 따른 분업뿐 아니라 입소 전 사회적 지위에 따른 분류도 포함하고 있다. 감옥 내부에도 한국사회의 계급차와 불평등 구조가 반영돼 있는 것이다. 출역한 수형자들은 다른 작업장에 관한 정보를 접하면서 교도소가 표방하는 노동의 가치를 깨닫기는커녕 노동교화가 차별적으로 적용된다는 사실을 학습한다. 교도소 사정에 밝아지고 여러 작업장을 비교할 안목이 생기면서 권력 있는 사람은 감옥 안에서도 좋은 대우를 받는다는 현실을 알아차린다. 내부의 작업공간을 구획하는

10 감옥의 지리

원리는 범죄의 형태와 그에 맞춤한 교정의 틀과 거리가 있다.

나는 영치로 전업한 다음에 세탁 출역수 두 사람이 포함된 감방에 수용된 적이 있었다. 둘은 성씨가 같아서 우리는 그들을 구별하기 위해 각각 강 사장님과 강 회장님으로 불러야 했다. 취사장의 아저씨들이 자존감을 갖기 위해서 '사장님'이라는 명칭을 어설프게 채택했다면, 세탁의 중년들은 호칭에 부합하는 화려한 이력을 지니고 있었다. 점잖은 그들은 감방에서 소리 내어 중국어를 공부하거나 골프스윙에 대해 이야기를 나누었다. 살림에 필요한 물건을 자신의 영치금으로 구매하는 데에도 거리낌이 없었다. 반대급부로 타인의 노동을 통해 자신의 편의를 보장받는 일에도 익숙해 보였다.

취사장에는 사칙연산을 잘 못하는 재소자가 몇 있었다. 자기를 내세우기 위해 쓸 수 있는 말이라고는 어눌한 욕설뿐이던 수용자도 있었다. 알고 보니 그들의 죄목은 살인이나 치사致死처럼 살벌한 것이었다. 2010년 4월의 마지막 날, 취사장에 들어온 신입은 집행유예를 선고받았는데 사회봉사 30시간을 이수할 줄 몰라서 잡혀온 사람이었다. 순박한 외모의 그는 지능지수가 낮아서 의사소통이 되지 않았다. 이들의 범죄가 부족한 자원과 순간적 충동에서 비롯됐다면 세탁 출역수들의 죄명인 횡령, 배임, 뇌물수수는 풍부한 수단과 꼼꼼한 계획에서 기인한 것이다.

세탁만이 아니다. 꽃과 나무를 관리하는 원예는 비닐하우스 온실에 수도시설까지 갖춘 최상의 작업장으로 하루 노동시간이 30분도 되지 않는다. 위 설명이 대수롭지 않게 읽힐 것 같아서 첨언하면, 영치창고에는 수도는커녕 화장실도 없다. 영치 출역수가 용변을 해결하려면 교도관한테 계호를 부탁해서 백여 미터 떨어진 건물까지 재소자 전원이 이동해야 한다. 재소자에게는 눈에 띄지 않는 곳을 탐색해서 방뇨할 자유가 허락되지 않는다. 영치창고 2층에는 대대로 전해오는 비상용 페트병이 있었다.

나는 취사장의 규열에게 춘천교도소에서 원예로 출역하는 동안 깻잎, 고추, 방울토마토 등을 길러 먹었다는 이야기를 들은 적이 있다. 그러나 강력범 규열은 영등포교도소에서 원예 출역을 엄두도 낼 수 없다. 소장이나 과장 직급의 직원이 출역수 선정에 관여하는 작업장이기 때문이다(2011년 1월 29일, 접견실에 대기하고 있다가 교도관들끼리 하는 대화를 우연히 접했다). 원예는 세금을 포탈한 고위 공직자, 비리를 저지른 군인장성, 전직 농협중앙회장 들이 집합한 작업장이다.

청송과 원주를 거쳐 영등포로 이감 와 13년째 복역 중인 광휘는 세탁이나 원예 같은 부서의 특색이 서울 인근 교정시설에 주로 나타난다고 지적한다. 형기종료를 2년 앞두고 가석방을 기대하는 그는 청송교도소로 돌아가기를 원했다. 어느 토요일, 그가 운동시간에 들려준 이야기를 옮겨본다.

"[영등포교도소는] 90년이랑 차이가 없다. 생활 잘 하냐 못 하냐 말고 다른 게[변수가] 너무 많다. 초범 85, 재범 90퍼센트[퍼센트는 전체 형기 대비 채운 형기를 가리킴]면 무조건 [가석방 신청을] 올려주는데 여기는 장난을 친다. 될 사람만 올리니 나 같은 사람은 [경제사범한테] 밀린다. 영등포교도소는 접견을 자주 올 수 있는 것 말고 아무 것도 없다."

교도소마다 가석방 심사를 받을 수 있는 인원이 할당되어 있다. 광휘는 자신이 원주나 청송에 있었다면 결과가 어떻든 가석방 심사를 받을 수 있었을 텐데 영등포교도소에 있기 때문에 심사대상조차 될 수 없다고 생각한다. 별다른 인맥이 없는 그에게 접견의 편의성은 장점이 될 수 없다. 광휘의 설명에 따르면 청송은 영등포와 달리 반장을 통해 환경이나 처우개선을 요구하는 식의 대의제가 작동하는 공간이다("단합이 잘 된다", "반장이 과장 면담도 자주 한다"). 추측컨대 청송에는 동원할 수 있는 자원이라고는 자기 몸뚱아리가 전부인 수감자가 다수이기 때문일 것이다. 항상 웃는 얼굴인 광휘는 초탈한 유형의 장기수라 할 법한데, 그의 미소에 영혼 일부가 빠져나간 것 같은 허허로움이 비치는 데에는 위와 같은 이유도 있는 것 같다.

세탁이나 원예 출역수들의 권력은 담장 안에서도 효력을 발휘한다. 소 측은 대단한 비리나 요란한 청탁이 없어도 그들이 누구인지 알아준다. 과거의 경력과 개인적 특성을 종합적으로 고려해서 작업장을 배정한다. 사회와의 단절을 최소화하는 맞춤형 교정복지가 적용된다. 재소자들도 그들에 대해서 여호와의증인을 험담하듯 이러쿵저러쿵하지 않는다. 광휘는 우연한 기회를 활용해서 작업장 사람들에게 드러낼 수 없는 속내를 내게 털어놓은 것이었다.

이쯤에서 취사장의 왈왈이 양우를 상기해보자. 왈왈이라는 별명에서 알 수 있듯이 '짖기'는 양우가 권력을 획득하고 공고히 하기위해 필수적으로 요구되는 행위였다. 취사장 최고의 빵잽이는 양우지만 그 자리를 유지하기 위해 양우는 광천이 기어오르지 않도록 힘을 계속 과시해야 한다. 곧 양우는 어디까지나 왈왈이지 절대 범털*이 되지 못한다. 양우의 캐릭터에는 고양이과 동물을 연상시키는 면이 있지만 그의 계급 위치는 호랑이보다 개에 가깝기 때문에 왈왈하고 짖어야 한다. 결국 짖는 것은 개다. 왈왈이의 무력은 범털의 재력에 비하면 훨씬 수준이 낮은 권력의 양태다. 설령 범털의 권력에 도전하는 재소자가 있을지라도 "내가 누구인지 물어보라"는 범털의 나직한 한마디면 상황은 정리된다. 세탁이나 원예는 열 명 이하의 소규모 작업장임에도 이것저것을 넣어주는 사람들이 많기 때문에 꼭 들러야 하는 배달지에 속한다.

범털 중의 범털은 병사(병동)에 있다. 병사는 징역형을 선고받았지만 질병 때문에 노동이 불가능한 환자를 수용하는 공간이다. 보통의 재소자는 가석방을 받으려면 무조건 출역해야 하는데 환자수에는 그 원칙이 적용되지 않는다. 환자로 있으면 노동하지 않아도 가석방 명단에 이름을 올리는 데 지장이 없다(전염성 간염 때문에 병사의 독방에서 생활한 병역법위반자가 가석방으로 출소한 사례가 있었다). 수감이 곤란할 정도로 위독한 상태라고 판단되면 형집행정지로 풀려나기도 한다.

병사로 가려면 세탁이나 취사장보다 안쪽에 있는 주복도로 진

---

*　'범털'은 범虎에서 파생된 단어로 재소자 서열의 최상층을 일컫는 은어다. 보잘 것 없는 재소자를 가리키는 반대말은 '개털'이다.

　　　　　　　　　　　　　　　10 감옥의 지리

입해야 한다. 사동들을 연결하는 주복도부터는 공장과 완전히 구분되는 실내구역으로 더 이상 하늘을 볼 수 없다. 병사는 일반사동인 1-6사처럼 일정한 간격으로 배치되어 있지 않고 떨어져 있다. 하나의 계단을 공유하도록 설계된 두 동의 건물에는 각각 7사와 8사라는 번호가 매겨져 있다. 병사 입구에 들어가자 계단 옆 벽면에 "질서는 아름다운 것 [줄 바꿈] 마음의 평화"라는 표어와 함께 개구리가 연꽃 아래에서 비를 피하는 벽화가 보인다. 이 그림을 등진 자리에서 좌측에는 의료진과 직원들이 일하는 의무과 사무실이, 우측과 그 윗층에는 환자수들이 거주하는 치료 거실*이 있다.

내게 병사가 특별한 장소인 이유는 벽화 같은 시각적 요소보다 청각적 요소 때문이다. 마침 아이들이 재잘대는 소리가 들린다. 운 좋게도 영치의 병사 도착시간과 아이들의 하교시간은 곧잘 겹친다. 톤이 높은 어린이들의 목소리는 담장을 넘어 병사까지 도달한다. 이곳은 영등포교도소 내에서 담장 밖 세상과 청각적으로 연결점을 갖는 유일한 장소다. 병사는 영등포교도소의 최북단, 그러니까 고척초등학교 등하교길 너머에 위치한다.

병사(7, 8사)의 내부 구조를 살펴보자. 병사는 일반사동과 달리 복도를 가운데 두고 양쪽 병실이 마주 보게 설계되어 있다. 감방에는 복도로 통하는 창이 달려 있는데 일반사동의 것보다 크기도 크고 창살 사이도 널찍하다. 이따금 치매 노인이 "아줌마 밥 주세요"라고 외

---

* 감옥 안에서는 감방 대신 '사방'이나 '거실'이라는 용어를 사용한다.
　　일반 주택처럼 방과 거실이 따로 있는 구조가 아니다.

치면 맞은편 방에서 조용히 시키려고 빵을 던져준다. 화장실에는 문턱이 없고 타일바닥이 깔려 있으며 좌변기가 설치되어 있다. 7하 6방에는 보일러와 샤워기가 있어서 이 방의 재소자들은 겨울에도 반팔과 반바지를 입고 잔다.

침상이 마련되어 있진 않지만 통상 담요를 바닥에 깔고 정자세로 생활하는 재소자들과 달리 환자수에게는 환자복과 매트리스가 주어지고 취침시간 전에 눕는 것도 허용된다. 난방도 10월 하순부터 가동되고 세탁기도 있어서 분말세제를 쓸 수 있다. 四와 死의 음이 같다는 점을 염려하여 4방이 없다는 특징도 있다. 이상과 앞으로 이어질 병사의 에피소드는 나의 관찰과 '간병'(의무과)에 출역하고 병사에서 생활한 영배의 증언을 취합한 내용이다.

많은 죄수들은 자신의 몸이 어딘가 잘못되었고 아프다고 느낀다. 그 고통은 스트레스를 받는 심리적 상태 이상의 것, 즉 신체화 증상으로 경험된다. 그러나 교도소의 열악한 여건상 의료진은 원인의 파악보다 아픈 것이 맞는지부터 의심해야 하는 상황에 놓인다. 의사는 질병의 치료보다 환자의 진위를 판별하는 데 골몰해야 한다. 의사가 납득하는 사람 중에서도 선택받은 소수만이 병사에 갈 수 있기에 팔이 부러지는 것처럼 누가 봐도 이론의 여지가 없는 외상 환자들이 병사에서 요양을 한다.

주목해야 할 인물은 그들이 아니라 어디가 아픈지 알 수 없지만 외부 병원에서 발급받은 진단서를 지닌 환자들이다. 권위 있는 진단서는 의료진의 책임과 부담을 공식적으로 덜어준다는 장점이 있다.

희한하게도 이 환자들에게는 '회장님'이라고 불린다는 공통점이 있다. 주의. 그들에게 절대 사장님이라고 해서는 안 된다. 영등포교도소의 병사에는 저명한 회장님 세 분이 계신다.

첫 번째 회장님은 저축은행 대주주이자 카지노 소유주인 은○○이다. 그의 주변에서 배식이나 청소 등으로 편의를 봐주던 이십 대 재소자는 그의 비서가 부쳐준 노스페이스 등산복을 입고 출소했다. 인절미가 먹고 싶으면 교화위원 스님이 소속된 사찰에 시주를 해서 종교집회 간식으로 들여온다는 소문도 돈다. 두 번째 회장님 육○○은 신용보증기금 본부장인데 보일러에 온수기가 딸린 감방에서 살고 있다. 세 번째 회장님 김○○은 기획부동산 대부로 본인 소유의 저주파 치료기를 의무과 사무실에 들여놓고 혼자서 주기적으로 사용한다. 오해하면 안 되는 것이, 이것들은 진단서라는 공식적 절차에 입각한 매우 '적법한' 처우다.

외상과 진단서로 '진짜' 환자를 추렸음에도 의료진은 또 다른 곤경에 맞닥뜨린다. 왜냐하면 두 부류에 속하진 않지만 환자임을 인정하지 않을 수 없는 자들이 출현하기 때문이다. 대표적으로 적절한 동기가 없고 이해관계 수준에서도 설명이 불가능한 범죄를 저질렀을 경우. 비합리적 사고가 담겨 있고 계획된 행동의 범주에서 벗어나기에 신경정신의학의 언어를 빌어야 설명이 가능한 형사사건의 주인공. 한 사례로 영등포교도소의 최고령 88세 재소자는 음식에 독을 탄다는 망상 때문에 아내를 살해했다.

세 번째 유형의 환자수는 '또라이'라고 불린다. 초등학교 교장선생이었다는 치매 노인(위와 다른 사람)은 감방문을 발로 차서 사람들의 시선을 모은 다음에 과시적 자위행위를 한다. 밤이 되면 그는 회장님, 사장님, 형님을 가리지 않고 바지를 내려 성기를 탐닉한다. 쓰리꾼(소매치기단) 출신의 조현병 환자는 한밤중에 모든 사람의 식기를 자기 앞으로 모아 놓는다. 그는 낮에는 지칠 줄 모르고 방 안을 왔다 갔다 하고 밥그릇으로 창살을 두드리며 나가겠다고 고함을 지른다.

그런즉 병사는 회장님과 또라이가 동거하는 기묘한 공간이기도 하다. 그런데 또라이는 회장님 전용 멘트인 "내가 누구인지 아나"는 말을 못 알아듣는다. 그들은 계급 개념은 고사하고 자신에 대한 인식조차 오락가락하기 때문이다. 나는 위와 같은 에피소드를 전하는 영배의 말을 들으면서 통쾌함과 짜릿함을 느꼈다. 그들이 의도하진 않았겠지만 내게 그들의 또라이짓은 약자들이 이 세상을 지배하는 자들에게 손수 가하는 복수처럼 해석되었다. 아무 것도 가지지 못하고 심지어 자기 자신조차 잃어버린 사람들이 권력자에게 대항하기 위해 면전에서 침을 뱉고 자위를 하고 오줌을 싸고 똥을 칠한다. 타액, 정액, 소변, 대변이야말로 그들이 가진 유일한 무기다.

범털은 다른 환자수와 담합해서 또라이를 쫓아내려는 계략과 음모를 꾸민다. 수건으로 목을 매서 자살시도를 했다든지 운운. 문제를 일으킨 재소자는 징벌에 앞서 조사부터 받도록 돼 있는데 이들은 간수의 심문에 제대로 응할 수도 없다. CRPT(기동순찰팀)도 또라이는 안 건드린다. 처벌해도 효과가 없기 때문이다. 아이러니하게도 병실에서 귀한 독방이나 이삼 인실 중 일부는 또라이의 차지가 된다. 게다가 그렇게 담합해서 쫓아낸 또라이의 자리에는 새로운 또라이가 또 들어오게 마련이다.

결국 이삼 인 병실로 추방당한 또라이 재소자를 상대하고 돌보는 일은 영배 같은 간병 출역수의 몫이다. 2010년 11월에 영배와 함께 살게 된 재소자는 며칠째 잠을 자지 않고 있다. 그는 밤새 중얼대면서 화장지심에 메모를 한다. 자다 깨다를 반복하는 영배에게 "너 얼마 받고 이 짓하냐. 너도 국가에서 보냈지. 국가가 내 가족을 다 죽였다"고 말한다. 이튿날에는 "담배 피는 거 아까 봤어. 거짓말하지 말고. 담배랑 라이터 달라고"라고 한다. 잠을 자지 못하는 영배는 일주일 새 4킬로그램이 빠졌다(의무과로 출역하는 영배는 일과시간에 체중계를 접할 수 있는 환경에 있다). 눈꺼풀이 무거워 보이는 영배와 인사를 나누고 병사를 나와 일반사동으로 향한다.

(영배는 어느 재소자보다 과중한 노동을 하는 처지에 있다. 그러나 우리는 영배의 업무, 특히 돌봄노동에는 말단 교도관을 대신해서 재소자를 관찰하고 보고하는 일도 포함돼 있다는 사실을 염두에 두어야 한다. 이 점은 매우 중요한 것으로 11장에서 더 다루겠다.)

한결 가벼워진 밀차를 밀면서 사동들이 연결되어 있는 주복도를 지나간다. 위쪽에는 녹색 바탕에 하얀색 글씨로 "오고가는 고운말에 [줄 바꿈] 우리마음 고와진다"라고 적혀 있다. 오른편 벽에는 형체를 알아보기 힘들 만큼 바랜 풍경사진이 걸려 있는데 그 아래 조그맣게 쓰인 글자를 집중해서 보면 '백두산의 야생화', '설악산 울산바위', '태백산의 아침의 수목' 따위의 제목이 적혀 있다. 그런가보다 하고 지나간다.

"여기 철거할 업체는 좋겠다." 교도관이 천장을 보며 말하고 있다. "이사 날짜 결정됐어요?" 준서가 뒤돌아보며 묻는다. 2011년 영등포교도소는 사라지고 광명 인근에 서울남부교도소라는 새 이름으로 개소할 예정이다. 두 사람의 대화는 이와 관련된 것으로, 준서는 영치창고가 이사 준비를 시작하기 전에 출소하기를 바라고 있다. 교도관의 말은 영등포교도소 건물이 저층인데다 복도의 천장이 마감되어 있지 않아서 도관이 훤하게 드러나 있다는 사실을 가리킨다. 가스관, 수도관, 그밖에 이름을 알 수 없는 관들이 어지럽게 뒤엉켜 있다. 치밀한 의도가 담긴 설계의 반영인지 부족한 예산이 낳은 무성의의 산물인지 알 수 없다. 다만 자유를 갈망하는 죄수의 입장에서 보면, 외국 드라마나 영화에 나오는 설정처럼 눈에 띄지 않게 탈출할 수 있는 은밀한 환기통로 하나 없다는 사실은 확실하다.

6사, 5사, 4사……. 우리의 동선은 6사부터 거슬러 올라가는 방향이다. 6, 5사는 공장 출역수와 직업훈련생 들의 감방이기 때문에 지금은 비어 있다. 그리고 4사의 수용동 출입문. 여기서부터 공기가 달라진다. 병사의 특징이 청각에 있다면 4사와 3사의 특징은 후각에 있다. 구린내, 비린내, 지린내가 버무려진 냄새가 풍긴다.

후각으로 자신의 존재감을 뽐내는 3, 4사의 하층에는 노역수가 살고 있다. 노역장유치는 벌금액에 해당하는 기간만큼 일당을 계산해서 강제노역에 종사하도록 하는 제도다. 죄질이 약해서 벌금형을 언도받았지만 돈을 내지 못한 사람들이 노역수가 된다. 보통 하루에 5만 원씩 벌금이 차감된다. 술에 취해서 거리에 드러누웠다거나 사소한 싸움이나 좀도둑질을 하다가 적발된 사람들. 예비군훈련을 안 가

10 감옥의 지리

서, 친구한테 빌린 푼돈을 갚지 않아서, 우연히 주운 남의 물건을 사용하다가, 과다노출·무전취식·노상방뇨 때문에 감옥까지 오는 사람들이다.

노역수라고 하면 소에서 막노동이라도 시킬 것 같지만 현실은 전혀 다르다. 이름은 노역수지만 삼시 세끼 먹는 일이 이들의 감옥생활의 전부다. 짧게는 사나흘 길어봤자 한두 달 동안 교도소에 머무는 재소자를 출역시키는 것은 징역수에게도 부담이 된다. 노역수는 법적 형식과 실질적 내용이 일치하지 않는(일치할 수 없는) 수형자다.

영치에서는 매일 아침 새로 입소한 노역수의 소지품을 검사한다(이중에는 한 사람의 소지품도 있고 여러 사람에게 공통적으로 발견되는 물건도 있다). 장애 형태와 등급이 표시된 복지카드. 약값을 구걸하는 전단지. 뒷자리가 125로 시작하는 탈북인의 주민등록증. 뒷자리가 5로 시작하는 외국인등록증. 소지품이 박스 6장. 기모 티셔츠에 반바지와 고무신의 조합. 불명예전역증. 택시운전사증. 담요와 스티로폼. PC방 카드. 빨간 하이힐과 검정 스커트, 이태원 구둣가게의 명함. 찜질방 쿠폰과 전당포증. 참전유공자증. 바로대출 명함. 공중화장실에 비치된 점보롤 화장지. 빨래비누, 영단어책, 무가지신문. 환자복. 점자가 붙어 있는 서울특별시 장애인교통카드. 밑창 대신 신문지가 깔려 있는 운동화. 파견근로자 급여명세서. 서울 적십자병원 진료카드, 국립의료원 진료권, 인력개발센터 명함. 노숙인쉼터의 식권와 입금증. 상이군경 회원증. 마권 영수증. 플레이스테이션 게임기. 스타벅스 초콜릿 등.

그들은 범죄자이기 전에 걸인, 유랑자, 부랑자, 노숙인, 불안정 노동자, 행려병자, 심신 상실자, 장애인, 변태, 퀴어, 일탈자, 비행자, 아웃사이더, 부적응자, 낙오자, 상이군인, 불량배, 넝마주이, 주정뱅이, 거동 수상자, 좀도둑, 하층민, 파산자, 무연고자, 탈북인, 외국인이다. 그들은 한국사회 어디에도 뿌리내릴 장소를 갖지 못한 사람들이다. 앞서 언급했던 병동의 또라이 중에는 노역수도 적지 않다. 2010년 11월에 영배가 돌봐야 했던 재소자도 절도로 들어온 39일짜리 노역수였다.

　　노역수에게는 아주 많은 특징이 있다. 하지만 비정상과 무질서라는 범주로 묶이기 때문에 그들 사이의 차이는 개성으로 이해되지 않는다. '제구실'을 하는 한국인의 대척점에 그들은 존재한다. 이것이 외국인 불법체류자 집중단속 기간이 되면 교도소에 노역수가 넘쳐나는 이유다. 그들은 '한국인답지' 않은 외모와 거동 때문에 이주노동자 단속에서 신분증 조회대상이 된다. 그 과정에서 경범죄 벌금을 납부하지 않은 채 돌아다녔다는 사실이 발각되어 노역수 신분으로 입소한다.

　　노역수는 감옥에서 개털 취급도 받지 못한다. 노역수는 범털부터 개털이라는 수형자들의 위계에서 벗어나 있다. 징역수 사이에서 노역수라는 단어는 욕설로 사용된다. 재소자에게도 사람 대우를 받지 못하는 존재. 중요한 것은 노역수라는 형상을 통해 형벌이 집행되는 과정 내부에서 교정이라는 명목을 댈 수 없는 영역이 드러난다는 점이다. 그들은 노동교화나 사회복귀라는 말이 무색해지는, 교정시설 내부에 있지만 외부에 놓이게 되는 무리다. 노역수는 원칙상 죄질이 약해서 벌금을 매기는 것인데 실질적으로는 구금형이 된다. 머무는 기간이 짧고 징역수도 아니라서 출역할 수 없으며 6개월에서 일년 코스로 진행되는 직업훈련과정에 발탁될 수도 없다. 사흘씩 일주일씩 교도소를 들락날락하는 노역수들. 겨울이 되면 가게 유리창을 깨고 감옥행을 택하는 노역수들. 결국 그들은 수십 범의 전과자가 된다. 전과 수십 범이라고 하면 극악무도한 범죄자 같지만 그들의 실상은 징역수가 아니라 노역수다. 한 사람이 징역형만으로 수십 범의 전과를 가진다는 것은 현실적으로 불가능하다.

노역수가 법을 위반한 것은 사실이지만 상술한 바와 같이 노역수에는 근본적으로 범죄자의 정의를 넘어서는 성격이 있다. 그들은 행위보다 존재가 불법인 사람들이다. 특별한 행동을 해서 죄crime를 지었다기보다 한국사회가 정해 놓은 노동과 화폐, 결혼과 가족, 주거와 소비의 경로 바깥에서 떠도는 삶 자체가 죄sin인 것이다. 사회생활에 필요한 능력 자체가 결여된 경우도 많다. 노역수의 존재는 일부에만 가능한 삶을 이상이자 규범으로 삼는 사회가 얼마나 폭력적인 기획인지를 증거하는 것이 아닐까. 영등포교도소에서 3사와 4사의 하층, 1~300번 대까지의 칭호번호는 항상 노역수의 몫으로 할당되어 있다.

3사와 4사에 들를 일은 좀처럼 없다. 왜냐하면 그들에게는 접견올 가족도 소포를 보내줄 친구도 없기 때문이다. 우리 세 사람은 인상을 찌푸리며 잽싸게 노역사동을 지나친다. (벌금액이 수억 원 이상이지만 납부하지 않고 몸으로 때우는 사람들도 법적으로는 노역으로 분류된다. 하지만 감옥에서는 아무도 그들을 노역수라고 부르지 않는다. 그들은 쇼핑백공장에서 일하시는 회장님이다.)

1사까지 배달을 마치고 주복도가 난 방향을 계속 따라가면 경비교도 대원의 모습이 다시 보인다. 그러나 통용문으로 나가지 않고 직진해야 한다. 마지막 구역인 특별사(9, 10사)가 남아 있다. 특별사도 병사처럼 떨어져 있는데 1-6사를 기준 삼았을 때 북서쪽 7, 8사와 대칭되는 남동쪽에 9, 10사가 있다. 복도의 끝이 초록색으로 칠해진 거대한 철문으로 막혀 있다. 일반사동의 입구는 쇠창살로 된 문과 나무로 된 문 두 겹이지만 특별사에는 그보다 세네 배나 되는 크기의 철문이 먼저 있다. 이 육중한 철문이 통째로 열리는 장면은 한번도 본 적이 없다. 밀차는 두고서 일부만 여닫도록 만든 쪽문을 고개 숙여 통과한다. 열 걸음 정도 더 걸은 다음에야 다른 사동과 유사한 입구가 나타난다.

특별사는 직리(직원 이발소)와 원예를 경계로 높은 담이 둘러져 있다. 특별사 주변에는 가로막힌 공터가 있어서 운동도 그곳에서만 하도록 되어 있다. '빨갱이'는 다른 재소자를 물들일 위험이 있다는 것이 저들의 사고방식이었다. 징역형을 받으면 출역하게 돼 있는데도 일부러 떼어놓았다. 9사에는 독방만 있는데 이 또한 개인의 사생활을 보장하려 했던 것이 아니라 정치범끼리 소통할 수 없도록 취한 조치였다. 서로를 '선생'이라 부르던 비전향 장기수. 그들이 '학생'이라 불렀던 운동권 대학생. 속절없이 세월을 보냈던 그들의 모습은 더 이상

10 감옥의 지리

찾아볼 수 없다. 대중매체에 등장하는 유명인사가 오늘날 특별사에 들어앉은 시국사범이자 공안사범이다. 고독을 덜어주는 텔레비전 덕분에 독방은 재소자들이 부러워하는 감방이 되었다. 이명박 대선 시기 BBK 주가조작 사건의 당사자 김경준(실명)이 이곳에 있다. 김대중 정권 말기 게이트의 주인공 정현준(실명)은 2010년 여름에 출소했다. 판사에게 석궁을 쏴서 유명해진 전前 성균관대학교 수학과 교수 김명호도 9사에 있다.

통용문을 빠져나오면 영치창고로 향하는 처음의 공터와 탁 트인 하늘이 다시 나타난다. 파란 하늘에는 비행기 한 대가 날아가고 있다. 영등포교도소 상공은 김포공항으로 향하는 항로에 있어서 낮게 지나가는 비행기를 자주 볼 수 있다. 어디서 오는지 어디로 가는지 알 수 없지만 같은 시간대 같은 비행기를 만나면 반가운 마음이 든다. 준서와 나는 나란히 고개를 들어 비행기의 운동에 눈길을 준다.

11

소지라는 예외

2010년 11월 23일, 구노회*에서 보낸 소포가 도착했다. 세상에나. 덧버선과 털장갑 그리고 사진엽서 한 장이 들어 있다. 아코디언을 연주하는 어린아이 사진 뒷면에는 다음과 같은 문장이 손글씨로 적혀 있다. "구노회에서는 인간으로서 최소한의 정당한 요구를 했다는 이유만으로 국가폭력에 의해 육체적 정신적으로 구속되고 억압받는 분들에게 조그마한 힘이라도 되고자 노동자대회에서 모금을 실시하여 이렇게 겨울나기 물품을 보내드리게 되었습니다." 예사롭지 않은 낌새를 알아채고 기웃거리던 준서가 결국 고개를 들이민다. "어디 봐봐. (…) 구노회가 뭐 약자야?"

구노회 월동물품은 나와 영배 그리고 김명호 선생 앞으로 왔다.

---

*   구속노동자후원회. 노동조합 활동 등으로 구속된 노동자들을 후원하기 위해 1994년 창립된 단체.

내가 수신인 명단을 아는 까닭은 교도소로 운송된 물품을 검수하는 영치 출역수이기 때문이다. 민가협*에서도 우편환으로 영치금 만 원을 매달 부쳐준다. 그러나 구노회나 민가협의 기대를 배반하면서 나는 정치범답지 않은 수형생활을 하고 있다. 김명호 선생은 특별사 독방에 종일 갇혀 있지만 나는 수인들 앞으로 도착한 택배상자를 개봉하고 배달하느라 바쁘다.

한 달이 지난 12월 23일, 김명호 선생의 서신이 불허되었다. 내가 이 소동을 아는 것도 허가받지 못한 편지는 영치낭에 보관하여 출옥할 때 가져가도록 돼 있기 때문이다. 그의 불허서신을 최종 처리한 사람이 나다. 내 손에 주어진 봉투에는 사전검열을 예상이라도 한 것처럼 "이 꽉 막힌 교도관들아. 우표가 필요 없는 편지도 있는 거다"라고 써 있다. 특별사의 다른 재소자에게 도움을 주려고 작성한 편지였다. 출역수가 아닐뿐더러 독거생활을 하는 그에게 다른 재소자와의 소통은 차단되어 있다. 그의 낭 안에 있는 한 무더기의 서류뭉치에는 여러 사회운동 단체의 이름들이 어지럽게 널려 있었다.

같은 일과가 되풀이된다. 밀차를 끌고 공장구역으로 들어간다. 여느 때처럼 옆에는 준서가 있고 뒤에는 교도관이 계호하고 있다. 봉제공장 앞에서 약을 배달하는 재소자와 인사를 나눈다. 인쇄공장을 지나

*   민주화실천가족운동협의회. 반독재, 민주화, 통일운동의 과정에서 구속된 양심수들의 가족이 중심이 되어 1985년에 만들어진 인권운동 단체.

면서 책을 운반하는 재소자에게도 목례를 보낸다. 우리는 모두 수의 상의 위에 형광연두색 나일론 작업조끼를 덧입고 있으며 직원을 대동한다. 이처럼 교도관과 두셋씩 짝을 지어 노동하는 출역수를 감옥에서는 '소지'라고 부른다. 세세히 살피면 나와 준서는 영치소지, 약을 옮기는 간병소지, 책을 나르는 교무과소지 등으로 나뉜다. 소지는 교도관 보조원인데 대체로 이십 대 젊은이 가운데서 선발된다.

소지는 일제식민지 형무소 시절 일본어 そうじ掃除(청소)에서 기원한 말이라 한다. 법무부에서는 일본식 용어를 순화하기 위해 '청소'나 '청소부'로 사용하도록 지시하는 모양이다. 청소는 소지가 하는 노동 중 일부에 불과하기에 대체어로 적절하지 않다. 실생활에서는 소지라는 낱말의 쓰임이 압도적이다. 일본어 소지는 한국 감옥에서 담당 간수를 위해 일하는 잡역부라는 의미로 완전히 토착화되었다.

여러 소지 중 가장 수가 많은 것은 사동소지로 스무 명이 넘는다. 사동의 층마다 교도관 한 사람에 소지가 두 사람씩 딸려 있다. 사동 한 층은 큰 방이면 여섯 개 작은 방이면 스무 개까지의 감방(사방)으로 구획되어 있으며, 사동소지는 정해진 시간마다 각 방에 물과 음식을 공급하고 물건 주문을 받는 등의 일을 한다. 배식은 취사장 출역수들이 사동 입구까지 식깡을 갖다 놓으면 소지가 그것을 가져다 플라스틱 자루바가지로 퍼주는 식으로 진행된다. 사동소지는 한 사동에 한해서 오갈 수 있는 자유가 허용된 특별한 수용자다. 또한 간수의 묵인하에 육류나 온수 따위를 얼마간 유용할 수 있다.

소지라는 직종은 새롭게 이해될 필요가 있다. 소지는 허드렛일만 하는 존재가 아니다. 아니, 이 잡다한 노동에는 교도관 보조 이상의 의미가 있다. 내 주장은 소지야말로 감옥 체계를 유지하고 지탱하는 핵심이라는 것이다.

이 말을 납득하려면 우리는 교도관의 일상부터 살펴야 한다. 교도관의 일과는 곧 수용자의 일과다. 미출역 사동에서 담당 직원은 종일 복도 중앙 걸상에 홀로 앉아 있다. 자신이 감시해야 하는 수형자들처럼 그도 사동 문밖을 한 발자국도 내딛을 수 없다. 책상 위에 있는 물건이라고는 손때가 탄 구닥다리 인터폰뿐으로 휴대폰은 물론이고 담배나 라이터도 가져올 수 없다. 교정직 공무원이 자신의 직장 생활을 반半징역살이라고 자조적으로 폄하하는 것은 이런 근무환경으로 말미암는다.

사동 근무가 아닌 교도관의 업무는 대개 계호다. 재소자는 혼자 다니는 것이 금지되어 있기에 사방이나 작업장을 벗어나려면 교도관이 동행해야 한다. 가족이 찾아와 접견이 있을 때, 진료를 받기 위해 의무과에 갈 때 수인들은 감옥 안 이곳저곳으로 이동한다. 그때마다 교도관에게는 수용자를 따라다니면서 올바르게 안내하여 사고를 예방해야 하는 책임이 있다. 이런 계호가 9급, 8급, 7급 직원들의 주된 일거리다. 계호 임무는 교도관마다 접견 담당, 진료 담당, 목욕 담당, 전화* 담당, 출정** 담당, 종교집회 담당 등으로 세분화되어 있다. 계

---

*   1급과 2급 수형자는 받는 사람의 전화번호와 관계, 용건을 기재한 신청서를 사전에 제출하면 간수의 감청하에 3분 동안 전화를 사용할 수 있다. 이때 필요한 전화카드는 재소자가 구매해야 한다.

호를 맡은 교도관은 같은 동선을 반복하는 무료한 노동을 한다.

어느새 옥독獄毒이 뇌수까지 스며든 것일까. 대학 동기 문행과 접견을 마치고 돌아오는 길에 호사도 이런 호사가 없다는 생각이 들었다. 공무원이 친히 데리러 와서 방문을 열어주고 목적지까지 함께하고 다시 거처에 바래다주기까지. 운동할 때 목욕할 때 자고 있을 때도, 교도관은 과묵한 수행원처럼 우리를 지켜보며 대기하고 있다. 감옥을 가리켜 '국립호텔'이라고 하는 세간의 별칭에는 풍자와 조롱이 담겨 있지만, 수감자 입장에서 진지하게 고찰해보니 교도소 국립호텔설은 제법 설득력이 있다.

물론 과거 간수와 죄수 사이에는 강력한 지배-종속 관계가 있었다. 훈육을 강제하면서 감옥 내 질서를 구현하는 간수는 죄수들에게 두려움과 반발심을 불러일으키는 존재였다. 운동선수 출신인 한 중년 교도관은 자신이 매질을 한 덕분에 수형자 전원이 검정고시에 합격했던 과거의 일화를 우리 앞에서 늘어놓은 적이 있다. 그것은 사명감을 가지고 직장에 헌신했던 자기의 젊은 시절에 대한 약간은 향수 어린 이야기이기도 했다. 지금의 교도관들에게서 자의적으로 폭력을 휘두르는 모습은 찾아보기 힘들다.

교정복지라는 용어가 암시하는 것처럼 수용자가 받는 처우에는 감시와 훈육뿐 아니라 돌봄과 보살핌의 요소도 있다. 실상 처벌, 감시, 관리, 훈육, 교육, 돌봄은 연속선을 이루고 있는 것들이다. 행정이

×× 법원에 출석하는 일.

처벌보다 교화를 지향할수록 고충상담 등이 교정직 업무에 포함되면서 돌봄의 문제가 부각된다. 그런데 직무 특성상 교도관과 돌봄이라는 멋쩍은 조합은 자칫 간수라는 지위를 흔들 수 있다. 교도관은 수용자를 위해 어떤 노동까지 해야 하는가. 교도관의 지위를 위협하는 노동에는 어떤 것이 있는가.

이런 질문에 대한 답변은 문화적으로 정의된 남성성과 여성성의 코드에 크게 의존한다. 영등포교도소에서는 성인 남성인 교도관이 성인 남성인 수형자를 상대로 노동한다. 이 대면 접촉 과정에서 피할 수 없는 감정적 엮임은 계속해서 양자의 남성성을 취약해질 가능성에 노출시킨다. 즉 교도관은 서비스노동을 수행해야 하지만 수인의 비서('여성화')가 되어서는 곤란하다. 반면 재소자는 보살핌을 받아야 하지만 무력한 대상('유아화')이 되는 일에는 저항해야 한다. 재소자든 교도관이든 인격체로서 자존감을 유지하기 위한 감정의 핵심에는 공통적으로 남성성이 도사리고 있다.

고로 소지야말로 문제적 존재다. 한국 감옥에서 소지는 교도관과 재소자의 접촉을 최소화하고 감정적 연루를 막기 위한 중요한 장치다. 임의로 권한을 남용하기 힘들어진 교도관들이 간수로서 위엄을 유지하려면 소지의 역할이 막중하다. 소지가 어린 남성 위주로 발탁되는 것은 이런 이유 때문이다. 소지는 갇힌 수용자들의 삶이 유지되기 위해 필수적이지만 간수 이미지에는 부합하지 않는 온갖 '여성화'된 노동을 수행한다. 소지가 교도관과 일반 수감자를 매개하기 때문에 그들 사이의 긴장은 방지되고 남성성도 훼손당하지 않는다.

사동을 방문하면 항상 들리는 소리. "소지이, 소오지, 소지!"(드물게 소지 씨라고 부르는 사람도 있다). 재소자들이 필요와 욕구를 충족하기 위해 쉼 없이 호출하는 대상은 직원이 아니라 나이 어린 소지다. 소지는 매끼마다 음식과 식수의 양을 가지고 재소자들과 입씨름을 해야 한다. 영치금사용신청서와 진료신청서를 걷어야 한다. 반짇고리와 손톱깎이를 들여보내고 사용이 끝나면 회수해야 한다. 세탁한 빨래를 받아서 층당 하나뿐인 탈수기에 돌린 다음에 돌려줘야 한다. 생활쓰레기를 수거하고 편지를 모아놔야 한다. 접견자도 호출하고 수감자의 특별한 요구사항은 교도관에게 전달해야 한다.

허리를 굽혀 식구통으로 밥을 넣는 것과 꼿꼿이 서서 쇠창살 사이로 약을 주는 것은 형태와 기능상으로는 큰 차이 없는 몸짓이지만 전자는 사동소지 후자는 교도관의 노동이다(약을 건네는 일에는 의료 행위라는 상징성이 있기 때문에 권위가 부여된다). 영치소지의 노동도 유사한데 칫솔이나 수건을 전달하는 것은 나와 준서의 일이지만 재소자가 영수증에 지장을 찍도록 하는 것은 교도관의 몫이다. 이런 식으로 소지는 간수의 서비스노동이 갖는 모호성ambiguity을 크게 감소시킨다. 소지는 교도관의 보조가 아니라 교도관의 노동을 정의하는 기반이 된다.

의무과에는 남자 간호사가 한 명 있다. 서른 즈음으로 보이는 그는 수인들 사이에서 평판이 안 좋다. 그가 모든 재소자들에게 또래친구 대하는 투로 반말을 하기 때문이다. 젊은 사람의 말본새가 나이 많은 교도관보다 못하였다. 그의 낮춤말은 수감자들보다 우위에 서야 하는 필요 때문에 고안해낸 일종의 장치처럼 보인다. 그에게는 소지가 없는 것은 물론이요, 그는 제복도 가운도 없이 청바지에 농구화

11 소지라는 예외

차림으로 진료가방을 매고 소 내를 돌아다닌다.

사동소지가 재소자 치다꺼리를 맡고 있다면 다른 관용부의 소지는 일반 재소자가 접근하기 힘든 구역에서 사무직 교도관의 지시를 받으면서 노동한다. 이들은 행정업무를 위해 동원하는 수형자이기에 소 측은 모집에 더욱 신중해야 한다. 문제는 서류에 기재된 인적사항을 아무리 들여다봐도 범죄자의 미심쩍은 됨됨이까지는 알 수 없다는 점이다. 그런데 예외적으로 한 사람의 학력, 성향, 건강 상태, 라이프스타일까지 파악할 수 있는 유일한 범죄가 있다. 바로 병역법위반. 병역법위반자는 죄명만으로 검증 가능한 최고의 인적자원이다.

　병역법위반자의 절대 다수인 여호와의증인 신도는 병역판정검사를 통과한, 장애가 없고 중등학교 이상을 졸업한 이십 대다. 증인들은 초범이며 흡연도 하지 않고 혼전순결도 지키는 등 금욕적 생활양식을 갖고 있다. 도둑질이나 거짓말도 하지 않는다. 그러나 군대를 안 다녀온 젊은이이기에 제대로 된 남성으로 간주되지 않는다. 이런 특징이 여호와의증인을 감옥에서 예외적 위치에 놓이게 한다. 사동소지와 달리 그들은 수감자가 아니라 교도관을 위한 돌봄노동을 수행한다. 교도관의 수염을 면도하고 머리를 감겨준다(소 내에 직원 전용 이발소가 있으며 과거 이발사였던 재소자들이 이발을 담당한다). 교도관의 셔츠를 다림질하고 구두를 닦던 시절도 있었다고 한다. 주말에도 출역하여 숙직실 이부자리를 정돈하고 세탁한다. 여자 교도관이 있는 사무실에서도 노동하고 여직원용 화장실을 청소한다. 비사동소지에는 병역법위반자(여호와의증인)를 최우선으로 배정한다.

그들은 엄격한 위계질서를 지닌 교도관 사회의 긴장을 해소하는데 기여한다. 모든 직원이 여호와의증인에게는 거리낌 없이 반말한다. 증인은 직원들이 교도관 역할을 느슨하게 풀어버리고 개인적 감정을 표출하는 대상이 된다. 하급 교도관은 노동조건 개선을 요구하며 상부의 권위에 도전하는 대신 사무실 안 여호와의증인에게 성질을 부린다. 성질내는 것뿐 아니라 잘해주는 행동도 같은 맥락에서 발생한다. 교도관이 예뻐하는 증인 소지에게 초콜릿이나 양갱 따위를 슬며시 쥐어주는 일이 있다. 이런 사소한 규율위반은 간수인 그가 우월한 위치임을 확인하게 하는 동시에 관료제의 부속품에서 벗어나 '인간성'을 재건할 기회를 제공한다.

내 경험을 보태자면 교도관들은 내게 여호와의증인을 대하는 것보다 훨씬 진지하게 접근해왔다. 최악의 부류는 밑도 끝도 없이 자식에게 필요한 공부 비법을 묻는 자들이었다. 그럼에도 학원비를 아끼려고 중학생 자녀를 직접 가르치던 교도관을 위해 최소공배수 문제를 풀이하거나 아프리카 대륙의 국경선에 대해 설명했던 일은 내게도 좋은 기억으로 남아 있다.

입소 때 내게 여자친구가 있는지 물었던 교도관은 가수 이적의 열렬한 팬이었다. 내 출신 대학 때문에 그는 나를 자신의 우상과의 연결고리처럼 여기면서 친절하게 대해줬다(이 연결고리는 그의 상상의 소산이지 사실과는 거리가 있다). 그는 나와 함께 이적의 신보를 들을 수 없는 현실을 진심으로 안타까워했다. 그밖에도 자신이 교도관이 된 사연을 털어놓거나, 다른 재소자와 친해질 때 유의할 점을 알려주는 직

11 소지라는 예외

원이 있었다. 시사이슈에 관한 의견을 묻거나 연장자로서 내 미래에 대해 조언하는 사람도 몇 있었다. 그러나 이 '인간적' 만남들은 그와 나의 (반)징역살이를 좀 더 견딜 만하게 해주는 것 이상이 되지는 못했다.

또 다른 문제는 여호와의증인들이 비합법적 노동에 동원된다는 사실이다. 그들이 소지로 수행하는 노동 중 일부를 열거하면 다음과 같다. 간병소지는 수인들의 진료 차트를 정리하며 향정신성을 포함한 의약품을 분류하여 약봉투를 제조한다. 그들은 자연스레 누가 어떤 질병을 앓고 있는지 알게 된다. 영치에 와서 처음으로 가석방 예정자들의 출소를 준비하던 여름의 일이다(통상적으로 매달 말 스무 명 정도의 가석방자가 한번에 출소하며 영치소지는 그들의 영치품을 내보내기 전에 확인해야 한다). 한 출소 예정자의 영치품 검사를 마치자 나를 제외한 모든 영치소지들이 일제히 착용하던 목장갑을 벗어서 쓰레기통에 버린다. 며칠 전만 해도 그들은 신입인 내게 작업장갑 수량이 충분하지 않으니 아껴야 한다고 했다. 출소 예정자는 에이즈 환자였고 그들은 '형제'인 간병소지와 수용자 질병에 관한 정보를 공유하고 있던 것이었다. 간병소지는 당뇨를 앓는 환자수에게 필요한 인슐린주사를 관리한다. 그들은 강력범의 입천장 점막세포를 떼어내어 DNA를 채취하는 장면도 자주 목격한다.

보안 담당 교도관을 위한 시설을 청소하는 보안과소지는 무기창고의 위치를 안다. 그들이 쓸고 닦는 사무실의 한쪽 벽면에는 감시카메라로 촬영 중인 소 내 곳곳이 대형 모니터를 통해 중계되고 있다.

하루에도 오가는 편지가 수백 통은 될 텐데 서신 담당 교도관은 한 명뿐이다. 그것들을 일일이 개봉하여 검열필 도장을 찍는 사람은 교무과소지다. 수형자가 봉합하지 않고 제출한 편지에 풀칠을 하는 사람도 교무과소지다. 기사 일부가 잘려진 채 들어오는 신문 또한 그들이 '가위'나 '커터'로 만든 작품이다(작은따옴표 안의 사물이 감옥에서 갖는 특별한 성격을 상기하라). 언급한 바 영치소지인 나는 김명호 선생의 서신을 봉인하고 불허라고 표시한 다음에 낭에 집어넣는 일을 했다.

여호와의증인 소지의 노동은 공장구역과 사동구역 바깥에서 은밀히 이루어지기에 여타 재소자들에게도 정확한 실태가 알려진 바 없다. 대체 불가능한 용어임에도 문서에 소지 대신 청소를 고집하는 이유는 국어순화 때문만은 아닐 것이다. 그보다 기록에는 이들의 업무가 청소로 돼 있어야 하기 때문이다. 재소자가 약물 취급, 서신 검열, 개인정보 열람을 해서는 안 된다. 하지만 고용된 직원이 하기에는 허름하고 구질다고 여겨지기에 여호와의증인에게 예외적으로 맡겨진다. 증인 집단이 아닌 재소자들에게 업무 기밀이 새어나갈 가능성도 희박하다. 이렇듯 간병, 영치, 보안과, 교무과 등의 소지들이 하는 활동은 어디까지나 공식 규정이 아니고 암묵적으로 허가된 일이다. 이 소지들의 예외적 노동은 합법이 아닌 묵인의 지대에 존재한다. 그러나 이 예외는 한국 감옥의 관례다. 슬슬 소지가 부족해지겠다 싶으면 간수들은 습관적으로 증인에게 묻는다. "너네 형제 언제 또 들어오냐?" 법질서 수호를 표방하는 교도소는 비합법적 노동을 토대 삼아서 작동한다.

울산이 고향인 여호와의증인 윤석에 의하면 울산구치소 정원

　　　　　　　　　　　　　　　　　　　11 소지라는 예외

340명 중 40명가량이 그들 형제고 구매소지도 전원 증인, 취사장 출역수도 절반이 증인이라고 한다. 준서도 길 건너 영등포구치소에는 형제들이 이곳의 네 배인 80여 명에 달한다고 말한다. 영등포구치소와 영등포교도소의 수치에 이처럼 차이가 나는 까닭은 구치소에는 형이 확정되어 교도소로 옮겨가기 전에 여호와의증인을 소지로 뽑아서 사용하는 관례가 있기 때문이다. 구치소에서 소지로 차출된 재소자는 교도소 이감 대상에서 제외된다.

여호와의증인 소지의 존재는 국가가 특정 종교 신자들의 노동력을 보이지 않는 조건 속에서 착취해왔다는 사실을 폭로한다. 그러나 여호와의증인 수감자가 창백한 희생자인 것만은 아니다. 그들은 제한된 환경 속에서 나름 능동성을 발휘해왔다. 여호와의증인 소지가 갖는 예외적 위치는 일차적으로 소 측의 노동력 활용방안에 근거하지만, 수형자 대중과 거리를 두어 안전을 확보하고 감옥 안에서도 커뮤니티를 형성하여 종교적 정체성을 지키고자 했던 증인들의 생존전략과도 닿아 있다. 소지 노동이 법무부에 공헌하는 대체복무로 인정받는 것은 아니지만, 다른 작업장과 비교해볼 때 소지 업무는 분명 그들만의 형제 관계로부터 비롯되는 안정성을 제공한다. 영등포교도소의 여호와의증인들은 몇몇 일터와 감방을 이방인의 유입으로부터 지켜내는 것을 막중한 과제로 인식하고 있다.

한국 감옥의 역사에서 여호와의증인은 정치범이나 조직폭력배만큼 중요한 집단이다. 1상 6방, 1상 14방, 1상 16방. 그곳에서 만난 준서,

윤석, 민수, 혜민 등 덕분에 나는 증인 커뮤니티에서 유통되는 온갖 감옥 이야기를 접하고 있다. 독거특창獨居特창과 같은 유신시대의 고문기구는 물론이고, 증인 소지에게 업무를 죄다 맡겨버린 탓에 그가 출소한 다음에도 전화를 해대던 한심한 교도관, 수감 도중 사모하게 된 여호와의증인을 만나기 위해 왕국회관*까지 찾아간 낭만적인 남성 동성애자, 사회적 물의를 일으켜 구속된 연예인의 별스런 영치품이 어떤 것이었는지 등.

진보 진영에서는 여호와의증인의 종교적 신념에 따른 병역거부를 인권이나 소수자에 대한 관용 차원에서 논하곤 한다. 나는 증인들이 교정시설을 운영하는 필수적 자원을 구성하고 있다는 것이야말로 문제 삼아야 할 점이라고 생각한다. 국가는 여호와의증인을 활용하는 데 적극 관여하지만 동시에 그들의 노동을 은밀한 것으로 만들고 있다. 소지라는 비공식 노동은 한국 감옥이 법에 앞서 남성성의 위계를 생산하고 특정 노동의 가치를 폄하하는 방식으로 운영된다는 사실을 드러낸다.**

×   여호와의증인 신도들이 종교 모임을 갖는 장소.
××   이 글에는 중요한 인물이 빠져 있다. 한국 감옥을 보다 '총체적으로' 이해하려면 우리는 통용문이나 감시탑을 지키는 경비교도대원의 노동도 함께 고려해야 한다. 2011년 영등포교도소의 경비교도대는 마지막 기수로 새 교도소에는 전자경비장치가 그들을 대체할 예정이다.

12

자기를 만드는
기술

수감자들은 하나의 시공간을 완벽히 공유하며 생활한다. 그럼에도 공동체라고 할 만한 결속력은 찾아보기 힘들다. 감옥에 소속감을 가지는 사람은 드물고 자신을 다른 범죄자와 동류의 인간이라고 여기기도 쉽지 않다. 재소자들은 진정한 자기는 바깥세상에 있다고 생각하면서 수의 입은 현재를 상대화한다. 이것은 공과功過가 어떻든 자신의 인생을 통째로 부정당하지 않으면서 정체성을 상실하지 않으려는 몸부림이다.

수인에게 편지쓰기가 소중한 것도 이 자기와 관련되기 때문이다. 통상 편지쓰기는 사적 글쓰기 양식에 속하지만 수감자에게 편지는 사적 성격을 갖기 앞서 사회와 연결되는 통로다. 편지 상대가 없는 재소자들도 바깥 시절의 자기를 잊지 않고 기억하려 애쓴다. 이를 통해 세상에 온전히 돌아간다는 믿음을 확보할 수 있기 때문이다.

이런 생존전략에는 한계가 있다. 일단 수형자들은 구속 상태를 수치스러워하기에 여간해서는 지인들에게 입소를 알리지 않는다. 나는 스리랑카에 간다고 둘러댔지만 요즘 영등포의 대세는 단연 중국행이다. 그나마 수감 사실을 알고 있는 몇몇마저도 접견과 편지 오는 횟수가 줄어들다가 예고 없이 연락이 끊기곤 한다.

교도소 이사 준비로 영치품 줄이기 계획을 실행하던 날의 일이다. 인쇄공장에서 교도관은 한 무기수를 불러내더니 보관 한도를 초과했다고 주의를 준다. 가족에게 영치품을 보낼 것을 권한다. 그는 부인과 이혼했고* 아버지가 돌아가신 다음부터 가족과 연락이 되지 않는다고 말한다. 교도관은 알겠다는 손짓을 하고선 서둘러 다음 재소자를 호출한다.

시간이 흐를수록 나이던 것들이 새어나간다. 이곳의 시간은 빠진 자리를 채우지 못한다. 좌충우돌하던 신입 이후의 시간 체험은 누적되지 않으며 쳇바퀴 같은 반복에 지나지 않는다. 이러다 껍데기만 남지 않을까. 마침내 옥살이가 생의 휴지기가 아니라 한복판임을 깨우치며 분기점에 도달한다(장기수일수록 분기점에 당도할 가능성이 큰 것은 틀림없지만 형기의 길고 짧음이 반드시 그것을 결정짓지는 않는다). 우리는 버티거나 적응하는 모드를 넘어서 제각기 유사사회나 대체물을 창안하기 시작한다. 만남과 교류를 추구하면서 자율성과 고유성을 회복하고 이 과정을 통해 새롭게 자기를 만들어 나간다. 이 만남과 교류는 타인이 실질적으로 부재하는 가운데 이뤄지기도 한다. 이제부터

---

* 　　수감은 이혼 재판시 귀책 사유로 간주된다.

나를 이루는 것은 담장 안의 관계와 활동이다.

지금부터 소개할 내용은 분석 수준에서 구분할 수 있는 네 유형의 수감자 생존전략이다. 이런 분류는 엄격한 범주라기보다 일반적 경향에 따른 방식이다. 네 유형이 상호배타적이지는 않아서 실제 수감자는 여러 가지를 함께 구사하기 마련이다. 그 조합과 비중은 각자가 처한 환경과 조건 그리고 개인의 기질과 수완에 따라 좌우된다. 이 글은 개별적 대처방안을 살피는 데 주안점이 있으므로 교도소에서 제공하는 사회복귀나 직업훈련 프로그램은 다루지 않는다.

첫 번째, 사회형. 자원이 많은 재소자의 측근은 전형적인 사회형이다. 보안과소지 재원과 달리기 대신 종종걸음을 치던 운동시간의 일이다. 제본공장에서 나와 운동장 둘레를 따라 이동하는 무리 중에서 강무를 보았다. 강무는 취사장에서 온수공급을 담당했는데 폭행사건을 일으켜 쫓겨났었다. 재원이 팔꿈치로 내 옆구리를 찌르면서 말한다. "봤어? 저기 머리 하얀 사람? 금괴밀수하던 사람인데, 공장 사람들한테 맨날 맨날 쏜대."

참고로 재원은 여호와의증인도 병역법위반자도 아니지만 유학파에다 부잣집 자제라서 보안과로 출역할 수 있었다. 다시 보니 강무는 손에 뭔가를 들고 있고 그 앞에는 백발 남성이 뒷짐을 지고 걷고 있다. 어디서 들었는지 재원은 '회장님'이 살았던 주상복합 아파트와 고급 세단의 이름까지 술술 읊는다. 재원발 정보에 따르면 제본공장에는 그의 시중을 드는 사람이 강무 말고도 한 사람 더 있다고 한다. 지금은 서예교실에 가는 길인데 회장님이 손 하나 까딱하지 않도록 강무가 문방사우를 알아서 챙기는 모습이라 한다.

강무 같은 이들을 가리켜 '자발적 수발이'라는 이름을 붙일 수 있다. 취사장 대형이 자기의지와 무관하게 수발이가 된 것과 달리 이들은 기존의 사회구조(돈과 권력)에 스스로 순응한다. 제본 같은 작업장에는 회장님이 드물게 출현하기에 그의 옆자리를 차지하는 일은 징역살이를 피게 할 수 있는 찬스가 된다. 그에게 충성한다면 형기종료 후 미래까지 도모할 수 있을지 모른다. 이런 관계는 한 재소자의 일방적 헌신으로는 불가능하며 자원이 많은 재소자가 일부러 이런 상황을 유도하면서 이용하는 경우도 있다. 사회형은 감옥 또한 여느 사회생활처럼 인맥을 쌓는 공간으로 여긴다.

두 번째, 관념형. 금지된 사회활동을 독서 같은 학습, 즉 관념세계로 전환시킨 것이 여기에 해당한다. 이것은 독방에 수감된 지식인 출신 정치범들이 전통적으로 채택해온 방식이다. 그들은 책 속에 있는 여러 시대의 위인과 대화하고 가르침을 구하면서 옥방을 초월한다. 엘리트인 정치범들은 추상화된 활자를 활용하여 경험의 폭을 넓히는 데 익숙하다.

다른 수형자들은 상대적으로 글자에 취약하고 고독을 허가받지 못한다. 그럼에도 판타지나 무협지류는 감옥에서 많이 읽힌다. 성경을 필사하는 노인도 적지만 꾸준하다. 굳이 전통을 따지면 독서는 소수 정치범에 국한된 주제로, 감옥은 문자보다 구술 문화의 비중이 큰 공간이다. 감옥에 '학교'라는 별명이 붙은 데도 수인들이 시간을 보내려고 왁자지껄 수다 떠는 와중에는 실력을 자랑하고 비결을 공유하는 일이 빠지지 않기 때문이었다.

그 수단이 문자든 수다든 최근 이런 배움의 풍경은 사라지는 추세다. 감방에 텔레비전이 설치되면서 노동하지 않는 재소자들은 일과 상당 부분을 텔레비전 시청자로 보낸다. 실시간 지상파 프로그램을 볼 수 있는 것은 아니다. 법무부 산하 교정본부에서 선별·검열한 방송이 시차를 두고 두 개 채널로 방영된다. 뉴스는 오전 것을 오후에, 드라마는 2주 전 분량을 틀어준다. 수감자들은 주말의 영화를 기대하면서 토요일 저녁마다 텔레비전 앞으로 모인다.

책읽기를 관념세계로의 몰입으로 한정지어서는 안 된다. 먹거리, 볼거리, 즐길거리가 부족한 감옥에서 내게 문자는 감각의 보고로 재발견됐다. 나는 사회과학 전공서적은 거의 읽지 않고 있다. 영치창고 업무를 다 익힐 무렵 내가 자축하기 위해 구매신청한 책은 『한국대표동시 100편』(교부일자 2010년 7월 19일)이었다. 나는 눈알로 동시 속 의성어와 의태어를 핥아대었다. 해가 바뀌자 접견온 대학원 동기가 문체가 바뀌었다고 지적했다. 사회과학이 아니라 문학하는 사람 같다고 했다. 어느 날 문득 시가 읽고 싶어서 난생 처음 자의로 시집을 보았다는 재소자도 여럿 있었다.

세 번째, 감각형. 이것은 감각적 만족을 추구하는 유형이다. 불안정한 인간관계와 달리 몸은 수인에게 온전히 주어져 있는 것처럼 보인다. 몸은 타인과의 관계에서 잃어버린 주도성을 발휘하기에 용이한 대상이다. 이것은 구금환경에 대처하는 일종의 보상이자 적응행동이 기도 하다. 첫 번째와 두 번째 방식에 비해 소극적이고 변변찮은 것처럼 보이지만 감각형은 누구나 시도할 수 있고 효과도 즉각적이라는 장점이 있다. 가장 널리 퍼져 있기도 하다. 첨단시청각 매체를 접하기 힘든 감옥에는 요리나 공작처럼 근접감각을 풍요롭게 만드는 문화가 발달해 있다.

대표적 예시로 수형자들이 가스레인지, 주방도구, 기본 재료가 없는 환경에서 고안해낸 조리법은 감탄과 경악을 동시에 자아낸다. 지면관계상 한 가지만 소개한다.

> 준비물: 마른 오징어, 사이다, 고추장, 비타민C. (모두 구매품에 있는 물건이다.)
> ① 넉넉히 부어 놓은 사이다에 마른 오징어를 잘게 찢어서 담근다.
> ② 알약형 비타민C를 곱게 빻아 고추장과 섞는다.
> ③ 오징어가 통통하게 불어나면 건져서 헹군 다음에 고추장에 찍어먹는다.
> ※ 주의사항: 오징어가 불기까지 인내심을 가지고 오랜 시간을 기다려야 한다.

이 방법을 사용하면 물오징어를 데쳐 초고추장에 찍어 먹는 것과 흡사한 미각을 재현할 수 있다. 이 정도는 기초 요리법에 지나지 않는다. 설탕 대신 건빵 안 별사탕을 갈아서 사용하고, 식감을 돋우기 위해 통아몬드 캔디(구매품)에서 아몬드만 떼어서 모아 놓는다. 내게는 수인들의 경험을 수집해서 감옥 음식을 테마로 한 요리책을 출간하는 구상이 있다.

수감자는 원하는 상품을 시장에서 구매할 수 없기에 무언가가 필요하면 손수 만들어야 한다. 점점 그는 한정된 재료의 잉여분을 활용하거나 물건을 변통하는 방법을 익히게 된다bricolage. 실을 새끼 꼬듯 꼬아서 끈을 만든다. 항소이유서를 도배지 삼아 벽에 바른다. 뭔가를 두드리기 위해 손목시계 뒷면을 사용하다가 건전지*를 칫솔 머리에 고무줄로 고정시켜서 망치로 제조한다. 페트병으로 아령을, 고무장갑으로 완력기를 만들어낸다.

주어진 조건 속에 있는 요소들을 조합하여 발명품을 만드는 데는 상상력과 창의성이 요구된다. 사물은 다양한 가능성을 갖고 있으며 여러 맥락에 놓일 수 있다. 이를 현실로 구현하려면 일상에서 의존하는 사물에 대한 지식을 갖추고 그 원리를 깨우쳐야 한다. 바늘로 건전지 안 황산을 추출해서 작은 점을 제거하는 시술을 한다. 건전지와 은박지를 사용해서 불을 피운다. 은박지는 비타민 포장재나 멸균우유팩 안쪽에서 벗겨내면 된다. 꼼지락꼼지락, 쓱싹쓱싹, 토독토독. 수작업 과정의 운동과 촉각의 되먹임feedback은 신경말단을 자극할 뿐 아니라 근육과 감정, 지성에도 영향을 미친다. 감각형도 궁극에는 관념과 감각의 이분법을 허문다.

---

*   칼날 면도기 대신 건전지형 면도기를 사용하기에 구매품에 건전지가 있다. 면도기 제조사는 KPIKorean Prison Industries.

교도소에는 검방檢房이라는 용어가 있다. 불시에 간수들이 일터나 감방에 나타나서 설비와 소지품 꾸러미를 포함해 창틀, 바닥, 구석구석을 빈틈없이 살펴보는 일이다. 소 측의 입장에서 검방이 필요한 까닭은 재소자에게 허용된 사물은 몇 되지 않지만 그 쓰임을 예측하기가 쉽지 않기 때문이다. 감옥에는 죄수들은 한 달만 검방을 안하면 헬리콥터를 만들어 탈옥한다는 속설이 있다.

마지막 네 번째는 위반형으로 속칭 '범치기'다. 범치기의 어원은 범칙犯則, 즉 '규칙을 어기다'로 감옥에서는 범법자들의 위반을 가리키기 위해 범칙이라는 용어를 사용한다. 범치기는 주로 같은 감방이나 작업장이 아닌 재소자들끼리 몰래 물건을 주고받는 암거래의 형태를 띤다. 앞서 상술한 세 유형은 기본적으로 허용범위 내에서 실행되는 전략이지만 사회형, 관념형, 감각형에도 위반이 있을 수 있다. 회장님 물건을 내 명의로 들여오고, 다른 작업장 사람과 책을 교환하고, 요리나 공작도 깔*을 제작하고 술을 담그고 불을 붙이는 데까지 나아간다. 그러나 위반형을 정의하는 핵심은 과도한 수단이 아니라 위반 자체에 목적을 두는 것에 있다.

내 첫 번째 범치기도 애초에는 겨울을 나기 위한 것이었다. 영치 창고에 나 외의 재소자는 모두 여호와의증인이었다. 전임자들도 여호와의증인이었다. 자연스레 이 작업장에는 증인끼리 징역살이에 유

---

*　건전지 껍질을 벗겨내고 두드려서 만든 칼.

용한 물품을 물려주고 내려받는 문화가 있었다. 침낭 같은 고가 구매품은 물론이고 감각형의 산물인 수공예 필통, 책받침, 정리함과 이제는 반입되지 않는 유명상표의 장갑, 운동복, 손목보호대까지. 이 점에서만큼은 영치창고가 취사장에 비해 좋지 않았다. 팔은 안으로 굽는 법이고 물건도 넉넉하지 않아서 그들이 그랬다는 점이 머리로는 이해가 간다. 허나 나도 나눠 달라고 호기롭게 말하지도 못하고 내심속은 끓는 상태에서 기온은 내려가고 있었다. 실내 생활을 상정하고 있기에 수형자에게는 점퍼나 파카, 코트가 없다. 수의는 실내복이라기엔 두껍고 외출복이라기엔 얄따란 어중간한 두께의 옷이다.

비밀을 지키고 대가로 무리한 요구를 하지 않을 사람을 구해야한다. 후보자는 빠르게 좁혀졌다. 제본공장 회장님에 대한 정보를 뽑내던 보안과소지 재원이 적합했다. 그는 영배와 영등포구치소에서 한방을 쓴 인연이 있기도 했다. 재원, 영배, 나는 일터의 여호와의증인들 사이에서 이방인으로 지내며 느끼는 위화감을 나누면서 친해졌다. 그의 작업장은 교도소에서 나온 쓰레기 분리수거를 맡고 있어서압수나 폐기된 물품을 빼돌릴 수 있다는 장점이 있다.

2010년 11월 18일, 폐방* 때 재원을 포함한 보안과 출역수들이영치팀 앞에 섰다. 이제 네 개의 관문을 통과해야 한다. 첫째 관문, 담당(9급 교도관)들이 '의류대'라고 불리는 수용자들이 휴대하는 투명비닐재질 가방을 검사한다. 통과. 둘째 관문, 재소자들이 신발을 벗고

---

* 　작업장 출입구를 폐쇄하고 감방의 잠금장치를 잠그는 것을 말한다. 출역수들은 사동으로 돌아가기 전에 한데 모여 몸 수색을 받아야 한다.

나무판에 올라가 양팔과 다리를 벌리고 서면 경비교도대원들이 그 몸을 샅샅이 훑는다. 패스. 셋째 관문, 연차가 높은 9급 교도관들이 둘째 관문과 똑같은 일을 대충 반복한다. 무사통과. 재소자들의 우측 십여 미터 떨어진 거리에서는 또 다른 교도관들이 전 과정을 캠코더로 촬영하고 있다. 마지막 관문이 남았다. 검신대(금속탐지기)를 지나야 한다. 검신대 옆에는 노란색 선반이 설치되어 있는데, 수용자는 검신대의 불필요한 울림을 막기 위해 그 위에 의류대와 소지품을 올려놓아야 한다.

지금까지의 관문이 동시에 네 사람씩 진행되는 데 반해 검신대는 한 대뿐이라서 이 주변에는 약간의 정체현상이 발생한다. 검신대 위에는 "유의사항: 앞 사람과 간격을 2미터 이상 벌리고 통과하여 주십시오"라고 적혀 있지만, 우리들은 그런 유의사항이 안중에 없다. 한시라도 빨리 사방에 들어가서 텔레비전을 보려고 서두르고 재촉하는 사람들 때문에 혼잡한 광경이 연출된다. 얼른 폐방을 마치고 퇴근하고 싶은 교도관들도 지나치지 않으면 제지하지 않는다. 이 틈을 놓치지 않고 나는 재원의 뒤에 바짝 붙어서 따라간다. 재원은 자기 의류대를 테이블 위에 놓고 직진한다. 이어 검신대를 통과한 나는 그가 두고간 의류대를 내 것인 양 집어 들고 감방으로 가는 무리에 합류한다. 아디다스 스웨트셔츠와 콜롬비아 폴라폴리스를 획득했다!

범치기에는 스릴감과 긴장감이 있었다. 활기를 불어넣는 신경전달물질이 몸 안에 분비되는 것이 생생하게 느껴졌다. 범치기는 감옥 체계를 기만하는 모험을 하고 있다는 착각을 일으켰다. 다른 재소자와 달리 대단한 자유를 누린다는 오만한 마음이 들게 했다. 역설적으로 위반이야말로 감금된 죄수와는 다른 정체성을 만들어주어 자기의식을 명료하게 유지하도록 도와주었다. 이 점에 범치기의 중독성이 있었다. 그리고 두 번째, 세 번째, 네 번째 범치기……. 어느덧 나는 징역꾼의 면모를 갖추었다.

※ 문제: 옥중수고 중 하나를 선택하여 위의 도식에 대한 이해가 드러나도록 저자의 수감생활을 설명하고 그것이 단순한 생존전략을 넘어서 자기창조가 될 수 있는 이유를 논술하시오. (띄어쓰기 포함 800자 내외.)

× × × ×

13

몸에 관하여

재소자의 반성을 유도하기 때문에 감금에 교화효과가 있다고 주장하는 사람들이 있다. 물론 공간적 폐쇄와 자극의 결핍은 우리를 자기 안으로 향하게 하고 가라앉게 만든다. 그러나 몸이 갇혀 있다고 참회하는 정신만 남지는 않는다. 외적 자극이 줄어든다고 몸도 좁아드는 것이 아니고 오히려 의식세계 속에서 몸은 더 부풀어 오른다. 몸이 내 의지를 실현하는 도구였던 시절, 우리는 그 존재를 굳이 의식하지 않았다. 수감과 더불어 내 몸과 맺었던, 필연적인 것으로 여겨졌던 내밀하고도 친숙한 결속이 뒤틀리고 있다. 이제 몸은 소유자를 압도하고 사로잡아 자신이 소유물 이상임을 주장하고 자신을 눈여겨보도록 요구한다. 재소자는 몸을 의식하고 몸에 메여 있다는 자각만으로 벌써 불편해진다.

이 불편함은 특정 부위의 이상으로 단정 짓기에는 편재해 있고 전면적이며 집요하고 지속적이다는 특징이 있다. 입소의 충격이 진정

13 몸에 관하여

된 다음에야 감지되기에 변화가 시작되는 과정을 기술하기 힘들다. 2차 성징을 경험하는 사춘기 청소년처럼 재소자들은 몸에 대한 새로운 이미지와 그에 동반하는 불안감을 지니고 있다. 시간이 흐르면서 변화는 누적되고 때론 통증으로 감지되기에 재소자는 몸에 대해 더 큰 불안감을 갖게 된다. 통증이 불안을 낳고 불안이 통증을 부추기는 악순환이 발생한다. 상당수의 재소자들은 어느 순간부터 자신이 병에 걸린 것은 아닌지 의심한다.

수감자는 교도관에게 도움을 청한다. 그는 자신의 상태를 설명하려 애쓰지만 진부하고 상투적인 표현에서 벗어나지 못한다. 무뚝뚝한 교도관은 꾀병이라 하고 상냥한 교도관은 마음을 가라앉히라 한다. 운 좋게 의무과에 가더라도 병명을 진단받기 힘들다. 그러나 이 느낌은 주관적 심리상태에서 비롯되는 것이 아니다. 결코 사라지지 않는, 엄연한 몸의 경험이 있다. 내가 보기에 이 경험을 인정하는 것은 수감자의 몸 그리고 고통을 이해하기 위한 전제 조건이다. 정확히 파악되지 않고 어떻게 대응해야 하는지 알 수 없는 몸의 위화감을 설명하기 위해, 수인들은 '옥독'이란 단어를 사용해왔다. 재소자는 몸의 세세한 부분에 관심을 기울일 뿐 아니라 자신의 몸에 적합한 감각을 되찾기 위해 많은 에너지를 투입한다. 구금시설에서 벗어날 수 없다는 한계 때문에 이런 기획은 몇 번의 시도로 완료될 수 없으며 징역살이 내내 계속되어야 한다. 낯선 몸과 관계 맺기는 재소자의 삶에 깊숙이 뿌리를 내려 수감생활의 일부로 자리 잡는다.

영치담당 교도관을 상부에서 호출했는데 소지들을 계호할 사람이 마땅치 않은 경우가 있다. 이럴 때 영치소지들은 보안과 직원 침실에서 대기한다. 규정에는 어긋나지만 교도관 인력이 넉넉지 않기에 가끔 이런 일이 발생했다. 야근이 잦은 교도관의 노동조건 때문에 직원 침실에는 여러 개의 방이 있다. 입구로 들어가면 정면에 폭이 1미터가 되지 않고 길이는 10미터 정도 되는 좁은 복도가 있다. 복도 좌우에는 폭이 50센티미터가 될 법한 마루가 올려져 있다. 양 마루 안쪽에는 직원이 쉬고 잘 수 있는 간소한 방들이 복도를 사이에 두고 서로 마주 보고 있다. 교도관은 우리를 마루 위에 걸터앉도록 지시하고 문을 닫고 나간다.

그의 발소리가 멀어지면서 들리지 않자 준서는 일어나 걷기 시작한다. 준서는 복도 끝까지 한 방향으로 걷다가 고개를 돌리더니 반대 방향으로 걷는다. 그는 교도관이 다시 올 때까지의 십여 분 동안 침실 복도를 수십 번 왕복했다. 또 다른 영치소지 윤석은 신발을 벗고 마루에 올라가더니 직원 침실로 들어간다. 현장감식을 나온 과학수사관 같은 얼굴로 커튼, 창문, 옷걸이, 휴지통, 텔레비전, 이부자리를 들여다보고 두드려보고 냄새를 맡는다. 다음 방, 그다음 방도 마찬가지다. 어제 오늘 내일 다를 것 없이 똑같은 사물이 똑같이 배열된 똑같은 구조의 방들을 그는 돌아다니며 탐색한다.

두 사람이 별 의도 없이 하는 행동들은 내적인 힘에서 비롯된 것이 아니다. 몸에 사로잡혀 있다는 느낌에서 벗어나기 위한 것이다. 이 행동들은 개인의 성향을 무심중에 드러낸다. 준서는 반복행동파고 윤석은 과다행동파다. 준서는 자신이 몸을 통제하고 있다고 믿기 위해 같은 동작을 거듭한다. 윤석은 기분을 전환하기 위해 주의를 끌 만한 것을 찾아 나선다. 특히 윤석은 외향적 기질이 강한 사람으로, 그는 활기를 얻으려면 외부와의 접촉, 교류, 상대할 것을 계속 제공받 아야 한다. 그는 재소자든 교도관이든 망설임 없이 다가가 자신이 속 한 대학과 전공, 아버지의 직업과 그밖에 자신이 가진 것을 소개하는 사람이다.

준서가 복도 위에서 뚜벅거리고 윤석이 침실 안팎을 들락거리자, 나는 복도 끝 조명이 덜 드는 곳에 자리를 잡고 앉았다. 나는 고개를 늘어뜨리고 어깨는 웅크린 채 눈을 감는다. 교도관의 발소리가 들릴 때까지 조각상 같이 꼼짝 않는다. 나는 그들처럼 행동하는 유형이 아 니다. 그렇다고 나처럼 가만히 있는 태도가 괜찮다는 신호는 아니다.

일부만 가지고 논하면 내게 옥살이는 수도원에서의 피정避靜 같 은 만족감을 줄 때도 있었다. 겨울 아침에는 얼마 되지 않는 온수를 섞어 만든 미지근한 물로 세안하고, 같은 물로 머리를 감은 다음에 발을 씻었지만 나쁘지 않았다. 찬물로 헹궈내기까지 마치면 무소유 를 실천하는 수행자가 된 기분이었다. 내게 문제인 것은 부족한 자극 이 아니라 혼자만의 공간이 없다는 사실이었다. 여기에는 기질상의 차이가 크게 작용한다. 예민한 내 몸은 준서와 윤석이 무시하거나 흘 려보내는 낮은 수준의 자극에도 반응한다. 외부와 연결된 스위치를 차단해야만 휴식을 취할 수 있는 내 신경은 과도하게 각성되어 있다. 내게는 사생활이라는 보호장구가 없다. 내 몸은 필요한 신호와 불필 요한 신호를 걸러내지 못하고 전달한다. 몸이 모든 것을 내려놓고 숨을 고르라고 말하고 있다.

내게는 준서와 윤석의 행동이 감지된다. 작정해서 되는 것이 아니다. 나는 알고 싶지 않을 때가 더 많다. 방에서도 준서는 머리를 좌우로 흔든다. 잠시도 가만있지 못하고 다리를 떨거나 발로 바닥을 두드린다. 윤석은 밥이고 과자고 라면스프를 뿌려 먹는다. 냄새가 지독한 방귀를 뀐다. 물통을 걷어가는 소지가 "환기 좀 시켜요"라고 말하는데 그는 벽에 삐뚜름하게 기대 누운 채 웃기만 한다. 윤석은 내가 보지 않는 텔레비전을 보면서 대소한다. 혼잣말로 떠들고 스포츠경기를 볼 때는 중계까지 한다. 소리도 소리지만 감탄사 때문에 사람을 놀래킨다.

방 안에서 내 예민함은 심화된다. 주의를 기울이지 않아도 나는 사람들이 언제 씻는지, 작업복을 방에서 입는지, 양치질을 했는지 등을 알게 된다. 똥 누는 소리로 위장 상태도 파악된다. 내 체질에 관한 이야기만은 아니다. 영등포구치소에 있던 영배에 따르면 신경과민은 구치소에서 보편적 현상이다(나는 '신경과민'이나 '신경쇠약'이라는 용어를 의료적 병인을 밝히기 힘드나 당사자가 몸의 고통으로 경험하는 다양한 현상을 설명하기 위해 사용한다). 구치소에서 재판을 대기하는 사람들은 항상 각성 상태에 있다. 그들은 사소한 일에도 화를 낸다. 같은 방 재소자가 판결받으려 가는 날에는 특히 조심해야 한다. 문턱을 발로 밟아도 국에 밥을 말아도 안 된다. 잘 다녀오라고 인사해도 안 된다. 다시는 오지 말라고, 청소할 때도 안에서부터 출입구 방향으로 바닥을 쓸고 닦아야 한다.

구치소 생활이 신경과민을 조장한다면 교도소 생활은 신경쇠약

13 몸에 관하여

으로 안내한다(나는 타고난 신경과민에다 신경쇠약이 추가된 경우다). 신경쇠약이 발생하는 것은 장기간 구금 때문이다. 그중 재소자들이 공통적으로 지목하는 요인에는 형광등빛이 있다. 재소자를 감시하기 위해 감방에는 스위치 없는 형광등이 밤새도록 켜 있다. 이불을 뒤집어써 몸을 완전히 가릴 수도 없기에 재소자들은 안대를 하고 잠을 청한다(탈옥할 가능성이 있기 때문에 수형자는 머리를 내놓고 자야 한다). 구매품을 인체공학적으로 개조한 안대는 거래가치가 높은 물건이다. 구매품에는 안대 외에도 마스크와 폼타입 귀마개(이어플러그)가 있으며, 노인이나 장기수 들은 안대를 차고 마스크를 쓰고 귀마개까지 낀 상태에서 자기도 한다. 빛공해에 준하는 상태를 오래 겪다 보니 수형자는 신경 자체가 약해져서 일상적 자극도 통증으로 받아들인다.

'꼽살린다' 또는 '꼽태운다'는 은어가 있다. '꼽'은 곱징역의 줄임말로 국가가 부과하는 징역에다 같은 재소자가 매기는 징역이 더해져 괴로움이 곱절로 되는 것을 뜻한다. 꼽살리기의 흔한 수법은 신입의 자잘한 몸가짐을 일일이 타인에게 피해를 주는 행동으로 지적하여 방 안에서 꼼짝 할 수 없게 만드는 방식이다. 여기에 약자를 괴롭히기 위한 것뿐 아니라 새로운 사람의 행동으로 생길 수 있는 감각침범을 미연에 방지하려는 목적도 있다는 것을 나는 뒤늦게 깨달았다. 그래도 다리도 펼 수 없던 1상 8방과 벽에 몸을 기댈 수도 없던 1상 9방에서의 생활은 너무했다. 징역을 오래 산 사람들은 자신이 원하지 않는 감방 안의 빛, 소리, 냄새, 먼지, 진동, 그밖에 모든 것을 거슬려 하고 짜증을 내며 갑자기 폭발한다.

윤석 같은 유형은 같은 감각을 과도하게 추구하거나 대상을 계속 바꾸어야 한다. 그의 행동이 이해가 갈 것 같으면서도 때로는 도무지 이해되지 않았다. 어느 날 작업을 마치고 감방으로 들어온 윤석은 의류대에서 분무기를 꺼내더니 뭔가를 뿌려댄다. 예상하지 못한 돌발상황이다. 방 안을 떠다니는 지독한 기체의 정체는 전혀 희석하지 않은 섬유유연제다. 분무기와 섬유유연제는 어떻게 구했는지. 감방에서 섬유유연제 냄새가 맡고 싶어서 그는 범치기까지 감수한 것이었다. 다행히 준서에게도 이 냄새는 불쾌한 것이어서 그를 그만두게 할 수 있었다. 그는 머지않아 또 다른 예기치 않은 일을 벌일 터이다. 나 또한 내가 아무 말 하지 않더라도 내 예민함이 주변 사람을 불편하게 만든다는 것을 안다. 간혹 상대방에게 꿰뚫어보고 있다는 느낌을 준다는 것도. 나 같은 유형은 피곤할 때 성격상 단점들이 도드라진다는 특징이 있다.

문제는 공과 사를 어떻게 정의할 것인가로 귀결된다. 협력해서 할 일과 알아서 할 일은 무엇인가. 모르는 척 넘길 일과 해선 안 될 일은 무엇인가. 준서와 내가 운 좋게 무주공산인 1상 16방으로 전방 오던 날, 우리는 너나 할 것 없이 이제 좀 편히 지내보자고 다짐한 바 있다. 그런데 처음에는 좋은 의도로 시작한 일이 시간이 흐를수록 힘에 부치어 모두가 감당하기 어려운 일이 되고 말았다. 간섭하지 않는 자유가 서로에게 얼마나 영향을 미칠지 누구도 내다보지 못했다.

내게 다른 재소자에 대한 존중이란 그가 하는 일을 참견하거나 방해하지 않는 것을 의미했다. 유연성도 갖춰야겠지만 분명한 경계가 좋은 관계를 만든다는 것이 평소 내 주의였다. 누구도 형 노릇 같은 것은 하지 않고 모두가 자율적이고 독립적인 개인으로 존재하길 바랐다(나는 나보다 어린 준서와 윤석을 수개월 동안 "-씨"라고 불렀는데, 그들이 지닌 문화적 배경과 한국어의 특성이 빚는 한계 때문에 결국 이 호칭을 단념했다). 나는 일터에서 감방으로 돌아오면 씻고 옷부터 갈아입는 생활을 고수했으며, 늘 같은 자리에서 몇 가지 정해진 행동만 했다. 이런 규칙적 생활이 갖는 메시지가 방 안 다른 사람들에게 전해지길 바랐지만 그런 일은 일어나지 않았다. 1상 16방에는 옷을 갈아입는 것도, 씻는 시간도, 아니 씻을지 말지도 각각이어서 생활의 안정성이 확립되지 않았다.

여호와의증인 준서와 윤석에게 존중은 재미난 이야기를 나누거나 맛있는 음식을 해먹으며 정답게 지내는 것을 의미했다. 그들은 나를 범죄자가 아니라고 보았으며 다른 재소자에게 기대하지 않을 법한 모습을 내게 은연중에 기대하고는 실망했다. 그들뿐 아니라 적잖은 사람들이 내게 속이야기를 털어놓거나 인정을 받으면서 결핍을 충족시키고자 했다. 그러나 나 또한 수형자고 그들의 어려움을 똑같이 겪고 있는지라 내 몸 추스르는 것만으로 버거울 때가 많았다. 준서와 윤석은 좋은 사람이었지만 그들에게 내가 이방인인 것처럼 내게도 그들은 어쩔 수 없이 한방을 쓰게 된 타인이었다. 그리고 내 치명적 단점은 유머감각이 심각하게 부족하다는 것이었다.

초범인 우리에게 감방생활의 공적인 것과 사적인 것을 규정할 만한 경험과 노하우는 없었다. 설명을 하려 해도 마땅한 언어가 없고 주장이 앞서다 보니 언성은 높아졌으며 논리를 마련하더라도 결론을

낼 수 없다는 사실이 분명해졌다. 토론을 통해 합의를 도출하기에는 애초부터 한계가 명백한 사안이었으며, 문제의 뿌리를 찾자면 이런 환경과 욕구 자체였다. 방 안 누구도 엄청난 이익을 얻거나 대단한 즐거움을 누리지 않았다.

청소나 설거지는 순서를 정하면 되니까 상대적으로 쉽다. 자면서 코를 골거나 잠꼬대를 하거나 이를 가는 행동은 괜찮은가. 한밤중에 화장실에 가는 것은 어떠한가. 요행히 타인의 손이나 발을 비껴갔다 해도 이불을 밟는 기척 때문에 잠을 깨워버리기 일쑤다. 볼일을 본 다음에는 물을 내려서 소리를 낼 것인가, 흔적을 남겨서 냄새를 풍길 것인가. 밤에 화장실 휴지를 뜯는 소리는 제야의 종소리처럼 퍼졌다. 텔레비전은 언제 틀 것이며 볼륨은 얼마가 적당한가. 환기는 어느 정도로 해서 추위와 먼지 중 무엇을 더 감수할 것인가. 한 사람이 빨랫줄에 걸 수 있는 옷걸이는 수건용까지 포함해서 몇 개가 적당한가(방 안 2미터가 넘는 높이에는 금속로프가 가로질러 있으며 양끝은 벽에 단단히 고정돼 있다). 무소유라는 이상도 공간과 생활 디자인이 뒷받침돼야 가능하다.

나는 몽정을 한다는 사실을 누구도 알게 하고 싶지 않았다. 그것만은 프라이버시로 남겨두고 싶었다. 배릿한 냄새와 정액 묻은 팬티를 어떻게 처리해야 하는지. 영치창고 후미진 자리에서 성급하게 해치우는 비위생적 수음은 성적 충동을 해소하거나 우울한 기분을 누그리는 행위가 아니었다. 거추장스런 몽정을 예방하기 위한 조치였다. 정액 배출은 욕망이나 쾌락과 관련된 활동이 아니라 체액을 관리하는 충위에 놓여 있었다(이렇게 말했지만, 진정 나를 수치스럽게 만드는

13 몸에 관하여

요인은 그럼에도 거기에는 한 점의 쾌락이 부정할 수 없이 존재한다는 사실이다). 나는 정액 누설에 대비하기 위해서 수형복 바지 안에 반바지를 겹쳐 입고 잔다.

감방생활에는 단순해서 쉬운 면과 애매해서 어려운 면이 공존한다. 사타구니 아래로 손을 넣어서 불알 밑을 긁적이는 행동은? 손가락으로 귓구멍을 파다 나온 귀지를 후후 부는 행동은? 런닝셔츠를 젖꼭지가 보이도록 걷어 올리고 숨을 헉헉대는 행동은? 유두는 안 되고 배꼽은 괜찮은가? 게다가 소소한 반복행동을 하는 사람들은 대체로 무의식적이면서도 의식적으로, 즉 무심하면서도 열정적으로 그런다. 이제는 이게 원래의 버릇인지 환경에서 비롯된 이상행동인지 나를 괴롭히려는 도발인지 알 수가 없다. 좁은 감방 안에는 그런 종류의 일이 최소 백 가지 넘게 있다.

모든 것을 일거에 정리하는 권력자의 존함이 '빵잽이'다. 빵잽이는 시공간을 규율하고 노동을 분배하고 재산(소유물)을 조절하고 위생수준을 결정하면서 방에 질서를 창출한다. 하지 마라, 개념이 없네 등의 몇 마디로 자신의 감각에 어긋나지 않는 질서를 방에 구현한다. 같은 감옥이라도 방마다 분위기가 천차이고 방이 바뀔 때마다 적응이 필요한 것은 이런 이유 때문이다. 빵잽이마다 민감한 영역과 선호하는 활동이 다 다르다.

1상 16방에는 모두를 장악해서 빵잽이 노릇을 할 만한 재소자도 없었다. 소 측은 '봉사원'이란 이름으로 가장 나이가 많거나 징역을 오래 산 재소자를 형식상 방장으로 지정하는데, 16방 봉사원은 나다

(봉사원과 빵잽이가 반드시 일치하진 않는다. 봉사원이 '바지 방장'에 불과한 감방도 있다). 다른 방 같으면 욕설을 하든 멱살을 잡든 어떻게든 불만을 표출하고 그러다 사고가 나서 모두 흩어졌을지도 모른다. 그런 식으로 담장 밖에서 보면 보잘것없는 일 때문에 재소자들은 싸우고 징벌을 받아서 가석방 자격을 상실하곤 한다. 감방 귀퉁이에는 호프집 테이블 위의 호출벨 같은 비상용 초인종이 붙어 있다.

1상 16방의 우리들은 서로를 향한 미움은 커지는데도 그 감정을 표출하지 못했다. 우리에게는 모든 일이 잘 흘러가는 것처럼 가장하고 나쁜 것은 표현하지 않는 경향이 있었다. 나는 다툼을 피하는 편이기도 하고 증인은 그들대로 종교인다운 태도를 지향하기에 여타 재소자들에 비해 차이에서 일어나는 갈등과 그로부터 비롯되는 부정적 감정을 억압할 줄만 알지 드러낼 줄 몰랐다. 가석방을 꼭 받아야 한다는 의식도 크게 작동했다. 그러다 보니 미묘하고 암시적인 형태로 의사표현을 하게 됐다. 겨우내 16방에는 필요한 말만 하는 분위기가 감돌았다. 윤석까지 합류해서 셋이 하던 여호와의증인 성경연구는 언제부턴가 중단되었다.

수인들은 "다들 예민하다"는 말을 많이 한다. 동일한 의미지만 자신을 돌아볼 때는 "마음이 좁아진다"고 한다. 특정 인물을 갈등의 근원으로 간주하면서 주목하는 상태를 징역 전문용어로 "안테나를 세운다"고 한다. 이 말은 상대방에 대한 선전포고처럼 사용되기도 한다. 이때는 상대방의 부정행위(그것은 우리 삶의 일부다) 증거를 수집해서 일터나 감방에서 내쫓겠다는 선언이 된다. "어디 안테나 한번 세워볼까? 세워줘?"

혼거생활 하는 재소자라면 누구나 한번쯤 안테나를 세워본 경험이 있다. 마음속에서 한 사람을 표적 삼아 고통의 원인과 책임을 전가한다. 그러나 미워하던 사람이 나가고 새 사람이 들어와도, 그가 고대하던 증인 형제라도 본질적인 것은 달라지지 않는다. 활달하면 부산스럽고 조용하면 음침하다. 예민하면 쥐어박고 싶고 둔감하면 들이받고 싶다. 나이가 많으면 꼰대스럽고 어리면 싸가지가 없다. 만약 신입이 괜찮다면 관계역학상 기존 누군가가 꼴보기 싫어진다. 결국 나만 빼고 다 도둑놈들이다. 희망이 실의로 바뀌는 일을 여러 차례 보고 겪었다. 분노와 증오로 응어리진 감정 에너지는 여러 갈래로 세세하게 방출되지 못하고 각자의 내부에 고스란히 쌓였다. 개인적 욕구, 기질상의 불화, 무의식적 갈등, 감금의 지속 등이 상승작용을 일으키며 절정으로 치닫는다. 그 결과는 몸의 변화로 나타났다.

나는 깨 있는 동안에는 강한 자제력을 지닌 차분한 사람이었지만, 한밤중에는 고함을 지르면서 모두를 괴롭히는 사람으로 돌변했다. 준서는 내가 자면서 '외계어'로 말을 한다고 했다. 뒤척이는 정도가 아니라 몸부림을 치고 어린아이가 자위행위를 하듯 바닥에 몸을 비빈다고도 했다(준서가 자위행위라는 용어를 사용하진 않았지만 그는 성적인 행동이라는 뉘앙스를 담고 말했다). 다른 것은 알아채지 못했지만, 나는 수면 중에 몸을 바닥에 문지르는 행위와 그것이 주는 쾌감을 어렴풋이 의식하기도 했다.

징역을 살면서 내가 몸과 맺은 관계는 새롭게 구축한 조화라기보다 자신을 몰아붙이는 강박적 형태를 띠었다. 나의 자기통제는 불안을 가리기 위한 것이었기에 나를 쉬지 않고 긴장하게 만들었다. 축적된 긴장에 대한 무의식적 반동으로 잠든 얼굴이 말하고 몸은 들썩이는 지경에 이르렀다. 다른 방에서 생활할 때도 잠꼬대를 한다는 소리는 들었지만 그때는 징역 초기이기도 했고 베개로 맞거나 발로 차이면서 금방 저지당했기에 진면모를 알 기회가 없었다. 조건반사적으로 "죄송합니다"를 연발하기만 했다. 취사장을 벗어나고 준서와 함께 생활하자 악몽을 꾸거나 몸부림을 칠 여유가 생겼다는 면도 있지 싶다. 고맙게도 그들은 이런 나를 용인해주고 걱정해주고 놀림거리 ("나는 네가 지난밤에 한 잠꼬대를 알고 있다")로 삼아주었다.

유달리 내 고통은 피의 형태로 나타나는 경우가 많았다. 긴장하고 이완시키는 근육이 집중되어 있는 몸의 구멍에서 피가 자주 흘렀다. 목구멍에 있는 침을 뱉으면 피가 섞여 있었다. 양치를 하면 잇몸에서 피가 났다. 세수를 하면 코피가 났다. 가만히 있어도 코피가 흐리고 잘 멈추지 않았다. 항문에서도 피를 보기 시작했다. 항문에서 나는 피가 휴지를 적시었다. 이런 표현이 허용될지 모르겠지만 생리대를 착용해야 할 것만 같았다. 눈이 빨갛다고 사람들이 알려주는 날이 있었다. 뒷목이 뻣뻣하게 굳고 안압이 유독 높은 날이었다. 처음에는 눈병에 걸린 줄 알았다. 전염성 눈병은 교도소에서 유의해야 하는 질환이기에 의무과에 갈 수 있었다. 의사는 눈병이 아니라고 진단했다. 이럴 땐 여러 날 동안 일과 후 감방에서 꼼짝 못하고 누워 있어야 했다. 내겐 전문의료 지식이 없지만 내 몸이 출혈을 경험하는 위치나 정도는 다를지라도 그 기전은 동일한 것으로 해석됐다. 그러나 이런

13 몸에 관하여

연관성은 정확한 병명을 붙이거나 직접적 인과관계로 증명될 수 없기에 합리성을 띤 설명으로 인정받지 못할 것이다.

항문출혈이 심한 날에는 떨어지지 않던 두통이 사라져서 기분이 상쾌했다. 신기했다. 내겐 우려스런 출혈보다 개운하다는 부수적 효과가 갖는 의미가 더 컸다. 한의학이나 근대 이전의 서양의학에는 사혈瀉血이라는 치료법이 있다. 출혈이 내 몸이 스스로를 보호하기 위해 고안해낸 발명품이라는 생각이 들었다. 누적된 피로와 그로부터 발생하는 감정을 인지하고 표현하는 일을 어려워하는 내게, 출혈은 배출구로 기능하면서 몸의 긴장을 줄여주고 통제력을 회복할 기회를 제공했다.

감방생활이 길어지면서 나는 자해충동에 시달렸고 수감자들이 손목을 긋거나 못을 삼키는 까닭을 이해하게 됐다. 감금된 몸의 고통은 엄연하지만 좀처럼 실체를 알 수 없는데 반해 손수 내는 상처는 육안으로 보이고 인과도 확실하니까 진정효과가 있다. 긁기, 뽑기, 씹기, 쑤시기 등 자기 몸을 해치는 행동이 역설적으로 자신을 수습하는 행동이 된다. 참고로 '꽂히다'라는 관용구는 수감자가 열정적으로 몰입하는 이 탈출구들을 가리키는 말이다. 그것은 일상적 의례ritual일 수도 극적 돌발행위일 수도 있다. 취사장 우진이 알약을 모아 놓고 한꺼번에 복용하던 행동은 물론이고 유순한 재소자로 간주되는 준서의 반복행동이나 윤석의 과다행동 또한 다르지 않은 범주에 있다 (사동에 있는 재소자는 직원이 보는 앞에서 물과 함께 약을 넘겨야 한다. 취사장 출역수는 다른 재소자들과 동일한 시간에 식사를 할 수 없기에 약을 알아서 먹게

하고 따로 확인하지 않는다), 우리는 모두 뭔가에 '꽂혀 있다'.

수감자는 공격성과 적대감을 표출하는 것이 금기시되어 있다. 빨간색 물품은 반입되지 않는다. 무른 플라스틱 재질의 수저로 식사한다. 운동화도 끈 대신 찍찍이(벨크로)로 고정시키도록 되어 있다. 식기가 깨지면 작은 조각까지 모아서 제출해야 교환받을 수 있다. 유리보다 선명도가 떨어지는 플라스틱 거울만 존재한다. 형광등도 손이 닿을 수 없는 높이에 걸려 있다. 재소자의 바지는 대개 허리띠도 맬 수 없고 주머니도 달려 있지 않다. 1급수 바지만 정장 하의처럼 금속고리로 여미도록 되어 있다. 1급수에게만 교도소 세 글자가 양각으로 새겨진 금속버클벨트가 주어진다.

재소자의 생활환경은 타인뿐 아니라 자신을 해칠 가능성도 염두에 두고 설계되어 있다. 물론 이런 것들은 형벌의 일부 또는 사고예방조치로 간주될 수 있다. 그러나 수감자는 수감자이기 때문에 몸에 쌓여가는 공격성과 적개심을 규명하고 표현할 기회가 더 필요하다. 나는 교정기관이 그것들과 타인에게 위해를 가하는 범죄성을 등치시키지 않는 섬세한 안목을 갖길 바란다. 교화라는 명목이든 나처럼 스스로에게 부과하는 규율 때문이든 파괴적 감정을 부정당하는 것은 수감자의 몸을 심각하게 위협한다.

출혈 외에도 내게 도움이 된 몇 가지 비결을 공유하고 싶다. 첫 번째는 욕하기다. 언제부턴가 나는 영치창고 으슥한 곳을 찾아가서 욕설을 뱉곤 했다. 욕을 발음할 때 수반되는 송곳니를 드러내거나 아래턱을 내미는 포즈에는 공격성을 발산하는 효과가 있었다. 소리 내어 욕을 하면 뒤죽박죽이던 생각의 흐름이 느려지면서 진정이 됐다. 이 욕하기에는 대상이 없다는 특징이 있었다(항상 대상을 염두에 두지 않을 수는 없었다). 욕은 방출하는 것(생리활동)이지 전달하는 것(언어활동)이 아니었다. 마침 간병소지 영배는 편마비 환자수와 소통하려면 일일이 단어를 나열해서 조합해줘야 하는데, 그는 희한하게도 욕설만은 유창하게 하더라는 흥미로운 이야기를 들려줬다.

두 번째는 필사하기다. 필사를 시작한 계기는 밥상(책상)을 차지하기 위해서였다. 하나뿐인 밥상을 내 것이라고 주장하지 않으면서 실제로 내 소유로 만들려면 남들이 텔레비전을 보거나 군것질을 하는 시간에도 상을 펴고 무언가를 하면서 점유율을 늘려가는 수밖에 없었다. 그렇지만 책을 읽거나 편지를 쓸 만한 에너지가 없는 날도 많았다. 그런 날 궁여지책으로 한 일이 필사였다. 독서나 편지쓰기는 내가 능동성을 발휘해야 하지만, 필사에는 획을 긋고 삐칠 때의 필압과 속도, 리듬에 나를 맡길 수 있다는 장점이 있었다. 쓰고 있는 내용을 이해하지 못해도 괜찮았다. 필사는 나의 주의집중을 펜과 종이가 만나는 면적과 순간으로 좁혀주면서 외부 자극에 대한 민감도를 줄여줬다.

세 번째는 멍때리기다. 내 멍때리기 전용 공간은 화장실이었다. 비닐문이 달린 화장실에는 조명이 없기 때문에 형광등의 영향이 덜 미친다. 문을 닫고 등을 돌리면 감방과 분리된 나만의 침침한 공간이 생긴다. 내겐 저녁 양치를 할 때마다 화장실 바닥 가운데 박혀 있는 뻥끼통(변기)에 치약 거품을 뱉고 그것을 멍하니 바라보는 습관이 있었다. 시멘트 바닥에 쪼그려 앉아서 거품덩이가 합쳐지고 쪼개지고 터지고 사라지는 운동을 응시한다. 몽글몽글한 거품 속에서 갖가지 문양을 찾다 보면 나도 거품의 일부가 되어 뻥끼통 속으로 빨려들어가고 있었다. 거기에는 감방은 소멸하고 포말이 전부인 세상이 있었다. 나는 그 모호해진 현실감을 즐기었다.

'전쟁없는세상'[*]의 우편물이 도착한 연말의 일이다. '전쟁없는세상'에서 세계평화수감자의 날을 기념하는 선물로 혀크리너, 잇몸 마사지, 잇몸 보호 쿠션패드가 달린 초극세모 칫솔을 보내줬다. 즉 동네마트에서 살 수 있는 브랜드 칫솔의 고급형 모델이다. 바꿔 말하면 감옥에서 살 수 없는 빼어난 디자인의 기능성 칫솔이다. 칫솔모는 평평하지 않고 가운데가 살짝 파였으며 올마다 위치에 따라 높이와 방향이 미세하게 달랐다.

감방 화장실은 거울, 조명, 세면대가 있는 보통 욕실에 비해 시각적 자극이 부족하기 때문에 역으로 촉각에 몰입할 수 있는 환경이기도 하다. 덕분에 나는 새 칫솔의 역량을 오롯이 느껴볼 수 있었다. 일단 손에 착 감기는 것이 그립감부터 달랐다. 그동안 사용해왔던 똑같은 칫솔과 달리 이것은 힘을 주지 않아도 간단하게 잡혔다. 미끄럼 방지처리는 쿠션감을 주는 동시에 손아귀에 걸리는 힘과 손가락에 가해지는 압력을 줄여주었다.

치아 표면은 확실히 잘 닦였지만 어금니 안쪽은 예전 같은 손놀

---

[*]   2003년 결성된 군사주의에 반대하는 평화운동 단체.

13 몸에 관하여

림으로 닦기 힘들었다. 엄지와 검지의 위치를 조정하고 익숙한 손목 스냅을 바꿔야 했다. 이때 그립의 진면목이 발휘되었다. 그립은 마찰을 높이거나 촉감을 좋게 할 뿐 아니라, 손가락에서 받는 힘의 방향을 제어하여 칫솔대를 쥐는 힘을 칫솔모가 치아를 누르는 힘으로 바꾸는 과학적 장치였다. 살짝만 움직여도 헤드가 산뜻하게 휘면서 모가 치아 사이와 잇몸 구석을 부드럽고 세밀하게 파고드는 느낌. 손의 움직임을 흐트러짐 없이 입체적으로 전달하는 무브먼트. 이 물건은 사각거리는 소리와 함께 잇몸, 앞니, 송곳니, 작은어금니, 큰어금니의 윤곽과 굴곡을 구분할 수 있는 양치감을 선사한다. 입안이 전례 없던 자극을 받고 있다. 어쩐지 치약도 향기롭다. 양치질은 촉각, 청각, 미각, 후각을 동시에 자극한다. 칫솔 교체가 이토록 장대한 변화일 줄이야.

초극세모가 잠자던 세포를 깨우자 이윽고 목구멍 너머 깊숙한 곳에서 폭죽이 터졌다. 몸 전체가 환해지는 느낌이 들었다. 짝사랑하던 사람과 나란히 걷다가 손끝을 스쳤을 때 퍼지던 기운이 내 몸을 감싸고 있다. 솜털이 솟으면서 곳곳의 세포가 지각되었다. 망각했던 촉각 기억들이 되살아나 파도처럼 밀려왔다. 기나긴 찰나가 지나자 불안하고 복잡한 감정들이 소용돌이치며 다가와 나를 덮쳤다. 온전히 감각을 누리고자 하는 욕구는 변모하였다. 알몸이 되어 누군가의 살에 묻히고 싶어졌다. 동그란 몸의 따스한 체온과 달콤한 체취에 나를 의탁하고 싶었다. 감각적 욕구가 성적인 환상으로 비약하는 순간이었다.

14

환상을 붙잡다

잘 지낸다는 표현은 조금 무엇하지만 나는 1상 16방에서 무탈하게 지낸다. 이제는 많은 것을 그러려니 한다. 막막했던 시절과 정신없던 시기가 지나가니 그간의 생활도 돌아봐지고 밖으로 나갈 날도 셈하게 됐다. 영치창고 출역도 매끄럽다. 담당 교도관들이 숙취에 절어 있는 아침이면 해장라면부터 준비하고 별 지시 없이 일과를 진행할 정도다. 스카우트 제의를 받기도 했다. 건설시공사를 경영한다는 신 사장은 운동시간에 내 출소 예정일을 묻더니 자기 회사로 찾아오라며 연락처를 알려줬다.

일기도 꾸준히 작성하고 있다. 내게 일기쓰기는 일과를 기록하고 자신을 돌아보면서 하루에 의미를 부여하는 행위다. 이것은 입소 때 지참한 『감옥으로부터의 사색』 여백에 착잡한 기분을 메모하는 일에서부터 시작됐다. 일기쓰기를 포함한 노트 작성은 점점 체계가 잡혀서 어느새 나는 노트를 네 종류로 분류해서 사용한다. 첫 번째

14 환상을 붙잡다

는 일기, 두 번째는 필사, 세 번째는 편지 초안이나 원고 아이디어를 끼적대는 습작용, 마지막 노트는 먹고 싶은 음식, 듣고 싶은 음반, 보고 싶은 영화 등을 적는 쓰임새로 나누었다.

2011년도 달력이 날짜를 더해갈수록 교도소 이사는 재소자들 사이에서 압도적 화제가 되었다. 노트 작성의 유용성을 처음부터 예상한 것은 아니었지만, 나는 행운이 따른다면 영등포교도소의 마지막 시절에 관한 이야기를 쓸 수도 있겠다는 생각이 들었다. 나는 일기쓰기에 목표의식을 부여해서 그날의 기분과 사색뿐 아니라 일상에서 만난 사건, 호기심을 자아내는 일화, 공간에 관한 세부 묘사 등을 추가하였다.

발단은 사소한 사건이었다. 접견 온 대학 동기가 후배의 결혼소식을 전해줬다. 동기는 후배 녀석이 애인 얼굴 한번 보여준 적이 없고, 두 사람은 사귄 지 일 년도 되지 않았는데 결혼식을 올린다고 했다. 그리고 후배와 아내 될 사람이 '입사 동기'라는 말을 했다. 후배는 여의도 금융기관에서 신입사원 생활을 하고 있다. 처음에는 어렴풋한 예감에 불과했다. 이내 가슴이 걷잡을 수 없이 뛰면서 거대한 확신으로 바뀌었다. 머릿속에서 금이 가는 소리가 들린다.

내게는 삼 년 넘게 교제한 사람이 있었다. 감옥행을 결정하고 헤어졌다. 내가 현실성 없는 추측을 한다는 것은 알고 있지만 마음이 가라앉지 않는다. 입사 동기라는 단어가 만든 균열에서 뭔가가 쏟아지고 계속 흘러나온다. 모든 것이 괜찮아졌다고 생각했을 때 그 사람에 대한 상실감이 찾아왔다. 떨리는 손으로 그 사람에게 편지를 썼다. 사랑한다고 보고 싶다고 오래오래 함께하자고. 그 사람은 똑똑한 답장을 보내왔다. 내게 아무런 기대도 바람도 없다고 했다. 나를 미워하지도 원망하지도 않는다고 했다. "멀리서 응원할게. 안녕." 도대체 무엇 때문에 이렇게 됐을까. 그 사람에 대한 추억과 함께 뇌리에서는 의문이 떠나질 않았다.

처음 지은을 만난 곳은 한 소설가가 주관하는 글쓰기 강습에서였다. 나는 정식 수강생이 아니어서 접이식의자를 정리해야 했는데, 가지 않고 남아 있다가 함께하자고 말해준 사람이 그녀였다. 배시시한 미소와 어우러진 큼직한 눈과 볼우물이 아주 발랄하였다. 마지막으로 지은과 걸은 곳은 종로 피아노거리였다. 서먹한 분위기를 깨기 위해 내가 떠드는 소리를 그녀는 듣고만 있다. 발걸음을 잠시 멈추고 나를 가만히 올려다보던 그 사람의 눈동자를 기억한다. 연인 사이의 감미로운 침묵이 어색함으로 영영 바뀌던 시간. 우리는 서로를 바라보며 애매하게 웃었다.

　내가 입대를 하지 않고 경찰서와 법원을 오가는 동안 우리는 전처럼 사귀는 것은 아니지만 완전히 헤어지지도 않은 어중간한 관계를 유지했다. 공식적으로는 결별했지만 여전히 서로를 위해 시간을 할애했다. 우리는 암묵적 규칙에 의해 함께 있을 때 이별이라는 단어를 입에 올리지 않았다. 나는 남겨진 시간 동안 그 사람이 보고 싶었고 그 사람도 내가 떠날 때까지 나를 지켜봐주고 싶었던 것 같다. 이런 관계는 내게 우리가 갈라선 것처럼 느끼지 않게 했다.

그 사람에 관해서는 누구보다 잘 알았는데. 수인인 내가 짐작할 수 있는 그녀의 현재는 사원증을 목에 걸고 빌딩숲을 누비는 것 같은 상투적 이미지에 불과했다. 나는 몹시 무력했고 그만큼 무례해졌다. 내게 그녀를 붙들 힘이 있다는 것을 알고 싶었다. 내가 그녀 때문에 얼마나 고통스러운지 알려주고 싶었다. 그럴 때면 죽고 싶다는 생각이 고개를 들었다. 자살에는 여러 가지 동기가 있을 수 있다. 내게 자해가 충동이라면 자살은 욕망이었다. 자기를 소멸시키려는 것이 아니라 파괴적 방법을 통해서라도 타인 안에서 자신을 유지하고 싶은 욕망이었다. 내 자살욕망에는 극도의 자기애와 이기심이 있었다.

이곳에는 지은을 대신하거나 잊게 할 것이 없다. 나는 그녀의 부재를 견디는 법이 아니라 상상 속에서 존재를 만드는 법을 택한다. 진실보다 달콤하고 매력적인 환상. 일과를 마친 한겨울, 나는 그 사람의 필체를 베끼면서 기쁨에 겨운 저녁시간을 보낸다. 모서리가 각지지 않고 둥근 글씨체. 받침이 오른쪽으로 약간 치우쳐 있어 귀여운 느낌을 준다. 전체적으로 보면 철자 사이의 간격과 글자들끼리의 균형이 잘 잡혀 있어 반듯하되 딱딱하지 않다. 꼭대기의 높이가 일정하게 글자를 적어나간다는 특징도 있다. 작은 글씨는 따라 쓰기 힘들다. 똑같이 쓰려고 손에 힘을 줄수록 모양이 더 이상해진다. 그래도 여행을 좋아하는 그 사람이 이국의 엽서에 실어 내게 보내곤 했던 글씨니까 정성스럽게 베껴본다.

나는 지은에 대한 기억을 되살리고 간직하는 일에 전념한다. 그 사람의 상실에 저항하듯이, 나는 그녀와의 추억을 꼼꼼하고 세세하게 기술한다. 내 노트는 그날의 일기 대신 그 사람과 관련된 사소한 것을 강박적으로 기록하는 데 소용되었다. 어차피 노트에 쓸 만한 새로운 내용도 없었다. 사람들은 계속 바뀔 테지만 내 생활이 크게 달라질 일은 없을 예정이었다. 그 사람이 사는 아파트 도면과 실내 장식을 그린다. 가족 전원이 정장을 입고 찍은 대형 사진이 걸려 있는 거실, 피아노가 있는 방, 주방 입구에 걸려 있는 양면 벽시계, 바닥에 흐트러져 있는 강아지 장난감들, 텔레비전 장식장에 진열된 아버지 사진, 그 아래 칸에 그 사람 사진이 있다. 스타티스 꽃다발을 들고 있는 그녀가 나를 향해 웃고 있다.

내 환상을 지배하는 것은 의미심장하게도 가족 이미지였다. 원래 나는 연애를 개인 대 개인의 만남으로 정의했고 타인의 관여를 꺼리는 편이었다. 그럼에도 그 사람의 쾌활한 가족은 내가 지닌 경계심(혹은 두려움)의 장막을 걷어주었다. 특히 강아지 몽이는 나를 무장해제시켜서 집 안으로 끌어들이는 일등공신이었다. 회상해보면 그 사람과의 연애는 가족이 무엇인지 학습하는 과정이기도 했다. 조용하고 금욕적인 내 집과 달리 지은의 집은 활기 있고 감각적인 분위기를 띠었다. 식사를 하면서 쉴 새 없이 대화하고 미미한 일에도 눈을 깜빡이며 반응하는 그들의 모습이 신기했다. 소파에 느긋하게 앉아서 한 손으로 과일을 집어먹고 다른 손으로 몽이를 쓰다듬는 일은 나쁘지 않았다.

개중에 유달리 반복적으로 출현하던 이미지가 있었다. 콩국수. 서울 시청 근처에서 그녀 아버지와 셋이서 콩국수를 먹은 적이 있다. 나는 난생 처음 콩국수를 먹어본 것이었다. 외할머니가 해준 밥만 먹

14 환상을 붙잡다

고 자란 내게 음식은 밥이 있고 따뜻한 것이라는 개념이 있었다. 콩
국수가 낯설었고 살짝 비리기도 하여 면만 건져 먹었다. 그 후 지은
의 가족과 외식하던 어느 휴일, 그녀 어머니가 내가 콩국수를 잘 먹
지 못한다는 사실을 알고 계셔서 놀랐다. 그녀 아버지가 그 모습을
기억하고 있다가 어머니에게 전한 것이었다. 지은을 생각할 때면, '그
때 콩국수를 맛있게 먹어야 했는데'라는 후회가 떠나질 않았다.

징역을 살면서 가족이라는 주제가 희미해지기란 쉽지 않은 노
릇이지만, 이토록 단호하게 긍정된 적은 내 생애 한번도 없었다. 이성
에 대한 그리움은 가족과 결부됨으로써 사회를 향한 특정한 욕망을
투영하고 있었다. 지은에 대한 환상은 기성 사회와 '정상적' 삶에 대
한 욕망에 다름 아니었다. 내가 감옥에 왔기 때문에 잃었다고 가정되
는 것들. 지은은 그 가장 명확하고 가시적인 상징이었다. 그러니까 배
은망덕하게도 가족 이미지의 주된 인물이 내 어머니가 아닌 그녀 아
버지가 되는 것이었다. 그 사람 가족은 아무런 오점 없는 영롱한 별
무리가 되어 내 모든 욕망을 삼키었다. 종종 내 잠꼬대를 알려주던
준서는 어느 날 내가 "결혼반지 돌려줘"라고 소리를 질렀다고 했다.
2011년 3월 10일 꿈에는 그 사람의 아버지, 어머니, 언니, 몽이가 나
타났다.

조금 다른 판본의 이야기도 있다. 그녀 어머니는 친절하고 푸근했지
만 곁에서 딸을 지키기에는 내가 우울하고 약해 보인다고 평가하셨
다. 지은도 내가 안정감이나 확신을 주는 타입과는 거리가 멀다는 점

을 알고 있었다. 어쩌다 그녀가 미래의 약속 같은 것을 기대하고 다가오면 나는 뒷걸음질 쳤다. 나는 그녀와 연애하면서 더 이상적인 파트너가 있지 않을까 공상해본 적이 있다.

옥바라지는 고무신 노릇 이상의 희생과 헌신을 요구하기에 병역거부자와 여성 애인에게 기대되는 '바람직한' 미래는 하나다. 결혼. 영배는 출소 후에 여자친구와 결혼할 것을 당연시하고 있다. (내 꿈에 지은의 가족이 나타난 3월 10일은 영배가 애인 앞으로 화이트데이 사탕을 보내달라고 후배들에게 부탁한 날이기도 하다.) 이십 대의 나는 군대 고민만으로 머리가 터질 지경이었기에 직장, 결혼, 가족 같은 항목에는 현실감이 없었다. 굳건히 미래를 약속하고 사랑의 힘으로 고난을 헤쳐 나가자고 지은에게 말하지 못하였다. 내가 이별을 결심한 이유도 수형자인 나는 그 사람에게 어울리지 않는다는 사고에 압도됐기 때문이었다. 나는 내가 그 사람에게 사랑을 받으려면 합당한 성과가 있어야 한다고 전제하였다.

한국의 보통 남성인 내게 병역문제와 관련해서 자유로운 선택은 있을 수 없었다. 군대 아니면 감옥이었다. 스스로 병역거부를 결정했음에도 내게는 자신을 어쩔 수 없는 상황의 희생자처럼 여기는 면이 없지 않았다. 바닥모를 불안감이 누군가에게 매달리고 싶다는 기분을 불러일으켰다. 나는 내가 병역을 거부하면서 군대로 대표되는 한국의 남성성과 직면하고 있다고 사고하였다. 그러나 감옥행을 앞둔 병역거부자의 마음은 군입대를 앞둔 여느 젊은이의 마음과 무척 닮아 있었다. 이 불안한 마음이야말로 내가 가진 남성성과 관련된 핵심 문제였다.

14 환상을 붙잡다

서경은 내가 병역거부를 선언하고 여러 사회운동 모임에 참여하면서 알게 된 사람이다. 회의 시작 전의 어수선한 분위기가 그녀의 목소리로 정돈되었다. 서경에 대한 내 첫인상은 은근한 호감이었으나 어느 순간 그 감정은 미칠 듯한 조바심으로 바뀌어 있었다. 추위가 혹독하던 밤, 결국 나는 그녀의 집 앞에 찾아가 구애를 했다. 지은과는 '공식적으로' 헤어졌기 때문에 자신을 합리화할 수 있었다. 당시의 내게는 이런 모습을 혐오할 만한 최소한의 자각조차 없었다. 그리고 얼마 후, 나는 서경을 안고 어루만지고 있었다. 그것은 쾌락을 탐하는 것과는 거리가 있는 행동이었다. 맨몸으로 세상을 상대하는 것 같은 두려움 앞에서 섹스는 약해져도 괜찮으며 혼자가 아니라는 것을 확인할 수 있는 무대처럼 제시되었다. 불안하고 외로울수록 그 온기를 집요하게 원하게 되었다.

서경을 향한 내 행동에는 좀 더 근본적인 환상이 개재되어 있었다. 주류 세계로부터 멀어져가는 나를 다른 세계로 이끄는 미래에 대한 환상이. 서경은 서른 살이 넘었고 사회운동 경험이 많아서인지 감옥행을 끔찍하게 여기지 않았다. 서경이라는 인물이 상징하는 인생과 사랑은 관습적이지 않은 것처럼 보였다. 나는 여기에 내 미래가 있다고 믿었다. 제도와 규범에 얽매이지 않은 대안적 미래가. 특히 서경이 어머니를 여의었다는 점은 아버지가 안 계신 나와 데칼코마니를 이루는 것처럼 느껴졌다. 그녀의 외모는 내가 평소 좋아하던 스타일과 차이가 있었는데, 나는 그것조차 나를 남성중심적 시선에서 탈피시킬 순수한 사랑의 징표라고 해석했다.

"내가 안돼 보여서 잘해주는 거예요? 난 진짜예요. 진지하다고

요." 어느 밤 나는 옆에 누워 있는 서경의 어깨에 머리를 기댄 채 말했다. 제 앞날을 한 치도 못 내다보는, 어리석은데다 청승맞기까지 한 대사였다. 나는 서경에게 "내가 불쌍해서 이러는 거면 그만둬요"라고까지 말했다. 서경은 나를 밀어내더니 어이없다는 표정으로 웃었다. 그녀는 알쏭달쏭한 미소를 지으면서 내가 딱해 보여서 잘해주는 것이 맞다고 했다. 내게 도피심이 있다는 사실을 부정하고 싶었지만 그녀는 이미 알고 있었다.

이랬던 내가 다시 지은을 찾는 것은 환상의 대상을 바꾼 것에 불과했다. 상대는 바뀌었지만 내가 하는 짓은 같았다. 지은만이 나의 진정한 사랑이었다. 이번에도 진심이었다. 그것이 언제나 진심이라는 것이야말로 진짜 문제였다. 지은이든 서경이든 그들이 비추는 것은 내 욕망이었다. 지은과 서경은 대립하는 인물처럼 나타났지만 무의식 속의 두 사람은 단일체였다. 나의 불안을 가려주고 현실과의 대면을 피하게 하는 환상의 중핵, 즉 '여성'이었다. 나는 지은에 대한 기억을 공책에 적으면서 '이건 집착이 아니야, 사랑이야'라고 마음속으로 외쳤다. 이렇게 기를 쓰며 부르짖는 모습이야말로 부지불식간에 자각하고 있다는 증거였다. 서경은 영등포교도소에 찾아온 적이 있다. 그녀의 얼굴을 보자 반가웠지만 예전 같은 느낌은 들지 않았다. 나는 접견실에서 서경에게 사과했고 그녀는 우리는 '그런 사이'가 아니었다고 답했다.

이 시점에 이별한 사람이 나타나는 이유는 무엇일까. 그동안 나를 지

219   14 환상을 붙잡다

탱해왔던 환상이 무너지고 있기 때문이다. 이것은 서경에 대한 환상과는 다른 종류다. 실은 나의 괴로움도 옛 애인에 대한 상실감이 아니라 환상의 붕괴 때문에 생겨났다. 지은에 대한 환상은 기존의 환상을 대체하려는 시도로서 출현한 것이다.

병역거부는 개인의 결단에서 시작되고 개인이 많은 대가를 치루는 식으로 진행된다(편의상 병역거부라는 용어를 비여호와의증인의 병역거부에 한정해서 사용한다). 충격을 받은 부모는 인연을 끊겠다고 겁박하거나 눈물을 지으며 만류한다. 이곳의 교도관과 재소자 들도 비여호와증인의 병역거부가 이해되지 않는지 나중에 선거에 출마하려 하냐고 질문하곤 했다. 이런 시선 속에서 병역거부자는 조금 외롭고 쓸쓸하게 성장배경에다 사회운동 경험과 진보적 담론 같은 것을 조합하여 병역거부를 자신만의 의미로 채워 넣는다.

이런 의미부여는 그 자체로 비난을 받아서는 안 된다. 의미부여는 자의로 피할 수 있는 것이 아니다. 불확실한 것과 마주하려는 병역거부자가 반드시 통과해야 하는 과정이다. 이것은 어떻게든 희망을 구하려는 몸짓이기도 하다. 그 경로는 당사자가 자아에 골몰하게끔 진행되며affective investment 그로써 개인의 내면세계에서 병역거부는 무모한 행위에서 감수할 가치가 있는 위험으로 탈바꿈된다.

특히 '성장'과 '배움'은 병역거부자가 공식적으로 내세우는 대의나 이념의 이면, 즉 내밀한 차원에서 채택하는 대표 주제다. 내 경우도 이 경험이 세속적 가치로 환산되지 않는 배움을 줄 것이라는 암묵적 믿음이 있었다. 지은도 "너는 마치 네가 꼭 이걸 해야만 잘 될 것처럼 말하잖아"라며 나를 책망한 적이 있다. 어떤 현실적 약속도 부재하지만 수감생활에 성장과 배움이 있을 것이라는 바람은 포기되지 않으며 내면 깊숙한 곳에 배치된다.

시련을 통한 성장은 나뿐 아니라 나를 지지해주는 주변 사람들도 공유하는 테마였다. 가족에 대한 책무감이 강하여 사회운동가가 될 수 없었던 대학 선배는 접견민원인 서신에 다음과 같이 적었다(교도소에 방문한 사람은 비치된 서식을 이용하여 재소자에게 서신을 남길 수 있다). "○○○이라는 타이틀 없이 온전한 '나'로 살아갈 날이 빨리 왔으면 좋겠다."(2010년 12월 18일자 선배의 접견민원인 서신) 그는 공기업 직장인인 자신보다 수감자인 내가 의미 있는 생활을 하고 있다고 판단한다. 시절이 수상하여 진로결정에 죄책감이 든다던 후배에게도 내 징역살이는 스스로에게 충실한 실천처럼 보였다. 그의 편지는 이렇게 마무리된다. "닌 변함없이 찌질한데 멋있다. 진짜."(2011년 3월 24일자 후배의 편지)

강함이라는 수사를 사용하지 않고 지향하는 가치도 다르지만, 병역거부자의 의식구조는 해병대 지원자와 유사한 면이 있다. 해병대나 최전방 군복무를 희망하는 사람들이 갖는 동기 중에는 위기를 통해 성장하고 싶다는 것을 흔히 찾아볼 수 있다. 나 또한 병역거부에 진정한 자아를 찾기 위한 여정과 같은 의미를 부여하였다. 나는 삶이 만족스럽지 않았고 근본적 변화가 필요하다고 생각했다. 소속된 연구자 모임에서 가끔 칭찬을 듣긴 했지만 잔재주로 일구는 것에는 한계가 있다고 느꼈다. 내가 군인이 된다면 휴가 때마다 애인을 붙잡고 징징댈 그림이 뻔하였다. 그런 인생에서 좀 벗어나고 싶었다. 각오를 분명히 해두지 않는다면 나는 변할 수 없다고 판단했다. 갱생, 그것

　　　　　14 환상을 붙잡다

은 내가 오랫동안 바라던 것이었다. 그러니까 이 감옥 이야기의 결말은 숱한 난관이 있긴 하지만 나를 배움으로 인도해야 할 터였다.

이것이 세 번째 환상이다. 수감경험이 인생의 밑거름이 될 것이라는 환상. 앞서의 성장을 '성숙'으로 대치하더라도 사정은 마찬가지다. 우리는 병역거부의 결승선에 보다 개선된 자신이 있을 것이라는 희망을 품는다. 다음은 2011년 4월 3일자, 서울구치소에 수감 중이던 한 병역거부자에게서 받은 편지다. "늘 고통이 나를 성장하게 만들었고, 고통이 연속적으로 찾아오는 만큼 내 삶의 동력도 축적돼 왔다고 생각해서 그런 걸까. 감당하기 힘든 모든 자극들이 나를 (어떤 방향이 됐든) 나아가게 하겠지 하는 생각을 해." 영등포교도소에서 매일을 살기 위해 나 또한 이런 희망이 절대적으로 필요했다. 인정이나 보상은 바랄 수 없다 해도 나는 의미의 추구를 단념할 줄은 몰랐다. 그렇지 않고서 나는 하루하루를 의욕하는 법을 배우지 못하였다. 네 종류나 되는 노트도 그로부터 비롯된 것이었다.

자신을 보호하기 위해 기댔던 환상이 비수가 되어 돌아온다. 불확실한 삶을 견디기 위해 취했던 환상은 두려움의 원인을 제공한다. 위기가 가라앉자 공허함이 밀려온다. 무언가를 경험하고 있다는 느낌이 들지 않는다. 간수들이 무표정한 얼굴을 하고 있는 것처럼 내게도 단조로운 날들의 연속이다. 영치담당 교도관은 내가 지겨워한다는 것을 알아채고는, 자기도 지겹다고 지겨워도 징역이니까 그냥 '좆뺑이'까라고 말한다. 좆뺑이. 수감생활의 종착점은 좆뺑이였다. 영등포교도소는 소련의 수용소gulag나 유신시대 대전교도소가 아니었다. 나는 솔제니친Aleksandr Solzhenitsyn이나 신영복의 후예가 아니라

1년 6월짜리 병역법위반자다.* 이 상황은 내가 원하던 것과 다르다. 그렇지만 여기 온 것은 누가 강요해서가 아니다. 스스로 뛰어든 감옥이다.

일본 동쪽에서 엄청난 지진이 났다고 했다. 재소자들은 어플이나 QR코드 같은 신조어를 써가며 스마트폰에 대해 떠든다. 준서는 1급수를 달더니 출소했다. 나도 1급수가 되어 접견 가능횟수와 시간이 늘어났지만 오는 사람은 어머니와 누나, 대학 동기 문행 정도로 정해져 있다. 바깥사람들은 각자의 세계에서 먹고 살기 바빴다. 어째서 내가 여기 있는지 잊어버릴 것 같다. 이곳은 대체 어디일까. 나는 무엇을 하고 있는 것일까. 몇 번이고 새로 기억을 짜내곤 했다. 자아감각이 안갯속을 헤매는 것처럼 흐릿하다.

마음 한구석은 바라고 있다. 재판을 받고 교도소에 들어올 때의 긴장감이 다시 찾아오기를. 그때의 고통은 농밀한 것이었다. 자신이 한국사회의 뿌리 깊은 문제를 상대하고 있다는 의미가 부여되기 때문이었다. 취사장에서 광천과 생활하던 시절만 해도 나는 세계와의 끈을 단단히 붙들었다. 여기서 살아남는 것이 내 존재의 의미를 형성했다. 그 시기의 자신이 어땠는지 속속들이 의식된다. 이제는 지루함과 덧없음만 남았다. 소망했던 목표는 윤곽을 잃고 희미해진다. 내게는 강렬한 체험이 필요하다. 의미를 가져다줄 체험이. 나는 감옥에서

---

* 법은 1년 6월 이상의 징역형을 선고받은 범죄자를 사회에 위협적인 인물로 간주하여 병역의무를 박탈시킨다.

더 많은 것을 보고 겪어야 한다. (나는 전업을 신청했으나 허가받지 못했다. 도리어 이 일은 소 측에 내가 건방진 재소자라는 인상을 심어주어 가석방 심사를 탈락시킬 빌미만 제공했다.)

지금껏 감옥에서 보낸 시간은 무엇이란 말인가. 어디에선가 '1년 6월 징역에 거창한 의미 같은 것은 없어'라는 소리가 들려온다. 그동안의 수고로움이 부정당하는 것 같다. 설령 징역이 공허한 시간이라 해도 나는 자신을 텅 비워버릴 때까지 그 무의미에 몸을 적셔야 했다. 이번에는 '너는 곧 나갈 거야'라는 답변이 돌아온다. 세상을 짊어지지도 않았는데 어느 때보다 삶이 무겁다. 내 안에 있는 수많은 내가, 나는 이만큼 걸었으니 남들보다 특별한 것을 내놓았으니, 가치로운 것으로 보상받아야 한다고 아우성치고 있다. 혼란에 빠져 있던 나는 자신의 정상성을 확인할 수 있는 특별한 상징이 절실하였다. 나는 내 수형생활의 한계를 인정하기보다 헤어진 연인에 집착하면서 상실감을 느끼는 편을 택한다. 그 사람을 그리워하며 아파하는 일은 가혹한 진실에 닥뜨리어 압도당하는 것을 막아준다.

지은에 대한 환상은 자신의 인생에서 스스로 해야 할 노동을 아름다운 사람을 기다리는 숙명으로 대체한 것이었다. 나는 내 마음이 사랑이 아니라는 것을 알았다. 끝난 인연이라는 것도 알았다. 그래도 힘을 내려면 미련이라도 만들어야 할 것 같아서. 미련이라도 있는 쪽이 힘이 날 것 같아서. 환상을 발명해내고 움켜쥐기를 마다하지 않았다. 나는 내가 문제의식이 있다고 생각했는데, 확인한 것은 자신이 분열되어 있는 문제투성이라는 사실이었다.

2011년 4월 중순, 병역거부자 문명진(실명)이 서울남부교도소로 입소했다(새 교도소 준공이 늦춰지는지 영등포교도소는 간판만 '서울남부교도소'로 바꿔 달았다). 접견 온 명진의 세련된 외모와 맵시 있는 옷차림을 부러워한 적이 있었는데, 신입인 그는 수염이 거뭇거뭇했고 수의는 내 것에 비해 추레하기 그지없었다. 새로 들어온 영치소지 혜민은 『카프카의 편지』를 읽고 있는 내게 여자친구한테 보낼 편지에 쓸 만한 말이 있냐고 묻는다. 광천을 마지막으로 본 것은 천주교 집회에서다. 그는 취사장 출역수가 아닌 천주교 교리반으로 징역을 살고 있었다. 미사의 한 순서인 보편지향기도 시간에 그는 마이크 앞에 서서 "우리나라의 물질만능풍조와 뒤섞인 가치관을 해결해"달라고 기도했다.

나는 두 번의 시도 만에 가석방 신청을 할 수 있었지만 생각했던 만큼 기쁘지 않았다. 내겐 군대 때문에 미래를 준비할 수 없다는 불만이 있었지만 막상 담장 밖으로 나가려니 막막했다. 군대문제가 사라지자 진정한 내 삶이 펼쳐지기는커녕 그동안 가려져 있던 문제들이 눈에 들어오기 시작했다. 지식인을 선망해왔지만 내가 공부에 적합한 사람인지 학자로 먹고 살 수 있을지. 대의와 결부된 사업이면 약간의 정의감과 곱절의 착한 척이 발동하여 무익한 일을 떠안는 습벽 같은 것. 나는 담장 밖으로 돌아가고 싶지 않기도 했다. 감옥에는 동물원 우리 같은 편안함이 있다. 매우 불쾌하지만 동시에 감옥만이 줄 수 있는 특별한 종류의 편안함이. 일상이 단순하고 행동의 한계가 정해져 있는 것은 허다한 세상사나 부질없는 욕망에 휘둘리지 않게 해서 재소자 스스로 삶을 통제하고 있다는 느낌을 주기도 했다.

나는 감옥에서 가치로운 무언가를 얻어야 한다고 사고하였다.

통속적 척도로 측정되지 않는, 아니 그보다 압도적인 것을 만들어야 한다고. 그래야 실패하지 않는다고 생각했다. 영등포교도소에서의 경험이 성공과 실패의 문제가 아니라 내가 견디면서 살아갈 현실 중 하나라는 사실을 받아들여야 한다. 내 징역살이에서 가장 의미 있는 일은, 민원인들이 보낸 물건을 재소자들에게 전달한 것. 재소자들의 영치품을 안전하게 싸서 가족 앞으로 부치거나 본인이 출소할 때 가지고 나갈 수 있도록 하는 것이었다. 이기적이지 않은 아주 간단한 일들, 몇몇 재소자와 교도관 들의 이야기를 들어주기 같은 것이었다.

2011년 6월 30일, 나는 서울남부교도소에서 출소하였다. 석방되는 석방자들의 소지품을 검사하는 교도관은 내 노트와 편지 꾸러미를 헤적헤적하더니 그냥 통과시켰다. 접견실 바깥에서 만난 어머니, 또 한 세월을 견디신 어머니는 작아져 계셨다.

수감 중에 쓴 글

소식을 전합니다

접견을 마치고 방에 돌아오니 제일 나이가 많은
할아버지를 제외한 두 사람이 종교집회에 가고 없었습니다.
부랴부랴 짐 보따리에서 필기구와 원고지를 꺼내 생각나는
대로 글을 적습니다. 이곳은 영등포교도소 2상 5방입니다.
아파트로 치면 2동 205호쯤 됩니다. 어제 3월 16일부로
3하 18방(3동 118호)에서 옮겨왔습니다. 독방에서 4인실로
옮겨왔습니다. 마음씨가 고약한 사람들은 아닌 것 같습니다.
하지만 없는 형편에 좁은 공간에서 여럿이 생활하다 보니
A3 크기 원고지를 펼쳐서 글을 적는 일에도 눈치가 보이고
용기를 내야 합니다. 가장 중요한 사항을 빼먹을 뻔했네요. 제
수감번호는 1216입니다.
　　지난 금요일 오후 5시 30분경, 검찰에
자진출두하였습니다(그 전주의 재판에서 판사는 저를 법정구속시키지
않았고, 덕분에 일주일의 휴가를 얻었습니다). 그 후로 불과
며칠밖에 지나지 않았지만 여러 가지 일이 있었습니다.
저는 병역거부자로서 제가 겪는 일들을 최대한 잘 기록하는
것이 중요하다고 생각했습니다. 하지만 이런 일들은 별로
기억하고 싶지 않다는 감정이 순간순간 새롭게 들었습니다.
기록의 중요성을 인식하는 것과 생활하면서 떠오르는 감정은
별개였고, 지금으로선 그런 감정을 상기하고 온전히 마주하고

싶다는 생각이 들지 않습니다. 게다가 어제 전방을 오는
바람에, 이 새로운 방이 물리적으로 기록할 만한 상황과 여건이
될지 잘 모르겠습니다. 형편을 보아 알아서 하고, 일단 간략한
소식만 전하겠습니다.

　새로 이사 온 방은 '경제방'이라고 합니다.
용산경찰서에서도 경제과에서 조사를 받았는데 그 인연이
여기서도 계속되는 듯합니다. 저 외에 세 명이 더 있는데, 각각
'사기 10범', '절도 6범', '(?) 3범'입니다. 세 번째 사람의 죄목이
무엇인지는 정확히 모르겠습니다. 제겐 '강도·강간 3범'이라고
말했지만, 그게 저를 겁주기 위한 거짓말인 줄은 알고 있습니다.
첫 번째 사람은 60대 할아버지로, 머리는 다 밀고 수염을 잔뜩
길러서 독특한 외모를 하고 있습니다. 인천구치소에 있었을 때
사람들이 자신을 '달마도사'라고 불렀다고 합니다. 하루 종일
누워 있거나 염주를 만지면서 불경을 읽는데, 제가 관찰한
바로는 계속 '행선축원'이라는 부분만 펼쳐져 있습니다.

　두 번째 사람은 저보다 두 살 어린 영광 출신의 청년입니다.
말수가 적어서(엄밀히 말하자면 말수가 적은 쪽은 저입니다만), 더
이상 아는 바가 없습니다. 이마저도 귀동냥으로 얻어들은
정보에 불과합니다. 덩치는 저보다 훨씬 큰데 얼굴은 순박하게
생겼습니다. 제가 오기 전까지 방 안의 청소, 설거지, 기타
잡무를 눈치껏 알아서 하는 역할을 담당했습니다. 신입인 저는
어제 참관을 마치고 오늘부로 실전에 투입되었습니다.

　세 번째 아저씨는 부산인지 울산인지에서 이감을

　　　　　　　　　　　수감 중에 쓴 글

왔다고 합니다. 10살 정도의 자녀도 둘 있다고 합니다.
회사원 타입입니다. 저보다 이삼 일 먼저 이 방에 온 듯한데,
제게 시어머니 혹은 형기 반장 노릇을 합니다. 저는 군대에
다녀오지 않아서 짐작만 할 뿐이지만, 바로 위 계급이
제일 까다롭게 구는 모습과 비슷한 것 같습니다. 제가
자기소개를 마치자 그 사람이 "니 운동권인가?" "민노총에
가입했나?" 하면서 이것저것 알은체를 합니다. 저는 "더 빡센
단체에서 왔는데요"라고 말할 걸, 이란 생각이 자기 전에야
들었습니다. 이 편지도 그 사람에게 행여나 노출이 되지 않도록
조심해야겠습니다.

　금요일 밤 11시쯤 영등포교도소에 도착했습니다. 형사들이
타는 사륜구동에 노숙인 한 명과 함께 수갑을 차고 굳게
잠겨 있는 철문을 여럿 통과해서 어딘가에 내렸습니다. 아니,
부려졌습니다. 통과하는 문마다 안내표지 대신 통제구역
따위의 글씨만 큼직하게 써 있던지라, 이곳이 어딘지도
몰랐습니다. 신입교육방 책상에 붙어 있던 안내문구 맨
아랫줄에 '영등포교도소장'이라고 써 있기에 짐작할 수
있었습니다. 여기저기에서 온 사람이 십여 명쯤 되었는데, 저만
'직입'이라고 불렸고 다른 사람들은 '노역'이라고 했습니다.
독방을 쓴 이유도 이와 무관하지 않은 듯합니다. 월요일 접견
온 ○○와 ○○을 만나고서야 이곳이 영등포교도소라는 걸 알
수 있었습니다.

　구치소나 교도소에 입소할 경우가 생긴다면, 가급적

금요일은 피하라는 말씀을 드리고 싶습니다. 주말에는 행정 절차가 진행되지 않고 물건도 구매할 수 없어서 독방에서 지내는 동안 무인도에 불시착한 것과 유사하게 생활했습니다. 페트병 하나를 구할 수 없어서 식수를 받지 못하기도 했습니다. 시계도 거울도 없이 개구멍으로 들어오는 밥만 껍처럼 질경질경 씹어 먹었습니다. 속세에 대한 미련이 아직 남아 있는 탓인지, 월요일에 산적 같은 얼굴을 하고 접견을 한 게 자꾸 마음에 걸립니다. 턱수염이나 콧수염은 있어도, 볼에 수염이 나거나 콧구멍에 털이 비죽이 나오면 절대 안 된다는 게 나름 제 미의식에 있어서 중요한 부분이었는데 조각나고 말았습니다.

다행히 어제(화)부터 물건을 구매하고 (이 원고지를 포함해서) 보내주신 물건도 받아볼 수 있었습니다. 면도기(1만 4,690원), 손목시계(1만 300원), 보통 운동화(1만 2,420원) 등도 구매신청 하였습니다. 독방에는 볕도 들지 않고 시계도 없어서 시간과 공간에 대한 감각을 가질 수 없었습니다. 반면 지금 생존에 대한 관심은 수용인들 사이의 규율(교도소 내부의 규율이 아닌, 수용인들이 자율적으로 만들어온 것)에 쏠려 있습니다. 원초적인 상황은 면했지만 딱히 개선이라고 느껴지지는 않습니다. 독방에서 무인도 불시착 직후 망망대해의 막막함을 느꼈다면, 혼거방은 밀림지대의 긴장감을 불러일으킵니다.

후원회장 ○○는 영치금 20만 원을 보내주셨으면 합니다. 그 정도 형편은 되는 줄로 알고 있습니다. 10만 원을 가지고 들어왔는데, 순식간에 거의 써버리고 말았습니다. 초기

정착금이니 앞으로의 일까지 미리 걱정하지 마십시오. 다음 달부터 매달 필요한 금액을 정확히 알려드리겠습니다.

2010년 3월 17일

여호와의증인과의 만남

3월 15일 월요일, 비가 내렸습니다. 선배(?) 수감자들의
옥중서한에는 날씨 이야기가 많이 나왔습니다. 저는 감옥에
가면 사람들이 감상적으로 변하는가 보다 했습니다. 하지만
햇빛도 들지 않고 날씨를 조망하기도 힘든 독방에 찾아온
빗소리는 그 이유를 알게 했습니다. 빗소리는 이곳과
다른 질서로 이루어진 세계가 지척에 있다는 사실을
환기시켜줬습니다. 반가웠습니다. 저는 3하 18방에서 페트병을
끌어안고서 우두커니 빗소리를 들었습니다(이곳에서는 하루
서너 차례 온수 겸 식수를 페트병에 부어주는데, 저는 그것을 본능적으로
난로로 사용했습니다).

교도관이 '1216번'을 호출했습니다. 의무과에서 신입
재소자 신체검사가 있는 모양입니다. 파란 수의에 떡진 머리를
한 우리들(이 주어는 아직 어색하지만……)은 이열종대를 하고
교정질서를 강조하는 표어를 지나쳐 의무과에 도착했습니다.

대뜸 교도관이 "너 여호와[의증인이]냐?"고 반말을 합니다.
지난 금요일 서부지검에 발을 들여놓은 후 끊임없이 저를
쫓아다니던 질문이었습니다. 주변 직원들이 일손을 멈추고
잠깐 저를 주목했습니다. "그냥 [군대] 안 갔다"고 대답했습니다.

혈압기에서 출력된 종이를 뽑아들고서 의사(라기보다
양호선생님 느낌?)의 질문에 답변할 때였습니다. 모퉁이에서 한

수감 중에 쓴 글

무리의 새파란 젊은이들이 슬그머니 고개를 내밉니다. 그러더니
복도로 나와서 대놓고 저를 구경합니다. 마치 도회지에서
시골로 온 전학생을 보는 듯한 호기심 어린 눈빛이었습니다.
형광색 조끼에 박혀 있는 '간병도우미'란 글자를 보자 그들이
'여호와의증인'이란 느낌이 확 들었습니다.

　　전 세계에 수감된 병역거부자 중 90퍼센트 이상이 한국에
있습니다. 그리고 한국사회의 병역거부자 중 90퍼센트
이상이 여호와의증인입니다. 통계자료가 아닌 실물(?)과의
조우입니다. 무엇보다도 자신의 신체를 은근히 과시하거나
상대방을 곁눈질로 재보는 몸짓이 전혀 느껴지지 않았기
때문에 틀림없다는 확신이 들었습니다. 눈초리가 날카롭거나
눈의 초점이 흐리지도 않았습니다. 저의를 의심할 필요가
없었습니다. 수감 후 저는 다른 재소자들과 함께 있을 때마다
그와 같은 긴장 상태에 놓였습니다. 어쨌든 그들의 눈에도
'비종교적 병역거부자'는 신기한 존재였나 봅니다.

　　그런 천진난만한 기웃거림 덕분에, 저는 제가 그들보다 네댓
살이나 많고 수염이 복슬복슬한 아저씨라는 사실도 까맣게
잊고 말았습니다. 순간 저도 모르게 불안하고 두려운 마음이
누그러져서 진짜 전학생처럼 수줍고 새침한 표정을 짓고
말았습니다. 꼴에 어울리지도 않게.

2010년 3월 20일

이탈의 정신

이○○ 선생님께

현민이라고 합니다. 선생님께서 보내주신 편지를 지난
2일(금)에 받았습니다. 서신검열제도 때문에 교도소에는 편지가
하루 이틀 늦나 봅니다.

선생님의 편지를 받고서 오랜만에 '고민'이란 걸 할 수
있었습니다. 일면식도 없는 선생님께 제 사정을 상세히
말씀드리는 것은 구차한 행동인 줄 압니다만, 저는 이곳
영등포교도소에 갇힌 후로 아무런 고민할 겨를도 없이 지내고
있습니다. 이유인즉슨, 열흘 전쯤 취사장에 배치된 후로
감금에다 본격적인 징역형이 추가되어서 아침 6시 20분부터
오후 6시까지 한 시간 정도를 제외하고는 앉을 틈도 없이
육체노동을 하기 때문입니다.

게다가 어찌된 영문인지 새롭게 옮겨진 방에는 가장 끔찍한
범죄를 저지른 소위 '강'자者들이 있습니다. 다들 저보다 네댓
살이 많습니다. 물론 이들의 삶의 맥락을 충분히 고려하지
않고 이런 식으로 딱지 붙이는 일이 공평치 못하다는 것은
알고 있습니다. 하지만 이십 대의 대부분을, (경우에 따라서는)
십 년 이상 징역꾼으로 산 사람들과 함께 지내다 보니 어려운
점이 많습니다. 방 한쪽에서 책을 펴거나 글을 쓸 만한 형편이
되지 못합니다. 지금 이 편지도 십여 일 만에 처음으로 휴일이

수감 중에 쓴 글

주어져 혼자 방 안에서 쓰고 있습니다. 원래 교도소에서는
자살을 우려하여 재소자를 방 안에 혼자 두지 않는데, 다행히
교도관은 저를 다른 방으로 옮기지 않고 내버려 두었습니다.
무관심에서 비롯된 교도관의 배려에 감사하고 있습니다.

　이런 상황 속에 있는 제가 과연 '이탈의 정신'이란 주제에
맞는 원고를 작성할 수 있을까요? 선생님께서는 제가
병역거부자로서 자격이 있다고 보시고 원고를 청탁하셨습니다.
제가 병역거부라는 선택을 한 것은 맞습니다. 하지만
저는 제 삶에 새겨진 권력을 폭로한 대가로 권력으로부터
매끄럽게 떨어져 나온 것(이탈)이 아니라 더욱 깊숙이 권력과
연루되었습니다. 지금 저는 제가 처한 상황을 상대화할 수 있는
시점을 취할 수 없습니다. 권력관계에 압도되지 않기 위해 버틸
만한 지점을 찾고 있습니다. 이탈을 통해 얻은 '체제와의 절연',
'새로운 희망'에 대해 발언할 만한 능력이 제겐 없습니다. 오히려
그것들을 수혈받기를 원합니다.

　다만 제가 '이탈의 정신'에 대해 말한다면 그것은
선생님께서 언뜻 내비치셨다시피 '확신과 결기'보다는
'자기응시와 번민'의 언저리에서 일 것입니다. 섣불리 희망에
대해 말하기보다 '이탈'과 '번민'이라는 어울리지 않는 조합과
그 일그러진 의미 사이를 더듬을 수 있는 언어에 대해
고민해보고 싶습니다.

　그리고 선생님께서 보내주신 편지가 이 압도적인
권력관계로부터 잠시 이탈할 수 있는 매개였다는 점을

말씀드리고 싶습니다. 나의 삶이 권력관계와는 다른 방식으로 다른 사람과 연결되어 있구나 싶어 안도할 수 있었습니다. 고맙습니다.

그러고 보니 아직까지 원고에 대해 똑 부러진 답변을 드리진 않았네요. 무리한 상황인 줄 빤히 아는데도 공부를 하고 글을 쓰는 사람으로서 이 기회를 어떻게든 이탈의 계기로 삼고 싶다는 섣부르고도 어리석은 마음이 불쑥불쑥 들기 때문인 것 같습니다. 원고지 50매를 꽉 채울 수는 없을 것 같고, 완결된 서사보다 키워드를 여러 개 정해서 관련된 이야기를 풀어내는 식의 원고라면 가능하지 않을까 싶습니다. 참고문헌도 없는 볼품없는 글이 되겠죠. 제겐 단순히 원고를 작성하는 작업뿐 아니라, 생활하는 방 내부의 권력관계를 조절하고 협상하는 작업도 동시에 이뤄져야 합니다. 부디 실패하지 않길 바랍니다.

원고의 질이나 완성도를 차치하고서도 몇 가지 걱정되는 점이 있습니다. 일단 원고를 타이핑할 수 없기 때문에 편집부의 도움과 협조가 필요합니다. 편집부에서 따로 보내주신 편지에는 "궁금하신 것이 있으시면 언제든지 이메일 또는 전화 주셔도 좋습니다"라고 되어 있던데 아쉽게도 저는 두 가지 다 사용할 수 없습니다.

둘째, 물리적인 시간 문제가 있습니다. 선생님께서 제가 안 되겠다 싶으면 다른 사람을 구하셔도 좋습니다. 전 전혀 상관없고, 다른 훌륭한 병역거부자들의 존재에 대해서도

수감 중에 쓴 글

알고 있습니다. 이 편지는 등기로 보내도 앞서 말한 서신검열 때문에 7일(수)이나 8일(목)쯤 도착할 것이고 그때 선생님께서 다른 사람을 구하거나 제게 답신하려면 그만큼의 시간이 더 걸립니다. 감옥 안과 바깥의 시간은 다르게 흘러갑니다. 전자 서신이란 제도를 이용하시면 바로 다음날 들어온다고 알고 있습니다.

저는 오늘(4일) 쉬었으니 17일(토)이나 18일(일) 중 하루를 쉴 가능성이 높습니다. 반장 마음이라 미리 날짜를 알 수는 없네요. 어찌됐든 그 전까지 틈틈이 원고를 구상해보겠습니다. 19일(월)에 등기로 보낸다면 21일(수)이나 22일(목)에 도착할 것 같습니다. 이 모든 악조건에도 불구하고 괜찮다고 생각하신다면 편집부에 귀띔해주시길 부탁드립니다. 단 감옥에서 쓴 원고라고 해서 엄청난 성찰의 산물을 기대하진 말아주십시오. 그럼 안녕히 계십시오.

2010년 4월 4일

글쓰기와 신체

오랜만에 원고지를 꺼냈습니다. 펜을 들자마자 손이 인상을 찌푸립니다. 손가락 마디마디가 부어올라 펜을 바르게 쥘 수 없어서 그렇습니다. 손이 부은 까닭은 설거지 때문입니다. 다른 근육과 관절은 차츰 자리를 잡아가는데 손가락 상태만은 개선될 기미가 안 보입니다. 취사장 막장(나의 직함)들의 손가락은 어김없이 띵띵 부어 있습니다.

글을 쓸 엄두가 나지 않았습니다. 원고를 구상하고 골격을 짜고 서사로 엮을 만한 '짬'이 나지도, 되지도 않았습니다. 하루에 한 시간만이라도 책걸상과 함께 집중할 수 있는 시간이 주어지길 바랐습니다. 그럼 원고를 잔뜩 썼을 것이라는 부질없는 생각이 쉬이 떨쳐지지 않습니다. 다만 최근엔 조금 다른 곳까지 생각이 뻗치었습니다. 그 이야기를 해볼까 합니다.

연구자를 자처했건만, 그간 제 글쓰기는 대개 엄밀한 사유작용과는 거리가 있었습니다. 공부를 한다고 했지만, 정작 헤적인 곳은 사유의 바다보다는 감정의 수렁에 가까웠습니다. 그리고 그 감정은 불안정한 자의식과 그걸 만회코자하는 옹졸한 자기애에서 비롯된 것입니다. 잘 알고 있었습니다. 하지만 파고들지 않으면 벗어날 수 없다고 판단했기에 열없는 글쓰기 방식을 고수했습니다. 저는 제 글쓰기를 일종의 감정노동이라고 정의합니다. 흐리멍덩한 시간과 몰입의 시간이

239

80 대 20의 비율로 뒤섞인 매우 게으른 노동.

　징역을 살면서 이런 글쓰기 방식에 한계를 느끼고
있습니다(요전에 이○○ 선생님께 청탁받은 원고를 준비하면서 절절히
깨달았습니다). 얼핏 환경이 바뀌면서 글 쓸 시간이 없게 된 탓을
할 수 있겠습니다. 하지만 이는 시간과 체력으로 한정되지
않는, 신체와 그 신체에서 흘러나오는 문체에 잇닿은 문제라고
생각됩니다. 단적으로, 현재 제 신체는 식재료를 나르고,
빨래를 치대고, 설거지를 하면서 그때그때의 명령에 신속하게
반응하는 식으로 변형되고 있습니다. 명령 군데군데에 섞여
있는 짜증과 모욕은 흘려보내야 합니다. 이런 신체가 글쓰기
자체에 부적합한지는 잘 모르겠습니다. 적어도 이전과
같은 방식으로 감정을 진득하니 부여잡을 수 없게 됐음은
틀림없습니다.

　그동안 너무 많은 일이 있었습니다. 그 우여곡절의
파노라마를 전할 방도가 떠오르지 않습니다. 출소 후라면
모를까. 예전처럼 감정의 알갱이를 곱씹거나 서사를 살찌우는
방식으로는 도저히 담아낼 수 없겠다 싶었습니다. 더듬이
같던 팔다리에 근육이 붙고 굳은살이 박이는데 더듬이질밖에
모르는 문체를 보고 있자니 갑갑했습니다.

　철학자 니체 특유의 잠언aphorism이 그의 건강 상태와
밀접히 관련이 있다는 것은 잘 알려진 사실입니다. 소설가
마루야마 겐지도 통신사에서 근무한 이력 덕분에 정확하고
간결한 문체가 몸에 배었다고 고백한 적이 있습니다.

뻔뻔하게도 이 다음 자리에 은근슬쩍 저를 밀어 넣어 봅니다. 징역살이는 제게 새로운 글쓰기 방식을 고민하도록 강제하고 있습니다.

어렴풋하게 감정이나 서사가 아닌 이미지를 전달하는 글쓰기 모델을 떠올려 보았습니다. 난생 처음 글쓰기의 회화적 요소에 대해 고민하게 됐습니다(저는 글에 선율을 실어 나를 줄 아는 문체를 부러워하면서 글쓰기의 음악적 요소에 대해 생각해본 적이 있습니다). 사물의 재현에 충실하는 대신 사물과 빛의 마주침을 포착하려 든 인상파의 그림처럼, 이미지를 발산하는 글쓰기라는 게 있지 싶었습니다. 그런 인상주의적(?) 글쓰기라면 현재 제 상황에서 감정의 흐름이나 서사의 부피를 비껴가면서도 도전할 만한 과제이겠다 싶었습니다.

패기 있게 마무리를 했으면 좋겠습니다. 하지만 새삼 순간의 아이디어로 문체가 변모하는 법은 없다는 김빠지는 사실을 떠올려 볼 필요가 있을 듯합니다. 제가 취사장 막장에 적합한 신체가 되기 위해 쉴 틈 없이 몸을 놀려야 했던 것처럼, 그에 필적하는 아니 그 몇 배의 노력이 글쓰기에 따라야 할 것입니다. 제가 약속할 수 있는 것은 적나라한 시행착오의 면면 외에는 없습니다. 그 시행착오가 염치없이 지면을 축내지 않기를 바랍니다.

2010년 5월 8일

수감 중에 쓴 글

너도 나도 사장님

교도소에는 사장님이 참 많아요. 제 평생 이렇게 많은
사장님들을 한꺼번에 보기는 처음이에요(뭐 이곳은 모든 게
다 처음인 일투성이긴 하지만. 쩝). 엊그제 작업장 주임은 대뜸
"교도소만큼 사장 많은 데가 어디 있어?" 하더군요. 교도소
사정에 밝은 이라면 고개를 끄덕일 법한 말이에요. 저만 해도,
이곳에서 알게 된 사장님을 꼽아보면 손가락 발가락 개수를
다 합쳐도 부족해요. 그런데 희한하게도, 제가 보고 들은 것이
적은 탓인지 이분들이 어디서 어떤 사업을 했다는 이야기는
별로 접하지 못했어요.

사장님. 저는 처음에 이 말이 경제사범 중 일부를 가리키는
호칭이라고 생각했어요. 그렇게 쓰이기도 해요. 실상을 알고
보니 이곳에서 사장님은 한 회사를 대표하는 직함이라는
통상적 정의를 뛰어넘어 중년과 노년을 골고루 아우르는
호칭으로 기능하더군요. 개인적 경험을 살펴보면 비슷한 말로
'선생님'이 가장 먼저 떠올라요. 그런데 아무래도 이곳에서는
나이 지긋한 어른이라 해도 선생님이라 하기엔 어색한
경우가 태반 아니 대부분이에요. 정규교육을 제대로 받은
사람이 드문드문해요. 그런 사정이 있다 보니 교도소에서는
한국사회의 나이를 중시하는 문화가 사장님에 새로운 의미를
부여하는 방식으로 반영되는 형편이에요.

담장 바깥의 시선에서는 우습기 짝이 없는 광경이
벌어지기도 해요. 예컨대 제가 거주했던 여섯 번째 방의
두 사장님은 공교롭게도 성姓이 같았어요. 호칭은 사람을
구별하기 위해 사용하는 건데 본연의 역할을 수행할 수
없었죠. 이분들이 낸 해결책은 나이가 많은 쪽이 회장, 적은
쪽이 사장이 되는 거였어요. "강 회장님", "강 사장님"하면서
지내는데, 코딱지만한 방에서 회장님과 사장님을 동시에
모시려니 어찌나 황송하던지. 저는 제가 무슨 재벌집 하녀라도
된 줄 알았어요.

　사실 사장님이란 호칭에는 장유유서의 전통(?) 말고도 다른
사연이 숨겨져 있어요. 여러분도 쉬이 짐작하시겠지만, 교도소
내 관계를 드러내는 가장 상징적인 호칭은 단연 '형님'이에요.
형님에서부터 모든 인간관계가 정의되고 뻗어나가는 것이
교도소의 생리이지요. 잘 살펴보면 사장님은 그런 관계에
진입하기(포섭되기) 애매한 사람들을 통칭하는 말이에요. 나이든
어정쩡한 사람들을 밀어내는 동시에, 그 거리를 예의라는
형식으로 포장해주는 역할을 단어 '사장님'이 맡고 있어요.
물론 그 용어를 사장님 개개인들은 형님 문화로부터 한 발짝
거리두기를 할 수 있는 수단으로 삼기도 하지요.

　이런 식으로 교도소에는 형님이 대표하는 중심부와
사장님이 대표하는 주변부가 경계를 이루면서 공존하고
있어요. 집단적인 중심부는 패권hegemony을 차지하는 대신,
주변부에 상대적으로 개인주의적인 문화를 보장해주지요. 간혹

　　　　　　　　　　　　　　　　　　　수감 중에 쓴 글

그런 경계를 깨뜨리고 간섭을 하는 사장님은 대번 '아저씨'로
전락하고 말아요. 아저씨. 교도소에서 그 말은 꽤나 모욕적인
의미예요. 그리고 백발이 성성한데도 사장님이 아닌 형님이라
불리는 사람이 있다면, 그 사람은 진짜(!) 형님이라고 보면
돼요.

일곱 번째 방으로 전방 온 지 열흘쯤 됐어요. 하루 이틀
간격으로 제가 오고, 예전에 취사장 동료였던 여호와의증인
친구가 오고, 예순다섯 살 할아버지가 들어왔어요. 자세한
사정은 모르지만 이 할아버지는 영치금도 없고 면회 오는
사람도 없어서 가는 방마다 구박을 많이 받았나 봐요. 약간의
고심 끝에 저랑 증인 친구는 이 할아버지를 사장님도 형님도
아닌 '어르신'이라 부르기로 하고 허락을 맡았어요.

어르신이 형님 세계에도 사장님 세계에도 속하지 않는
명칭인 것처럼, 이 방에서의 생활을 권력으로부터 상대적으로
자유롭게 만들어갈 생각이에요. 우리 방은 청소도 설거지도
다 같이하는 교도소에서 좀처럼 찾아보기 힘든 방이랍니다.
형님도 아우도 사장님도 없어요. 형식적 민주화는 이룬 셈이죠.
이만큼의 조건과 자유의 공간을 만들어내기까지 넉 달이
걸렸어요. 혹시 그간 제 걱정을 하신 분이 계셨다면 조금
안심하셔도 돼요. 저 잘 지내고 있어요.

2010년 7월 15일

평화를 빕니다

병역거부자 김영배 씨에게

영등포구치소에 수감됐다고요. 영어의 몸이 된 걸,
안타까워 해야 할지 반겨야 할지 모르겠네요. 위로의 말을
하기엔 제 처지도 보잘 것 없고, 반갑게 맞자니 맑은 웃음이
지어지지 않는군요. 여기까지 오느라 고생이 많으셨다는
말만큼은 망설임 없이 드릴 수 있을 듯합니다. 그리고 영배
씨도 말씀하셨다시피 함께 고생할 수 없어서 아쉽습니다.
지척에 두고도 얼굴을 볼 수도 목소리를 들을 수도 없다는
사실이 안타깝습니다. 담장과 담장 사이의 거리가 이리 멀게
느껴지다니, 이산가족의 마음을 조금이나마 가늠할 수 있을
듯합니다.

한편 영배 씨와 승덕 씨는 왕왕 마주칠 거라고 생각하니,
참 좋겠습니다. 저도 이곳에서 몇몇 인연을 만들기는 했지만,
능력이 부족하고 제한된 조건이다 보니 흉금을 털어놓는
만남이 쉽지 않습니다. 징역살이를 하면서 동료가 있다는 건
큰 복이라고 생각합니다. 여호와의증인들의 돈독한 우의를 볼
때마다 부러움이 샘솟곤 합니다.

승덕 씨로부터 적잖은 이야기를 전해들었을 거라고
예상됩니다. 소가 다르기 때문에 제 이야기가 그다지 참고가
되지 않을 수도 있겠습니다. 그래도 노파심을 접어둘 수 없어서

245

수감생활에 대해 몇 마디를 덧붙여 봅니다. 이미 적응하셨을
것 같은데, 미지정방에서는 그럭저럭 지낼 만하실 겁니다.
갇혀 있는 몸이지만 활동하던 중에는 엄두도 못 내던 규칙적인
일과와 단조로운 생활이 어떤 의미에선 안정감을 주기도
합니다. 토끼눈을 하고 찾아온 친구들에게 생각보다 지내기가
만만한 감옥생활을 어찌 설명해야 할지 난감했던 기억도
납니다.

　출역을 하니 그야말로 천지 차이더군요. 타고 있던
회전목마가 갑자기 롤러코스터로 뒤바뀐 기분이라고 할까요.
출역 첫날 샤워장에서 펼쳐진 현란한 문신과 울퉁불퉁하게
튜닝한 성기들의 스펙터클을 보면서, 단박에 영화 〈매트릭스〉의
유명한 대사 "Welcome to the real world"가 떠올랐습니다.
그때부터 고단한 나날이 시작됐지요. 친구들이 찾아왔는데
이제는 제가 토끼눈을 하고 있더군요.

　당부를 드리고픈 것은 별도로 분류과에 면담신청을 해서
어떤 처우를 받게 될지 알아보시라는 것입니다. 제 경우 감옥에
관한 정보도 부족했지만 그나마 들었던 이야기도 별로 주의
깊게 새겨 놓지 않았습니다. 어차피 감옥에 가는 마당에
이것저것 가리지 말고 부딪혀보자는 심정이었습니다. 하지만
영문도 모르고 취사장에 도착해보니 지나치게 순진하지
않았나, 너무 정면승부(?)가 아니었나 싶기도 했습니다.

　'정치적' 병역거부자란 호칭이 무색한 기억이 있습니다.
출역 후에야 등급심사가 이뤄졌는데 그때 적성검사, 지능검사

등을 받았습니다. 취사장 생활이 너무 끔찍해서 혼신을 다해 문제를 풀었더니 웬걸 시간이 남더군요. 교도관들을 놀래킬 만한 수치를 내면 행여 전업시켜줄까 싶었던 것입니다. 면담을 통해 방을 바꾸거나 전업신청을 하면 되는데, 감옥 제도에 대한 무지가 엉뚱한 행동으로 나타난 것이지요. 대학에 입학한 후에 그때만큼 절박한 심정으로 시험을 본 적은 없었던 것 같습니다. 한편으론 그때의 시험결과가 어떻게 나왔을지 궁금하기도 합니다. 이런 시행착오는 겪지 마시고 정치적 병역거부자답게 활용할 수 있는 제도에 대해 잘 아셨으면 합니다. 구노회나 민가협에서 오는 우편물을 챙겨보는 것도 도움이 됩니다(구치소에는 강력범이 출역을 못하게 되어 있다고 들었는데, 제 걱정이 기우에 불과할 수도 있겠네요).

교도소에서 지내다 보니 크고 작은 상처를 주고받는 일은 지극히 예삿일이라는 생각이 듭니다. 어쩌면 이는 담장 바깥에서도 마찬가지인데 이곳에서는 적당히 스쳐 지나갈 수 없다는 점이 다를 수도 있겠습니다. 속이 물크러져 상하지 않을 정도로만 견디면서 지냈으면 합니다. 맞서 버텨야 할 시련과 피해야 할 시련을 구별할 수 있는 안목이야말로 감옥생활에서 길러야 할 지혜라고 생각됩니다.

제 방은 복도에 있는 2층(이곳 말로는 상층)입니다. 출역 후 방에 갇히기 직전에 창밖을 내다보면 영등포구치소에서 펄럭이는 깃발이 보입니다. 그 깃발이 뜻하는 바와 무관하게, 가끔 그 깃발을 보면서 그곳에 있을 영배 씨와 승덕 씨에 대해

수감 중에 쓴 글

생각하겠습니다. 건투보다 역동적인 평화를 빕니다.

2010년 7월 25일

다음에는 얼굴을 봐요

장○○ 씨에게

○○ 씨, 안녕?

월요일 아침, 작업장 주임이 후배 같은 사람이 접견을 왔다가 그냥 돌아갔다고 알려주더군요. 안 그래도 면회시간은 15분에 불과하고 그것마저 쏜살같아서, 나는 늘상 면회 온 사람들에게 미안스런 마음이 있어요. 그런데 헛걸음을 하게 만들다니, 이거 큰일이로구나, 어쩌면 좋을까 하면서 마음을 바싹 졸였더랬죠.

하지만 요 마음이란 녀석은 어찌나 간사하던지, 잠시 오그라든 척하더니만 이내 느슨해지더라고요. 그리고 그 헐거워진 자리에는 과연 누가 왔다 갔을까, 머리카락 한 올이라도 봤으면 좋았을 걸, 하는 궁금증과 아쉬움이 빼곡히 들어차더군요.

'후배 같은 사람'의 정체는 ○○ 씨였군요. 뒤늦게 들어온 접견민원인 서신을 보고 알았어요. 타박타박 돌아선 발길을 만회할 수는 없겠지만, 고립된 처지의 수감자에게도 나름의 사정이 있었다는 점을 밝혀두고 싶어요. 사정인즉슨 그날 오후에 전주에 있는 가족이랑 화상접견이 잡혀 있었어요. 언제부터 도입됐는지는 모르겠지만 정보화시대에 발맞춘 '선진'교정행정 덕분에 어느 교도소를 방문해도 타소에 있는

249

재소자와 원격으로 접견을 할 수 있게 되어 있어요. 지방에
가족이 있는 나로서는 다행스런 일이죠. 하루에 두 차례
면회는 허가되지 않기 때문에, 지난 토요일에는 ○○ 씨를 볼
수 없었던 거예요.

　○○ 씨가 알면 큰 눈망울이 똥그래질 만한 이야기가
또 있어요. 그날 어머니, 누나 그리고 할머니랑 화상접견을
했어요. ○○ 씨는 우리 할머니에 대해 알고 있죠? 내가
스리랑카로 봉사활동을 하러 간다고 거짓말을 하니, 외국에
가면 위험하니까 밤늦게 혼자서 돌아다니지 말라고 당부했던
할머니요. 모니터 화면을 통해서 할머니를 봤어요.

　사건의 발단은, 내가 이곳 영등포교도소에 수감된 다음에
병무청에서 전주집으로 우편물을 발송하면서 시작됐어요. 그
우편물에는 내가 수형생활로 말미암아 현역병 입영 대상자에서
제외된다는 내용이 담겨 있었대요. 하필이면 그게 할머니 두
손에 전해진 모양이에요. 집안이 발칵 뒤집혀졌겠죠. 나는
한참 뒤에야, 사태가 진정국면에 접어들고 나서야, 그 같은
사실을 알게 됐어요. 어머니께서는 담담한 문투로 그런 소식을
전하면서, 나를 보러갈 때 친구 딸의 결혼식 운운하면서 연기를
하지 않아도 되니까 차라리 잘된 일이라고 편지를 맺으셨어요.

　이쯤에서 만남의 장면과 대화의 내용을 생생하게 전해야
할 것만 같지만, 그렇게까지 하지 않으려고 해요. 왜냐하면 설령
이것이 가족에 관한 이야기라고 할지라도, 나는 이러한 사연을
한 개인과 그 가족이 겪는 불행담으로 가두고 싶지 않기

때문이에요. 고백하자면, 내겐 그만큼 진하고 빽빽한 감정을
통속적이지 않게 다룰 자신이 없기 때문에 신중해지려는
것인지도 모르겠어요.

대신에 나는 내게 붙박혀 버린 가족의 일상 곳곳에 가족이
아닌 무언가가 오고가며 흐른다는 사실에 주목하고 있어요.
두말할 나위 없이 내가 겪는 불행은 개인적 비극이 아니에요.
그렇기 때문에 이를 견디기 위해 서로의 손을 꼬옥 쥐고 있는
우리 가족의 눈길은 가족 안뿐 아니라 가족 바깥으로도 향할
수밖에 없는 거예요. 그런 시선의 전환은 매우 각별한 것이라고
생각해요.

예를 들면, 어머니께서는 하루에도 여러 차례
'전쟁없는세상'과 여타 병역거부자들을 지지하고 후원하는
사이트를 들여다보세요. 알고 있겠지만 ○○ 씨를 포함한 내
친구, 동료, 주변 사회운동가들과 자주 연락하시고 만남을
갖기도 해요. 아들을 깊숙이 들여다볼수록 아들만 보이는
게 아니라 아들 아닌 이들의 삶이 겹쳐 보이는 거예요. 내겐
어머니의 그런 모습이 비단 가족애의 회복(이 단어는 어떤
원형을 함축하고 있지요)에 그치지 않고 가족의 거듭남을 품고
있는 것처럼 비칠 때가 있어요. 그렇기 때문에 간혹 이 불행이
질척하지 않고 아주 담백하게 느껴지는 게 아닐까요?

여전히 거북이등껍질 같은 가방을 메고, 또 카메라가방을
두르고, 신발끈이 풀린 채로 여기저기를 분주히 돌아다니고
있나요. 유독 신발끈이 잘 풀리고 그걸 귀찮아하며 고쳐

매지도 않는 모습 때문에 불안불안하다고 말했지만, 정작
안절부절 못하고 있었던 건 내 쪽이었다죠. 그런 시간을
돌이켜보면 얼굴이 화끈 달아오르는 걸 멈출 수가 없네요.
이 편지도 멋쩍어질 만한 일을 또 하나 보태는 건 아닌지
모르겠어요. 그러니까 ○○ 씨, 다음번에는 꼭 얼굴을 보면서
이야기하기로 해요. 15분뿐이지만 실망시키지 않도록 할게요.

2010년 8월 4일

성장의 이미지

후배 남○○에게

덥다. 몸의 접혀진 부분마다 송골송골 땀이 맺힌다. 벽에
눌어붙은 채로 글씨를 끼적인다.

독일 아헨Aachen발 편지는 8월 9일에 받아보았다. 프랑스산
봉투, 독일산 우표, 쓰던 노트를 북 찢어 쓴 편지지의 조합이
인상적이었다. 네가 예고한 대로라면 지금쯤 한국에 있겠구나.
서울에 있을 수도 있겠지만, 그간의 행보에 근거해 추측해보면
대구에 머물 공산이 클 것 같다.

나는 별일 없이 지내고 있다. 적응하는 과정에서 겪는
일이라 치기엔 더러 심하다 싶은 것도 있었지만 지금은 괜찮다.
동양인이어서 어린아이들의 놀림을 받았다는 네 이야기를
듣고서 회상하게 된 장면도 있었다. 나 역시 이런저런 일을
겪으면서 유치함에서 두어 계단 오르면 잔인함에 도달한다는
점을 배웠다. 나는 『경향신문』을 구독하는데, 요즈음엔
광고란에 등장하는 시국선언 명단에서 아는 사람들 이름을
찾아보면서 더위를 피하고 있다.

겨울을 나야 한다는 점을 제외하면, 징역살이도 몸에
익어간다. 비좁은 공간에서 여럿이 부대끼다 보니 사소한
습관이나 버릇도 미움이나 증오의 불길로 번져가는 걸 여러
번 목격하였다. '목격'이란 고상한 표현을 썼지만 어느 누구도

　　　　　　　　　　　　　　　수감 중에 쓴 글

사태를 관망할 만한 거리에 이를 수 없는 살림살이다. 모두들 바늘귀 같은 마음을 하고서 타인의 자그마한 부주의에도 신경을 바짝 곤두세운다. 내게도 바늘귀가 하나 있다. 몸이 겹치는 리듬을 최소화하도록 조율하는 동시에 운신의 폭을 최대화하는 기술을 여섯 달째 갈고닦고 있다.

사소한 예를 하나 들어볼까 한다. 각 방에는 쪼그려 앉아 쓰는 변기가 설치된 가로세로 1미터 남짓의 공간이 딸려 있다. 이래봬도 수세식 변기다. 이곳에서 대소변을 보고 설거지, 빨래, 세면, 양치를 다 한다. 수도꼭지가 달려 있는 창가 쪽 모서리를 중심으로 좌측 모서리엔 세숫비누와 빨랫비누가 든 비누곽이, 우측 모서리엔 수세미와 주방세제가 놓여 있다.

교도소 화장실 필수매너는 큰 것 작은 것 상관없이 앉은 동시에 무조건 가스밸브식으로 된 손잡이를 최대한 열어젖히는 것이다. 그리하지 않으면 대장, 방광, 괄약근이 운동하는 소리가 고스란히 방 안으로 전달되기 때문이다. 화장실과 방을 구분하는 경계는 비닐 한 장에 앙상한 나무를 덧댄 문짝이다. 의지와 상관없이 '그 광경'은 눈에 들어온다. 우리는 재주껏 신문지나 수건을 비닐에 대어 중요 부위의 노출을 피하고자 애쓴다. 볼일을 마치고 의관까지 완벽히 갖춰야 밸브를 잠글 자격이 주어진다. 이것은 신입이 익혀야 할 수많은 세칙 가운데 기본에 해당한다.

너는 편지에다 나의 성장 여부가 궁금하다고 적었지만, 내가 해줄 수 있는 이야기는 고담준론이 아닌 이런 류의

구질구질한 형이하학뿐이다. 지나간 징역살이에 성장이란
단어를 들이대자니 머쓱해서 머리만 긁적이게 된다. 그래도
네게 답변하고자 나름 애쓴 끝에 머무른 생각은 다음과 같다.
만약 내가 영등포교도소의 담장 안에 뿌리내린 식물이라면,
수분을 촉촉이 머금고 곧게 뻗은 식물보다는 한정 없이
바람결에 나부끼는 식물에 가깝다고 생각한다. 명백히 전자는
통상적인 성장의 이미지다. 후자는 성장이란 이름으로 쉽게
거둬들여지지 않는 이미지이지만, 나는 후자는 후자 나름대로
피울 수 있는 꽃이 있을 거라는 희망을 품고 있다. 내겐 다른
수가 없기도 하다.

　어쩌면 네가 불만족스럽다고 평가한 "이리 치이고 저리
발리다가 끝나고만" 독일 생활도 그런 것이 아니었을까 싶다.
말끔하게 재단된 독일 대신에 혼란스럽고 뒤죽박죽인 독일을
겪고 온 네게 전혀 잘못되지 않았다고 말해주고 싶다. 오히려
그런 번민하고 흔들리는 시간이야말로 서로 다른 길을 걷고
있음에도 너와 나를 여전히 동료이게끔 하는 끈끈한 증표처럼
느껴져서 반갑다. 아무래도 나는 남○○의 다부진 입술보다
흔들리는 눈동자를 사랑하는 사람인 듯하다.

　혹시 다음에 접견올 때 볼펜을 대여섯 자루 넣어줄 수
있는지. 이곳에서 구매 가능한 볼펜은 날카로워서 매끄럽게
써지질 않는다. 내가 여기서 얻어 쓴 펜 중에는 빅Bic사의
것이 마음에 들었는데, 시중에서 쉽게 구할 수 있는 것이라면
민원실을 통해 전해줬으면 한다. 검정색. (보유수량에 제한이

있어 열 자루가 넘어도 곤란하다.) 구하기가 여의치 않거든 끝이
뭉툭하고 저렴한 것으로 아무거나 넣어줬으면 한다.

새학기가 시작하기 전에 재회할 수 있기를 바란다.

2010년 8월 23일

입소 전 장면들

재판은 끝났는데 구속이 되지 않았다.

왜 울었는지 이유는 기억이 나지 않는다. 아니, 그때에도 이유는 알지 못했다.

유죄라는 좌절감? (무죄로 풀려날 거란 기대도 없었으면서)

미래에 대한 두려움? (무슨 일이 닥칠지도 몰랐으면서)

구속되지 않았다는 안도감? (어안이 벙벙하긴 했다)

슬퍼서? 놀라서? 당황해서?

그건 정서적 반응이 아니라 신체적 반응이라 해야 옳다.

나는 법정에 있는 내내 긴장을 풀기 위해 입술을 축이고 손을 주물러댔다. 법정은 내 몸을 뚫고 들어와 오장육부를 움켜쥐고 있다가 아무 일도 없었다는 듯 슬며시 놓고 가버렸다. 법정을 빠져나오면서 그 여파로 오장육부가 출렁이는 걸 느꼈다. 오장육부의 진동은 소리가 되고 액체가 되어 내 몸에 뚫려 있는 구멍을 통해 흘러나왔다. 법정의 손아귀에서 한 발짝 벗어난 내 신체는 그런 식으로 사정없이 흔들리면서 껵껵 소리를 냈다. 눈물(그것은 기관organ의 문제다)과 울음(그것은 신체body의 문제다)의 차이를 경험적으로 깨달았다.

흔들림이 멎자 주변이 환해졌다. 뒤늦게 동행해준

수감 중에 쓴 글

사람들에게 감사를 표하고 부리나케 집으로 향했다. 쓸쓸하게 정돈된 집안. 어머니께서는 늘 그렇듯 아들의 귀환을 차분하고 담담하게 맞이하셨다. 휴가를 내고 서울에 오신 어머니를 터미널까지 배웅했다.

네일아트숍에 가서 손톱관리를 받고 청록색 매니큐어를 칠했다. 그리고 좋아하는 사람을 만났다. 다음날은 보고 싶은 사람을 만났다. 그 다음날은 더는 안을 수 없는 사람을 만났다.

틈틈이 사람들의 주소와 연락처를 정리하고 감옥에서 읽을 도서목록을 정돈했다(감옥에서는 도서정보를 얻기가 쉽지 않고 출력물은 가지고 들어갈 수 있으니 미리 준비해두면 유용하다. 참고로 쇠, 가죽, 끈이 달리지 않은 노트도 챙겨두면 그때그때의 심정을 기록할 수 있다. 스프링 없는 볼펜도 반입 가능하다). 그러던 와중에 검찰에서 전화가 와서 금요일 6시에 맞춰 가겠노라고 답했다.

서부지검 안내데스크의 직원은 '두 얼굴의 사나이'였다. 말끔한 친구들과 다가가니 친절하게 방문 목적을 묻더니만, 목적을 밝히니 돌멩이처럼 굳은 얼굴을 하고 반말을 내뱉었다. 소박한 작별인사를 나눴다. 긴말은 필요하지 않았다. 다른 세계로 향하는 문. 홀로 엘리베이터에 올라섰다.

서부지검 엘리베이터에는 특수한 장치가 되어 있는 게 틀림없다. 계기판의 숫자가 올라갈수록, 서서히 나를 둘러싼 경계와 내 형체가 희미해지는 걸 감지했다.

그 후에 만난 사람들은 나를 마트 위 진열상품이나

지나가는 도둑고양이처럼 대했다. 아무도 내게 주목하지
않았지만, 지나가는 눈길만으로 다 알고 있는 것처럼 행동했다.
30분 후에 다시 탄 엘리베이터 안에서 그들끼리의 대화. "뭐야?"
"어, 여호와의증인." 뭐라고 대꾸를 하고 싶지만 어느새 내
입은 사라져버려 말을 할 수도 소리를 낼 수도 없게 되었다.
호송차에 이를 즈음에 나는 거의 보이지 않게 되었다. 거울을
직접 보지는 않았지만, 그들이 내게 행선지를 알려주지도,
눈길은커녕 뒷좌석을 한번 돌아보지도 않았기 때문에 알 수
있었다. 나는 이왕 투명인간이 되었으니 완벽하게 투명해져서
이 낯선 상황에서 탈출해야겠다고 마음먹었다. 하지만 내
손목에 채워진 수갑만큼은 내가 투명인간이라는 사실을 잊은
듯했다.

어쩔 수 없이 나는 텅 빈 눈알에다 뾰족한 바늘로 바깥
풍경을 새겨 넣었다. 매일 반복되는, 하지만 내겐 더 이상
적용되지 않을 지극히 평범한 저녁의 풍경을. 이어폰을
귀에 꽂고 고개를 주억거리는 직장인, 손을 맞잡고 느릿느릿
걸어가는 커플, 경쟁하듯 제각기 반짝이는 불빛들, 그 너머로
태연히 한강이 흐르고 있었다.

그 모든 풍경을 집어삼킬 만큼 어둠이 짙어질 무렵, 나는
어딘가에 당도하여 내려졌다.

2010년 9월 5일

수감 중에 쓴 글

분별과 아집

김〇〇 법사님께

명절연휴는 잘 보내셨는지요. 비 내리는 삼천포 앞바다는
어떤 낯을 하고 있던가요. 간만에 아들 노릇, 동생 노릇,
삼촌 노릇 하시느라 한편으론 고단하고 한편으론 뿌듯한
추석이었으리라 짐작합니다.

조급함과는 거리가 먼 형의 성정을 잘 알면서도 영 소식이
없어서 궁금해 했습니다. 혼자서 설마 출가를 하셨을까, 그새
장가를 드셨을까, 추측해보았습니다. '수유너머'의 영향력을
빌어 행방을 수소문해보려던 참이었습니다. 그러던 차 〇〇,
〇〇, 〇〇 틈에서 형의 얼굴과 재회하게 되어 반가웠습니다.
짓궂은 유머감각도 녹슬지 않으셨더군요. 함께 밥 한 술 뜨지
못해서 섭섭했지만, 그래도 저를 접견하는 덕분에 뿔뿔이
흩어져 있던 사람들이 모여서 식사하고 담소 나눌 기회가
만들어진다는 것, 기쁘게 생각합니다.

저는 10월 한 달 동안 현재 맡고 있는 영치창고 업무
외에도 추가 출역이 있을 예정입니다. 그래서 명절 아침
쉬면서 원고를 미리 써둘까 했는데, 쓰지 못했습니다. 낮에는
동갑내기 교도관이 몰래 송편을 챙겨줘서 작업장 동료들과
나눠 먹었습니다. 저녁에는 법무부 방송에서 틀어주는
귀성행렬 풍경에 자연스레 눈길이 쏠리더군요. 밤에는 창살

너머 보름달을 올려다보며 연휴가 끝나면 유학을 떠나는 어느 평화운동가의 안녕을 빌었습니다. 명절이라고 출역을 하지 않으니 시간도 잘 가지 않고 괜한 마음만 누룩처럼 부풀어 오르더군요.

작년 연말 둘이서 북한산에 올랐을 때가 불쑥불쑥 떠오르곤 합니다. 도선사 신도를 실어나르는 버스 안에서 나눈 대화였다고 기억합니다. 형은 뜬금없이 유년시절을 추억하는 버릇이 있죠. 그날 형은 풍랑으로 하루아침에 가장을 잃고 살길을 찾아야 했던 어촌마을 이웃들의 가슴 짠한 이야기를 꺼냈습니다. 그중에는 꿈이라는 단어를 입 밖에 꺼내지도 못하고, 진학을 포기하고 '공순이'가 되어야 했던, 총명한 옆집 누나의 사연도 끼어 있었죠. 형의 의도는 그런 것이 아니었을 테지만, 그 말은 묵직한 돌덩이가 되어 쿵소리를 내며 제 가슴에 떨어졌답니다.

"그러게요. 저는 뭐가 잘났다고, 무슨 영광을 보겠다고, 이 난리를 벌이고 있는지 모르겠어요"라고 대꾸한 기억이 납니다. 옳든 그르든, 당시의 저는 병역거부라는 선택이 제 지독한 분별과 아집의 산물임을 인정하지 않을 수 없었습니다.

하지만 때로는 그런 분별과 아집이 '나'라는 자아의 경계를 지우는 길목으로 향할 수 있음을 새롭게 배우고 있습니다. 언급한 바와 같이 저는 이곳 영치창고에서 재소자들의 물품을 관리하고, 이송을 보내거나 받고, 접견 온 사람들이 넣어준 물건을 배달하는 일을 하고 있습니다. 이 일의 특성상 (교도관의

수감 중에 쓴 글

계호하에) 교도소 내부를 돌아다니고 다른 재소자를 접할
기회가 많습니다.

이 자리에서 그간 만났던 사람들을 겉핥기식으로
소개하는 일은 다소 선정적으로 비칠 수도 있겠습니다. 그런데
제가 발 딛은 교도소라는 공간의 특수성은 바깥세상과
소통하기 위해 어느 정도의 선정성을 감수해야 하는 면이
있습니다.

예컨대 지난 대선 때 BBK사건으로 일약 유명인이 된
김경준 씨는 혀에 버터를 바른 듯한 한국어를 구사합니다.
영화 〈친구〉의 모티브가 된 인물 중 한 사람은 이번 달에
15년의 형기를 마치고 고향인 부산으로 내려갔습니다.
사법부에 의해 억울하게 석궁'테러'범으로 몰린 김명호 씨는
얼마 전 이감을 왔는데, 몹시 지치고 쓸쓸해 보였습니다.
심사가 뒤틀리면 교도관, 재소자를 가리지 않고 침을 뱉던
장애인시설장이 있는데, 그는 돌아가신 김수환 추기경에 관한
자료를 강박적으로 수집했습니다. 에이즈에 걸린 한 재소자는
항상 머리를 한쪽 방향으로 곱게 빗어 넘기고 눈썹을 가지런히
다듬곤 했습니다. 저랑 같은 방을 쓰는 여호와의증인은 결혼한
지 보름 만에 구속되었다고 합니다. 그 옆의 노인은 아동성폭력
사건의 가해자입니다.

제게 이들과 더불어살기란 만만치 않은 일이었습니다. 사실
'더불어'란 말에는 어폐가 있는 게 다들 갇혀서 생활하는 만큼
어느 만남(같은 방)은 너무 전면적이고 다른 만남(다른 방)은

극히 피상적인 까닭입니다. 어쨌든 현재의 저는 이런저런 일을 겪으면서 상처를 줄일 수 있는 환경을 확보했고 다른 사람의 몫까지 챙겨줄 수 있는 생활력을 갖추었습니다. 또한 지난 십여 년간 선배 병역거부자와 평화운동가(그리고 여호와의증인)들의 노력에 힘입어 이 징역살이의 끝을 내다보고 나머지를 셈할 수 있다는 걸, 정말 다행이라 여기고 있습니다(만약 그렇지 못했다면 저는 붕괴하고 말았을 것입니다).

이렇듯 저를 둘러싼 환경과 조건의 전반적인 변화를 가리켜 불교 용어를 사용하고픈 마음이 들 때도 있습니다. 하지만 법사님 앞인 만큼 자제하고 다소곳이 있는 게 신상에 좋겠지요. 그래도 제가 뱅뱅 맴돌던 자리에서 벗어나 새로운 인연의 바다로 뛰어들었다는 사실만큼은 명백해 보입니다.

다시 북한산에 오르고 싶습니다. 정갈한 국물 맛이 일품인 백운산장의 멸치국수가 눈앞에 아른거립니다. 양념장을 듬뿍 얹은 뜨끈뜨끈한 두부 맛도 그립습니다. 산악구조대 숙소에 이르기 전에 서 있던, 등산객들의 손때를 타서 옻칠을 한 것처럼 변해버린 나무줄기는 여전한가요. 그 맨질맨질한 살갗에 제 손등을 부벼보고 싶습니다. 대동문에 큰대자 모양을 하고 서서, 초록색 입자를 띤 바람에 흠뻑 취하고도 싶습니다.

낙성대에 사는 마음씨 좋은 부부에게 안부를 전해주셨으면 합니다. 다시 그 집에 모여 술잔을 기울일 때면, 엉금엉금 기던 그 집 아기는 경중경중 뛰어다니겠네요. 그때쯤이면 형수님의 얼굴도 뵐 수 있겠지요. (어쩌면 벌써 곁에 계실지도 모르는)

미래의 형수님께도 미리 안부를 전합니다. 그럼 저는 조금 더
마음을 짓고, 허물고, 그러모으고, 흐트러버리다가, 때가 되면
돌아가겠습니다. 그때까지 건강하세요.

2010년 9월 26일

헌법재판소 재판관님께

헌법재판소의 「병역법 88조」 위헌법률심판에 부쳐

헌법재판소 재판관님. 안녕하세요? 저는 병역법 위반으로 징역 1년 6월을 선고받고 영등포교도소에 수감 중인 현민이라고 합니다. 가을의 손길을 느낄 새도 없었는데 어느덧 쇠창살 틈으로 새어 들어오는 바람이 겨울의 발걸음을 재촉하는 기세입니다. 창살에 몸을 삐뚜름히 기대고 있으니 훗날 제게 2010년은 단풍잎을 보지 못한 해로 기억될 것이라는 생각이 스쳐 지나갔습니다.

뜬금없는 편지의 목적을 눈치 채셨는지요. 일면식도 없는 제가 재판관님께 편지를 보내는 까닭은 최근 헌법재판소에서 「병역법 88조 1항 1호」와 「향토예비군설치법 15조 8항」의 위헌여부를 가리기로 했다는 소식을 접했기 때문입니다. 여기는 감옥이기 때문에 이와 관련하여 담장 바깥에서 어떤 이야기가 오가는지 알 수 없는 형편입니다. 그래서 글쓰기가 조심스럽기도 합니다. 하지만 이 문제와 관련해서 오래 고민을 했고 그 대가를 치르고 있는 병역거부 당사자로서, 저는 무슨 일이든 하지 않으면 안 될 것 같은 마음이 되었습니다. 용기를 내어 몇 가지 말씀을 드리고자 합니다.

경험을 돌이켜보면, 저는 병역거부를 하기 전까지 자신의 미래를 상상할 수 없다는 점 때문에 가장 괴로웠습니다.

수감 중에 쓴 글

이십 대 내내 제 상상 속의 미래는 입대를 하고 제 앞으로 총 한 자루가 주어지는 순간에 멈춰 있었습니다. 상영 도중에 영사기의 필름이 잘려나간 스크린처럼, 그 이후의 미래는 연속적인 시간의 흐름이 아니라 텅 빈 화면으로 채워져 있었습니다. 이것은 한국사회에서 군대가 하나의 경험이 아니라 사회적 삶의 입구를 차지하기 때문에 벌어지는 일입니다. 주지하듯이 한국사회의 대다수 남성에게 군대는 사회에 진입하기 위한 필수 코스입니다. 스스로에게 군인됨을 설득시킬 수 없었던 저는 더불어 사회적 존재로서 자신의 삼십 대를 구상할 능력도 잃어버렸습니다. 누군가와 함께하는 미래란 더욱 요원했습니다.

이런 고충을 털어놓으면 제가 너무 예민하다고, 남들도 다 하는 걸 왜 못하냐고, 그냥 눈 딱 감고 다녀오라는 소리가 울려 퍼지곤 했습니다. 재판관님께도 이런 답변은 낯설지 않을 것입니다. 하지만 많은 예비역들의 고생담이 증거하는 것처럼 군인되기란 결코 녹록한 일이 아닐 거라 짐작합니다. 낯선 실탄의 감촉, 개머리판의 반동, 총구에서 흐르는 연기에 익숙해지려면 적잖이 머뭇거리고 주저하는 순간들이 있었으리라 마음 짚어봅니다. 손바닥에 땀이 배고, 손가락이 떨리고, 눈동자가 흔들렸을 순간들입니다. 실제로 수류탄이 손에 들리면 머릿속이 하얘진다고도 들었습니다. 이런 관점에서 보면 앞서 언급했던 제 무능력은 저만의 에피소드가 아니라 다른 예비역들과 닿는 기억이기도 합니다.

하지만 제 경험과 예비역들의 경험은 좀처럼 소통하지
못합니다. 오늘날 한국사회가 이런 무능력에 아무런 의미를
부여하지 않기 때문입니다. 대신 하나의 답변, '극기'하고
'극복'하라는 주문만 외기 때문입니다. 제가 재판관님께
드리고픈 말씀은 이런 주저함과 머뭇거림은 병적인 찌꺼기가
아니라 한국사회의 미래를 품고 있는 시간일 수 있다는
것입니다. 왜냐하면 이런 순간들에는 무장한 건장한 남성을
보호자로 내세우고 그 밖의 사회성원들을 피보호자로
밀쳐두는 일방적인 안전에 대한 의문이 웅크리고 있기
때문입니다. 또한 여기에는 타인의 생명에 연민하면서 새로운
관계를 맺고자 하는 갈망이 숨죽이고 있습니다(물론 이러한
가능성은 아직 현실화되지 않은 것입니다). 이러한 사고의 전환은
매우 긴요합니다.

재판관님. 지금 이 순간에도 저처럼 미래를 상상할 수
없어서 괴로워하는 젊은이들이 있을 줄로 압니다. 「병역법
88조 1항 1호」와 「향토예비군설치법 15조 8항」에 대한 이번
헌법재판소의 판결은 그들에게 사회성원으로서 미래를
부여하느냐 마느냐를 결정하기 때문에 중요합니다.

그리고 헌법재판소의 위헌판결은 지금껏 한국사회가
제시한 하나의 답변 대신에 수많은 질문을 불러일으킬
결정적 계기이기 때문에 그 의미가 있습니다. 그 수많은
질문을 통과해야만, 미래의 한국사회는 적대의 너비를 줄이는
한편 공존의 부피를 키우고, 위계의 높이를 낮추는 한편

평등의 깊이를 더할 수 있습니다. 그중 하나가 위헌판결 이후 대체복무제의 설계와 운영에 대한 논의겠지요. 저는 국가의 가치는 국민 위에 군림하는 데가 아니라 사람들이 서로 다양한 관계를 맺도록 고무하는 데서 드러난다고 생각합니다. 제가 생각하는 안보와 평화는 그런 빛깔을 띠고 있습니다.

어쩌면 이 편지가 도착할 즈음에는 11월 11일이 지나버렸을지도 모르겠네요. 헌법재판소에서 11월 11일에 공개변론이 열린다고 들었습니다. 부디 여러 사람들의 의견을 두루 참고하셔서 현명한 판결을 내려주시기를 부탁드리겠습니다. 그리고 내년 살랑거리는 바람결에 봄내음이 실려올 무렵이면 감옥에 갇혀 있는 800여 명의 병역거부자들이 함께 따스한 미소를 짓게 되기를 바랍니다. 그럼 그때를 기다리면서 저는 겨울 징역 살 채비에 골몰하겠습니다. 긴 편지 읽어주셔서 고맙습니다. 안녕히 계십시오.

2010년 11월 7일

글쓰기에 관하여

후원회장 원○○에게

잘 지내는지. 그간 여러 차례 편지를 보냈건만, 실로 안부
묻기가 멋쩍다. 아쉬울 때만 사무적으로 연락한 탓이려니 한다.
가끔 서운할 수 있겠다는 생각은 했다. 일부러 딱딱하게 군
면도 없지 않다. 나처럼 정서가 불안정한 사람이 쏟아 놓는
이야기가 때론 부담이지 싶었다. 좋은 정서는 흘려보내고 나쁜
정서는 걸러내는 여과장치가 있다면 좋으련만. 그럼 가까운
사이에도 아플 일이 없을 텐데. 그런데 세상에 그런 관계는
불가능한 것 같다. 특히 지금의 내 처지에서는 더욱 더.
　너와 나 사이의 거리가 어쩔 수 없는 거라면 거리에
연연하기보다 각자 알아서 잘 사는 게 지켜야 할 예의라고
생각했다. 너는 내가 알지 못하는 분주한 일에 둘러싸여 있을
테고, 너의 일상에 나라는 사람이 최소한으로 존재하는 게
네게도 유익하리라 생각했다.
　이 새삼스런 편지는 운동시간에 달리기를 하다가 문득
떠오르는 게 있어서 쓰게 됐다. 말 그대로 어쩌다 보니.
글쓰기에 관한 건데, 이게 네게 도움이 될지 안 될지는
모르겠다. 그때 생각나는 사람이 너였다. 귀찮겠지만 한 달 전쯤
내가 언론사에 기고하려 했던 글을 읽어줬으면 한다. 그 글을
소재 삼아 이야기하려고 하니까(이런 식으로 말하니까 그 글이

　　　　　　　　　　수감 중에 쓴 글

심오해 보이는데 그런 건 아니다). 너는 그동안 내가 썼던 글을 줄곧 봐왔으니 군데군데에서 뭔가를 감지할 수 있다면 좋겠다.

원래 쓸 글의 얼개는 빡빡하다고 해도 좋을 만큼 꼭 짜여져 있었다. '전쟁없는세상'의 꼼꼼한 활동가 여옥이가 논리적 근거로 활용할 수 있는 자료를 가득 챙겨주었다. 이를테면 대체복무제 도입이 필요하다는 대법원과 헌법재판소의 다수의견(2004년), 정권 교체 후 대체복무제 전면백지화(2008년), 두 차례 유엔 자유권규약위원회의 권고(2006, 2010년), 지금 준비 중인 입법부작위소송까지. 물량으로 따지면 충분했지만, 하나씩 살펴보니 어떻게 활용해야 할지 감이 오지 않았다.

그것은 부실한 자료 탓이 아니었다. 내가 평화운동이나 병역거부운동에 꾸준히 관여하면서 그런 사건들을 겪어낸 사람이 아니기 때문이었다. 그런 활자 하나하나에는 이곳저곳 분주히 뛰어다닌 끝에 기대하고 안도하고 좌절하고 탄식했을 시간이 새겨져 있음에 틀림없다. 그런데 나는 그 시간들을 감촉할 수 있는 사람이 아니었다. 용을 써봐도 '유엔의 권고' 같은 활자에 숨결을 불어넣을 순 없었다. 그건 내 운동의 근거가 되는 경험이 아닌데 그걸 밑천 삼아 글을 쓰고 협상에 나설 순 없었다는 말이다. 허공에 집을 지을 수 없듯이 나는 그런 글을 쓸 수가 없었다. 비대한 두뇌를 가지고 만든 글은 금방 표가 난다.

그래서 글의 출발지는 '나'가 되었다. 너도 알다시피, 나는 군대 때문에 여러 해를 앓았지만 그걸 설명하거나 소통할 능력이 전무했다. 감옥에 갇힌 다음 그것도 최근에야 비로소 그때의 심정을 한마디로 정리할 수 있었다. 미래를 상상할 수 없는 괴로움. 그렇게 '미래'란 단어가 불쑥 튀어나왔다. 그제야 글이 풀리기 시작했다. 글은 나의 미래가 젊은이들의 미래로 나아가 한국사회의 미래로 펼쳐지는 모양새를 띠게 되었다.

이때 나와 젊은이를 연결하는 건 무능력에 대한 재평가다. 그런 아이디어는 학습 덕분에 고안할 수 있었다. 도미야마 이치로의 『전장의 기억』이나 『폭력의 예감』 같은 책들. 내가 병역거부를 고민하지 않았다면 그 책에서 그런 아이디어를 차용하지 못했겠지. 젊은이와 한국사회를 연결하는 평화와 안보 개념도 마찬가지다. 질문을 품고 독서를 해야 간혹 그런 걸 건질 수 있다는 점은 너도 알고 있겠지. 어쨌든 내 의도는 그런 연결과 확장을 가로막는 게 바로 권력임을 환기하는 것이었는데, 그런 효과가 발생했다면 그 글은 소임을 다했다 할 수 있다.

불만족스러웠지만 끝내 해결할 수 없었던 부분도 있다. 나는 아직 젊고, 이 젊은이들이 젊어진 것이 한국사회의 미래라는 도식은 지나치게 관습적이라는 반성이 일긴 했다. 그런 사고방식에는 젊음을 특권화하는 연령주의가 스며들어 있다는 찝찝한 생각이 가시질 않았다. 가능성 있는 젊은이들이 감옥행이라는 극단적인 선택을 면치 못한다는 운동의 논리는

수감 중에 쓴 글

대중의 막연한 감성에 호소하는 면이 있다. 나는 개인적으로 병상에 누워 있는 노인이 다른 미래를 꿈꿀 권리가 있다고, 혹은 이주민의 삶에 한국사회의 미래가 달려 있다고 말하는 태도가 좀 더 전복적인 글쓰기에 가깝다고 생각한다.

하지만 나는 다른 방식으로 자신과 타인의 연결고리를 마련할 수 없었다. 이는 곧장 내 한계로 드러나는데, 그것은 무엇보다 지금 내가 '젊음', '미래', '가능성' 같은 단어에 절박하게 매달려 있다는 사실에 다름 아니다. 그동안 나는 신분이 어정쩡해도 명문대 출신이라는 간판을 달고 가능성 있는 젊은이 행세를 할 수 있었다. 현재 재소자 신분인 나는 제대로 된 성인(대체 그게 뭔데?)이 되지 못했다는 자책감에 시달리곤 한다. 못난 생각이라는 건 알고 있다. 그럼에도 나는 이 병역거부로 인해 인생이 돌이킬 수 없게 됐고 만회하지 않으면 안 된다는 마음을 아직 버리지 못했다. 그 마음의 뿌리에서 엘리트의식을 발견했다. 그래, 이건 내 한계가 맞다.

마지막으로 한 가지 더 언급하고자 한다. 글의 후반부에는 "국가의 가치는 국민 위에 군림하는 데가 아니라 사람들이 서로 다양한 관계를 맺도록 고무하는 데서 드러난다"는 문장이 있다. 네겐 그 문장이 낯설지 않았는지 묻고 싶다. 여러 해 전, 그러니까 내가 '수유너머'에 있었던 시절이라면 나는 그런 표현이 고루하다고 생각해서 쓰지 않았을 것이다. 국가와 자본이 미치지 않는 공간을 꾸리는 게 사회운동의 중요한 전략이라고 생각했을 테니까. 국가의 역할에 대해 왈가왈부하는 일은 별로 없었을 것이다.

공교롭게도 나는 지금 국가 공권력에 의해 형집행 중인 상태다. 국가는 여전히 실체가 불분명하지만 외면할 수 없는 상대임은 분명해졌다. 국가는 내가 어떻게든 기를 써서 말을 걸고 협상해야 하는 대상이다. 이런 사회적 위치의 변화가 그 문장을 쓰게 했다. 촌스럽게 보일지라도 그 문장을 쓰지 않으면 안 되었다. 덧붙이자면 '판사님'하는 호칭 앞에 '존경하는'이란 수식어는 도저히 못 붙이겠더라. 그것은 조금이라도 어떤 사람인지 알아야 쓸 수 있는 말이 아닌가 싶다.

이처럼 별것 없어 보이는 글 하나도 뜯어보면 곳곳에 고심한 흔적이 있기 마련이다. 내가 장황한 이야기를 통해 네게 하고픈 말은 연구자는 무엇보다 언어에 민감해야 한다는 것이다. 이때 언어는 음운, 문자, 어휘, 문법에 한정되지 않고 언어와 그것이 재현하는 세계 사이의 관계를 뜻한다. 언어와 세계 사이에서 차고 넘치거나 이지러지는 변화를 잘 감촉하는 연구자만이 세계를 다르게 재현할 권능을 갖는다. 공허한 울림에 그치지 않고 세계 속에서 작동하는 말, 그것을 확보할 수 있는 최소한의 동력은 그로부터 나온다고 나는 생각한다.

가을이 한창일 무렵, 전주에 있는 고등학교 후배 ○○한테서 편지가 왔다. (아직 답장은 못 썼는데, 이런 식으로 답장 못 한 편지가 제법 된다.) 편지 말미에 "거창한 이야기 말고 형의 소소한 일상이 궁금해"라고 적어 보냈다. 나는 눈을 가늘게 뜨고 그 문장을 물끄러미 바라보았다. 이제 그 까닭을 짐작할

수 있겠는지. 나는 '소소한'이란 형용사와 '일상'이란 명사의
조합이 그렇게 기이하게 보일 수 없었다. 이곳 교도소에는 그런
의미의 일상이 존재하지 않는다. 담장 바깥의 어떤 세계를
재현하는 언어를 이곳에는 적용할 수 없다.

한 해가 저물어 가는데 무얼 갈무리해야 할지 모르겠어서
먹먹한 심정이 되곤 한다. 담장 바깥의 왁자지껄한 의례들이
이곳에 전해지지 않기 때문에 더 그런지도 모르겠다. 지금 내게
흐르는 시간을 삶 속에 자리매김하려면 아직 기다려야 하나
보다. 현재로서는 그 기다림이 얼마만큼이 될는지 가늠하기
힘들다. 다만 연말을 보내면서 너무 많은 것을 그리워하진
않으려고 한다.
　　꼬박꼬박 영치금과 접견인을 보내주는 네 노고에 감사한다.
올 한 해 쓴 글 중 스스로 보기에 흡족한 것이 있다면
보내줬으면 한다.

　　추신: 내가 ○○에게 책 두 권과 원고지를 부탁했는데,
어떻게 됐는지 알아봐줬으면 한다.

2010년 12월 5일

어둠1

계호자가 없어서 보안과청소부 대기실에 머문 적이 있다.
보안과청소에는 여섯 명의 재소자가 일하는데, 그중 한 명을
제외하면 모두 여호와의증인이다. 이들은 병역거부를 일컬어
"중립을 지킨다"고 한다. 세상 누구의 편에도 서지 않고
여호와만 섬긴다는 의미가 담겨 있다.

새로 중립을 지키러 온 이십 대 초반의 증인이 인사하며
말했다. "왔다갔다 하면서 몇 번 봤는데 참 시크chic하시던대요."
낯설었다. '시크하다'는 패션지에나 나오는 어휘인데. 나는 그
말을 쿨cool하다 정도로 이해하고 받아들였다. 가까워지고
싶어서 한 말일 텐데 시크든 쿨이든 그런 단어가 내게
어울린다는 게 당최 적응이 되지 않았다.

처음 수감됐을 때, 나는 어둠을 찾을 수가 없어서
곤란했었다. 막연하게 상상하던 교도소의 모습은 어두컴컴하고
음침했다. 실제의 교도소는 한 평의 어둠도 허락하지
않고 환하기만 했다('환하다'와 '화려하다'는 다르다). 재소자의
일거수일투족이 교도관의 시선에 드러나야 하기 때문이었다.
밤낮을 가리지 않고 켜 있는 형광등과 그 빛을 그대로
투과하는 비닐 화장실문은 집요한 권력의지를 반영하고
있었다.

운동장 구석에는 실외 화장실이 있는데 항상 문이

열려 있어서 멀리서도 소변기가 눈에 들어온다. 대변을
보는 칸막이조차 투명한 창이 절반을 차지한다. 은밀한
배설행위조차 감시의 대상이 되는 것이다. 나는 이러한 환경에
아무런 수치심도 느끼지 못하게 되었다. 적응이라면 적응이다.

어둠의 부재. 내게 그것은 울 수 있는 공간의 부재라는
의미로 다가왔다. 근력이나 지구력에 한계가 있듯이 신체가
담을 수 있는 정서에도 한계가 있다고 생각한다. 감옥살이를
하다 보니 신체에 넘치도록 감정이 차오를 때가 있었다.
그때마다 나는 울지 않고서 차오르는 감정을 흘려보낼 방도가
없었다. 그렇지만 이곳에서 타인에게 눈물을 보이는 게 얼마나
생존에 불리한지를 모를 만큼 어리석지도 않았다.

새어나오는 울음 때문에 힘들었지만 울음을 틀어막는 것도
힘들기는 마찬가지였다. 하룻밤의 정전을 간절히 빌었지만
그런 일은 일어나지 않았다. 예외는 있었다. CCTV가 지켜보는
접견실만이 내게 울음의 자유를 허용했다(울음을 잃은 한참
후에야 웃음도 잃었다는 사실도 깨달았다. 내겐 숨을 헐떡거리며 웃는
특유의 버릇이 있다. 꺽꺽 소리를 내며 웃어대면 사람들은 숨넘어가겠다며
놀려댔다. 이곳에서는 한 번도 그렇게 웃지 않았다).

나는 매사에 무심無心하고자 노력했다. 달리 할 수 있는
방법이 없었다. 본디 무심이란 무엇보다 자신과의 단절에서
비롯되는 것일 테다. 하지만 서두에 언급한 여호와의증인의
말을 곰곰이 곱씹어보니 나의 무심은 자신과의 단절이 아니라
외부 세계와의 단절에 다름 아니었다. 나는 마음에 상처를 입는

게 두려워서 감정과 자아를 분리하는 방어기제를 사용하고
있었다. 취사장 시절 내가 사용하던 가면은 '로보트'란 비난을
들을 정도로 어설펐는데, 이제는 시크하단 칭찬을 들을 정도로
교묘해진 것이다. 적응이라면 적응이다.

코를 골거나 몸을 뒤척이는 소리만이 흩날리는 시각.
잠에서 깨어 초점을 잃은 눈으로 멍하니 있다가 창살 바깥으로
시선을 돌린다.

신호등이 보고 싶다.
횡단보도가 보고 싶다.
신호등이 껌벅이는 횡단보도를 사람들 틈에서 걷고 싶다.

슬멋 툭 하는 소리와 함께 가면이 얼굴에서 떨어져 나간다.
꾹꾹 눌러놓았던 감정들이 밀려오기 시작한다. 울음으로
씻었어야 할 감정의 조각들. 정신을 가다듬고 눈을 크게 뜨고
바라보면, 그것들은 엉겨서 까만 덩어리를 이루고 있다. 그렇게
나는 어둠이 부재하는 공간에서 예기치 않게 어둠과 재회한다.

2010년 12월 15일

수감 중에 쓴 글

어둠2

아무런 내용이 없는 의성어나 의태어를 문자에 담아
친구에게 보내거나. 음악을 틀어 놓고 드러누운 채 허공에
대고 팔을 휘적거리거나. 새벽녘 이태원 거리 네온사인 아래서
부나비떼 같은 사람들 사이를 서성대거나. 일상을 수놓던
사소하기 짝이 없던 요소들. 특별히 언급하거나 이름 붙이기
민망한 습관들. 돌이켜보면 그것들은 여러 해 동안 자취
생활을 하면서 자신을 달래기 위해 고안해낸 수단이었다.

감옥에 갇히고 보니 애써 익혀 놓은 수단을 끄집어 쓸
수가 없다. 담장 바깥에서는 후 하고 불면 날아가 버렸던
감정의 조각들조차 무겁게 가라앉는다. 새로 무엇을 발명할
수 있을지는 모르겠다. 발명의 조건이 제한되어 있기 때문에
감옥이다. 그래서 재소자들은 어둠을 찾아 헤매다가 어느
순간에 이르면 가슴 한구석에 자리 잡은 어둠을 발견하고 마는
것이다. 이제 감옥이 어두컴컴한 공간이라는 세간의 짐작은
더 이상 편견일 수 없다. 그것은 감옥의 본질, 즉 보이지 않는
어둠에 대한 통찰인 것이다.

처음 출역했을 때가 생각난다. 나와 나이 차이가 많이
나진 않았는데 징역을 십 년 넘게 산 사람이 있었다. 하필이면
그가 있는 방에 막내로 배정됐다. 그는 집요하다 싶을 정도로
나를 괴롭혔다. 끝까지 대거리를 못한 까닭은……. (아마도 내가

278

못난 탓이 제일이겠지만) 그가 왜 그리 심하게 구는지 도통 알 수 없었기 때문이었다. 인과관계를 파악하면 상황을 개선하려는 노력이라도 해보겠는데, 그런 차원의 문제가 아니었다. 원인을 알 수 없으니 그는 어찌할 수 없는 '악인'이라는 생각이 치밀기도 했다.

하지만 속수무책으로 당하는 와중에도 눈을 부라리며 험한 말을 쏟아내는 그의 모습 어딘가에 쓸쓸한 기운이 서려 있다는 느낌만은 분명했다. 잘 설명할 수는 없지만 어쩐지 그의 분노가 나와 무연하지 않다는 느낌도 떨쳐지지 않았다. 그것은 권력관계상의 약자가 문제의 원인을 자신에게 향하게 만드는 죄의식이나 자책감 이상의 감정이었다. 보다 깊숙한 곳으로 향해있는 감정이었다.

추측컨대 그때의 나는 그에게 자신의 어둠과 대면케 하는 존재였지 싶다. 접견인과 우편물이 꾸준히 온다는 사실은 내겐 지당한 것이었지만 그에겐 트집거리고 시빗거리였다. 담장 바깥에서 나를 둘러싸고 있던 가족, 학교, 친구, 동료 같은 것들. 이런 순간에는 어떤 표정을 지어야 할지 모르겠어서 난감한데 그런 면에 있어서 취사장 시절 나는 아무 부족함 없는 사람으로 표상되곤 했다.

편지를 받아드는 나의 손길은 그가 삭여 놓은 어둠을 스멀거리게 만드는 신호였던 것은 아닌지. 접견실로 향하는 나의 발걸음은 그가 다져 놓은 어둠을 꿈틀거리게 만드는 소리였던 것은 아닌지. 그때마다 그는 송두리째 박탈당한 이십 대와 더불어 불뚝불뚝 솟아오르는 어둠을 견딜 수가 없었던 것은 아닌지. 그러니까 내가 울음으로 씻어내려 했던 어둠을 그는 태워서 없애고자 했던 것이 아니었을까.

슬픔을 드러내고 나누는 게 불가능한 감옥에서 어둠은 태워야 하는 것이 된다. 재소자들 사이에 만연해 있는 크고 작은 폭력은 어둠을 연소시키는 기능을 수행한다. 바람직한 해결책이라 할 순 없지만 그것은 좌절감과 박탈감을 배출할 수 있는 몇 안 되는 통로다. 적어도 싹둑 잘라서 없앨 수 있는 부분은 아니다. 허나 태워버린 어둠에는 재가 남기 마련이고, 이를 씻어내기 위해서는 또 다시 물이 필요하다. (이 주제를 고찰하다 보면 우리는 자해라는 현상을 비껴갈 수 없는데 나중에 별도로 다루기로 한다)

2011년 1월 2일

세 가지 기억

새해가 밝았습니다. 2010년의 문을 닫고 2011년을 향해 나서야 하는데, 제겐 문틈에 끼어서 빠져나오지 못한 꼬리가 있나 봅니다. 1월 1일이라고 떡국이 특식으로 나왔는데 먹으면서도 해가 바뀌었다는 실감은 나지 않더군요. 변화라면 한쪽 벽에 붙어 있던 교정선교회 달력이 법무부 교정본부 달력으로 바뀐 것이 유일합니다.

현재에 충실하지 못한 탓이려니 합니다. 현재가 말라 있으니 앞을 보지 못하고 자꾸 고개 돌려 뒤를 봅니다. 현재의 삶에 의미를 부여하기 힘드니 거꾸로 과거를 거슬러 올라가려 합니다. 감옥에서 기억에 매달리는 건 그런 까닭인가 봅니다.

경험한 바에 따르면 감옥에서의 기억은 두 가지 종류입니다. 첫 번째 기억은 재소자가 찾아가는 것입니다. 짐작하시다시피 이런 기억은 팍팍한 현재를 위무하기 위해 동원된 성격이 짙습니다. 엷게 혹은 진하게 채색되어 아름답게 꾸며진 모습입니다. 기억의 주된 소재로는 유년기, 학창시절, 가족, 옛 연인 등이 있습니다. 대개 그리움을 동반하기 마련입니다. 이 정도 설명이면 충분하겠죠. 저는 여기에다 '능동적 기억'이란 이름을 붙였습니다. 제 기억 중 가장 많은 비중을 차지하고 있습니다.

두 번째 기억은 재소자에게 찾아오는 것입니다. 새로운

수감 중에 쓴 글

환경에 있다 보니 느닷없이 떠오르는 기억이라 하겠습니다.
이 기억은 첫 번째보다 덜 의심 중심적인 것으로서 주로
색다른 감각이나 낯선 사물로 인해 찾아오는 경우가 많습니다.
그리움보다 생소함이나 놀라움을 불러일으킵니다.

예컨대 달리기를 하다가 초등학교 운동회 때마다 손목에
찍혀 있던 ①자 모양 도장을 떠올린 적이 있습니다. 그때
만해도 제가 예쁘장한 편이었기 때문에 반 아이들은 제가
달리기를 잘한다는 사실을 믿지 못했습니다. 게다가 축구는 잘
못했거든요. 도장자국은 증거 삼아 보여주던 1등 표시였습니다.
이런 것들을 첫 번째와 대비하기 위해 '수동적 기억'이라고 이름
붙였습니다. 징역 초기에는 이런 기억이 잦았는데 수형생활에
익숙해지면서 점차 그 비중이 줄고 있습니다.

물론 이런 분류는 가르마 타듯이 나뉘어지는 게 아닙니다.
한 사람을 열렬히 그리워하면 모든 사물이 그 사람과의
추억을 환기하는 것처럼 두 가지 기억은 뒤섞이기도 합니다.
그럼에도 능동적/수동적, 찾아가는/찾아오는, 의식적/신체적,
그리움/생소함, 자기보존/자기변형 등과 같은 이분법은 기억을
이해하는 데 있어서 유용한 측면이 있습니다. 이것은 제 독창적
아이디어가 아니라 출처가 기억나지 않는 다른 책에서 읽었던
것입니다.

여기까지가 제가 그동안 징역을 살면서 갖게 된 기억에
관한 관념입니다. 그런데 최근에 분류가 곤란한 세 번째 기억을
발견했습니다. 기억에 관한 글을 쓰게 된 것도 세 번째 기억

때문입니다. 그에 대해 말씀을 드리고자 합니다.

성탄절 전날 밤 꿈을 꾸었습니다. 무대, 배경, 등장인물,
갈등구조가 한 치의 어김없이 교도소에 속해 있는
꿈이었습니다. 의식하는 한 그런 꿈은 처음입니다. 드디어
교도소꿈을 꾸기 시작한 것입니다. 그 후에도 한 차례 더
교도소꿈을 꾼 적이 있습니다.
기억이란 주제와 연관 짓자면 꿈은 과거의 기억을 재료
삼아 출몰하는 것이라 할 수 있습니다. 그동안 제가 생각해온
과거란 첫 번째든 두 번째든 항상 담장 바깥의 시간을
가리키고 있었습니다. 이 징역살이는 제게 과거도 아니고
시간도 뭣도 아닌, 그저 죽어 있는 무엇에 다름 아니었습니다.
꿈을 통해 이 징역살이가 어느새 제 과거를 이루어 기억에
저장되어 있다는 사실을 깨달았습니다. 특별히 끔찍하거나
괴롭지는 않습니다. 다만 애써 부인해온 현실이 의지와
무관하게 제 안에 살고 있다는 것은……. 잘 모르겠습니다. 세
번째 기억을 어떻게 분류해야 할지도 모르겠습니다. 잠에서
깨어 멍한 표정을 짓는 게 고작입니다.
징역살이가 오 년 차에 접어들면 꿈의 대부분이 교도소를
무대로 삼는다는 이야기를 들은 적이 있습니다. 제 얄팍한
분석에 의하면 첫 번째와 두 번째 기억이 차지하는 비중이
줄어드는 반면 세 번째 기억은 비대해지기 때문에 나타나는
현상입니다. 그것은 아무리 헛되다 할지라도 추억할 과거나

　　　　　　　　수감 중에 쓴 글

기댈 만한 환상이 사위고 만다는 의미입니다.

그래서인지 교도소에 돌아다니는 우스갯소리 중에는 "징역 사는 사람 치고 못났다는 사람 아무도 없다"라는 이야기가 있습니다. "왕년에"로 시작하는 자신이 삶의 주인공이었던 시절의 이야기. 누구나 그런 이야기를 한보따리씩 품고 있기 때문에 만들어진 우스갯소리입니다.

그것을 남자다움을 과시하는 허풍이라고 단정 짓는 건 피상적 관찰에 지나지 않습니다. 제 눈에는 사그라드는 과거를 보존하기 위해 쏟는 안간힘처럼 보입니다. 며칠 전 김영배에게 병동에 있는 한 노인의 망상에 대해 들을 기회가 있었습니다. 우리 재소자에게 담장 바깥의 기억이란 망상의 힘을 빌어서라도 지켜야 할 무엇입니다. 왜냐하면 기억이 아니라면 이곳에서 자신이 삶에 통제력을 발휘하고 있다는 믿음을 확인시켜줄 것이 아무것도 없기 때문입니다.

다행인지 불행인지 한겨울의 추위는 저를 과거의 기억에서 끄집어내어 냉철한 현실 앞에 데려다 놓습니다. 추위는 제가 머물러야 할 시간이 과거가 아닌 현재임을 매섭게 일깨웁니다. 일단 너무 멀리 뻗어 있는 손발을 접어서 몸을 웅크리게 만듭니다. 그리고 '그만큼'이 제가 살아가는 공간이라고 일러줍니다. 자꾸 돌아보는 시선을 거두어 몸으로 집중하게 만듭니다. 그렇게 '지금'이 제가 살고 있는 시간이라고 알려줍니다.

들숨과 날숨. 열의 흡수와 방출. 살갗을 사이에 두고
벌어지는 치열한 경쟁. 기억을 망각하고 체온으로만 존재하는
나. 그밖에 모든 것은 소멸한 세계. 추위는 저를 오직 현재
속으로 침몰하도록 이끌어주는 것입니다. 더 이상 다감한
눈매와 동그란 미소를 떠올리지 않아도 됩니다. 과연
징역살이가 아니라면 추위에 떠는 일이 이토록 '황홀한
심사'인줄 어찌 알았겠습니까.

2011년 1월 9일

수감 중에 쓴 글

케이크
『삼켜야 했던 평화의 언어』 출간기념회에 부쳐

눈을 감고 출판기념회의 모습을 그려봤어. 조촐할 거라고는
했지만 플래카드는 걸려 있을 것 같고. 단상 겸 무대가 있고.
한쪽엔 케이크. 첫 번째 저서이니 초 한 자루(운동의 역사가 십
년이니 열 자루일까?)가 꽂혀 있는 커다란 케이크가 있을 것만
같아. 저기 무대 앞자리엔 유명한 선생님들이 앉아계시는구나.
그 너머로 반가운 얼굴들이 보이네. 친구들. 이제 수감자
대표(?)로 내 편지를 읽을 차례라고 하는데, 어떡하지? 봉투
속의 편지지는 아직 한 글자도 적혀 있지 않은 백지 상태야.
그리고 다들 어딘가 엄숙하고 진지한 표정을 짓고 있는 걸.
긴장되네.

빨리 종이에 글자를 채워 넣어야 하는데. 어떤 문체로
무슨 내용을 써야 할지 정하지 못했어. 이 자리가 얼마나 의미
있는지 굵고 진한 글씨로 빼곡히 적어내야 하는 걸까. 형은
막 봉투에서 편지지를 꺼내려는 참인데, 난 무얼 망설이고
쭈뼛대는 걸까. 눈치를 보면서 사람들의 표정을 훑어보다가
부담스러워서 다시 케이크에 시선을 돌리고 말았어. 그때
불현듯 간절히 하고픈 말이 떠올랐어. "너희들끼리만 케이크
먹기야? 나도 먹고 싶단 말야. 케이크 한 조각만 줘!"

형의 편지를 읽고 일주일 내내 쓰고 지우기를 반복했어.
석사학위논문과 이 단행본 사이에서 이뤄낸 학문적 성취에
대한 분석적인 글 한 편을 끼적였어. 학교에서 혼자 밥 먹기를
즐겨하던 우울한 미필자 현민이, 형 덕분에 병역거부로
인도되었다는 식의 간증기도 작성했지. 둘 다 이 자리에
어울리는 글은 아닌 것 같아. 그런 건 지금 내가 형에게 하고픈
말이 아닌 걸. 운동시간마다 만나는 영배랑 상의해봤어. 그런데
생뚱맞게도 출판기념회 때 먹을 케이크 이야기로 시간을 다
보낸 거야. 믿거나 말거나! 딸기나 키위가 토핑으로 올라가
있고 입속에서 생크림이 사르르 녹는, 달콤하고 촉촉한 케이크.
클래식한 아주 클래식한 케이크. 때는 바야흐로 2월 14일
발렌타인데이.

경쾌하고 발랄하게 펜을 놀려서 사람들 입가에 미소를
머금게 하고 싶어. 그런데 하고픈 말을 끄집어내려니까 볼펜이
무거워서, 이 모나미 볼펜이 너무 무거워서 바닥에 내려놓고 방
안에 핀 곰팡이나 쳐다보곤 했어. 왜 그랬을까. 지금 내 입술이
달싹이면서 '거리'라고, 병역거부자로 십 년째 살고 있는 사람과
갓 병역거부자로 살기 시작한 사람 사이의 거리 때문이라고
말하고 있네. 정말 그런 걸까.

나는 '살다'라는 일견 평범해 보이는 동사가 참 괴이쩍다고
생각해. 병역거부를 하고 나서부터 그랬어. 인생은 '살아지거나',
'살아내거나', 양쪽에서 왔다 갔다 하는 거라고. 그냥 살다라는
말로는 어떤 상태도 표현할 수 없다는 생각이 어느날 문득

287

들었어. 징역을 일 년쯤 살아보니까 병역거부도 한 번의
결단으로 완결되는 게 아니라 살아내는 순간 중 하나에
불과하다는 데까지 생각이 미쳤어.

그래서 내게 이 책은 무엇보다도 한 사람이 살아내기를
거듭한 과정의 기록으로 읽혀. 데모쟁이로 살아내고,
병역거부자로 살아내고, 평화학 연구자로 거듭 살아낸 사람의
이야기. 그렇게 살아내면서 자신의 몸에 새겨진 병역거부의
흔적, 그 이면의 역사와 사회를 낱낱이 파헤치기로 작정한
사람의 이야기. 십 년쯤 살아낸 저 사람은 비교적 담담한
목소리로 자신의 화두가 폭력의 사회학이라고 말하고 있구나.
저럴 수도 있구나, 라고.

순진한 건지 멍청한 건지 난 병역거부를 하면 짠 하는
소리와 함께 훌륭하고 멋진 사람이 될 거라는 기대를 약간은
품고 있었어. 그런데 그것은 역사와 사회를 짊어지고서 계속
살아내야 하는 문제였던 거야. 형의 궤적을 보니까 그래.
막막하고 까마득하다. 이런 게 역사와 사회가 갖는 무게라는
걸까?

그런데 말야. 그 역사와 사회라는 게 항상 고난의
가시밭길로 나타나는 그런 것만은 아닌 것 같아. 지금 쥔 이
볼펜 하나가 버거운 데는 역사와 사회의 몫도 없진 않지만,
일단 당분이 부족한 데서 기인하는 바가 커. 입술은 당분이
필요해서 '케잌'하고 발음했는데 내가 그만 '거리'니 '무게'니

하는 소리로 착각했던 거야.

그러니까 이런 납덩이 같은 마음은 오랫동안 케이크 한 조각을 먹지 못해서 생긴 거야. 그냥 그런 거야. 아니, 다시 생각해보니까 케이크가 아니라 짜장면을 못 먹었기 때문인 것 같다. 아니, 취소. 짜장면이 아니라 초콜릿이야. 어쩜 셋 다인지도. 형. 내가 명실상부 평화학 연구자가 된 기념으로 일급비밀을 하나 알려줄게. 케이크, 짜장면, 초콜릿이야말로 인류의 평화를 지켜주는 어마어마한 발명품임에 틀림없어. 나는 이 다음에 출소하면 '삼키고 싶은 평화의 케이크'란 제목의 평화학 연구서를 써볼까 해.

책 출간을 축하해. 지금껏 병역거부운동 하면 사람들은 으레 오태양을 떠올렸지만 앞으로는 오태양만큼이나 임재성의 이름을 떠올릴 거야. 이 책의 페이지 페이지를 넘길 때마다 그런 시간이 저벅거리며 다가오는 소리를 들었어.

자리에 함께하지 못해서 아쉽고 섭섭해. 대신 왁자한 평화의 시간을 보내는 데 이 글이 조금이나마 보탬이 될 수 있을까. 그랬으면 좋겠어. 마지막으로 "진지하게 그리고 진심으로"[책 날개 저자 소개의 인용] 하는 말인데, 내 몫의 케이크는 꼭 남겨둬야 해.

2011년 2월 19일

수감 중에 쓴 글

영등포교도소 전경

영등포교도소의 시초는 1949년 개소한
부천형무소다. 62년 동안 한 자리(서울특별시
구로구 고척동 100번지)에 위치했지만 교정체계와
행정구역 개편에 따라 부천교도소(1961년)와
영등포교도소(1968년)로 이름이 바뀌었다.
도로 건너 영등포구치소(1969년)가 자리 잡고
직업훈련소(1979년)가 부설되는 변화도 있었다.
2011년 서울남부교도소로 명칭을 변경하고
구로구 천왕동으로 이전했으며, 영등포교도소가
있던 부지에는 2018년 현재 뉴스테이(기업형
임대주택)가 들어설 예정이다.

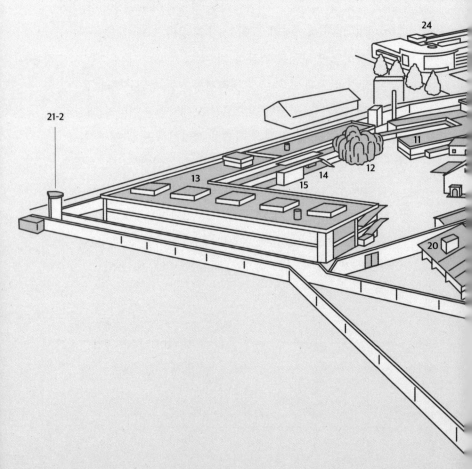

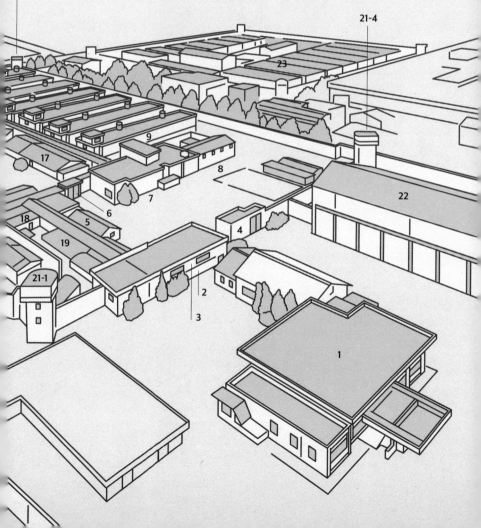

1	민원실	13 공장
2	접견실	14 공장검신대
3	영치창고	15 공장관구실, 전화실
4	내정문	16 강당
5	특별접견실, 변호인접견실	17 분류과, 물품과, 교육실, 고충처리반
6	통용문	18 직원이발소
7	보안과	19 원예
8	간부이발소	20 특별사(9-10사)
9	사동(1-6사)	21-1, 21-2, 21-3, 21-4 감시탑
10	병사(7-8사)	22 직업훈련소
11	취사장	23 영등포구치소
12	버드나무	24 고척초등학교

감방 크기가 7.29제곱미터인 6인실 감방에는 보통 서너 명이 수용된다. 사동에 따라 2.34제곱미터(독방), 14.5제곱미터(대방), 35.3제곱미터 감방도 있다. 중앙의 개수대는 물이 빠지기 힘든 구조라서 설거지는 화장실에서 하는 방이 많다. 소지품 박스의 크기나 침구를 얹는 순서에서 방 안의 서열을 짐작할 수 있다.

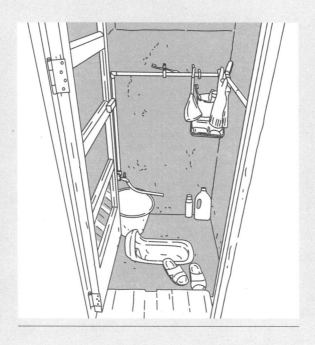

화장실 화장실문은 높이 170센티미터, 폭 60센티미터 정도다. 나무 테두리를 제하면 투명한 비닐 재질로 되어 있어서 '문'보다 '창'이 알맞은 이름일 수 있다. 인권을 보호한다는 구실로 제일 아래 칸은 무늬가 있는 비닐을 붙인다. 취침 전 마지막으로 씻는 사람은 잡수통에 물을 가득 채워야 한다. 밤에 화장실을 사용할 경우 물내림 밸브를 열지 않고 배설물을 흘려보내기 위해 만들어진 규칙이다.

사동 입구 취사장 출역수가 사동 입구 앞에 식깡을 두면
사동소지는 그것을 가져다가 감방에 배식을 한다. 취사장 출역수와
사동소지 간의 은밀한 거래나 정보 교환도 이곳에서 이뤄진다.
1사 하층에는 조사방과 징벌방이 있는데, 감방문 전체가 동물원
우리처럼 쇠창살로 되어 있거나 감방 안에 감시카메라가 설치되어
있는 식이다.

주복도 재소자가 교도관의 계호 없이 혼자 돌아다니는 모습은 감옥의 일상에 반하는 일이기에 독보獨步라는 별도의 용어를 만들어서 금지한다. 기업 총수나 조폭 두목에게는 '독보권'이 있다는 이야기를 들은 적이 있다. 주복도 좌측에는 사동들이, 우측에는 사동구역을 전담하는 관구실이 있으며 중앙선 끝에 보이는 문은 보안과 건물과 연결되어 있다.

특별사 입구 특별사에는 독방(9사)과 만기방(10사)이 있다.
독방에는 유명 형사사건이나 시국 관련 수형자가 주로 기거한다.
형기종료를 하루 이틀 앞둔 재소자가 마지막으로 머무는
만기방에는 '희망방'이라는 문패가 붙어 있다. 희망방에 있는
텔레비전에는 법무부에서 녹화한 방송이 아닌 지상파가 그대로
방영된다.

취사장 교도소를 방문하신 높은 분들에게 취사장은 빠뜨리지 않고
들러야 하는 견학코스에 속한다. 그때마다 취사장 출역수는 파란
작업복 대신 창고에서 꺼낸 하얀 조리복을 입고 조리모자를 써야
한다. 가운과 모자는 국물 한 방울 묻히지 않고 반납해야 하기에
모두의 몸놀림이 어색했지만 그들 눈에는 질서 잡힌 상태처럼
보였을 것이다. 그들이 떠난 다음에 몇몇 재소자들은 덫에 걸린
쥐를 취사기의 뜨거운 물로 고문하는 놀이를 했다.

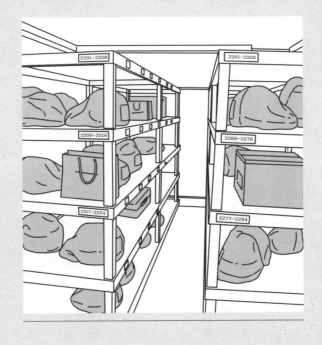

영치창고 영치낭 사이사이에 있는 쇼핑백에는 새 옷이나 신발 따위가 담겨 있다. 조만간 출소할 재소자를 위해 가족이 보낸 물건이다. 여행 가방은 해당 재소자가 도피 중에 잡혀 왔음을 추측하게 해준다. '감옥에 들어올 때 나이는 영치시킨다'는 말이 있는데, 이는 나이가 많다고 존중받을 것이라는 기대를 버리라는 의미다.

공장검신대 출역수는 일과를 마치고 사동에 들어가기 전에
검신대를 통과해야 한다. 검신대는 낡고 볼품없어서 제대로
작동하는 기계인지 의심스럽지만 드물게 울릴 때가 있다. 검신대를
통과하기 앞서 재소자는 경비교도대원과 교도관 들을 세 차례
상대해야 한다. 접견실로 향하는 복도에도 검신대가 설치되어 있다.

강당 내부 재소자를 교화하기 위해 방문한 자원봉사자는 단상 아래로 내려오는 법이 없다. 장의자는 일고여덟 명이 앉아도 되는 길이이지만, 재소자들 간의 모의를 방지해야 하기에 세 사람이 일정한 간격을 두고 떨어져 앉는 것이 원칙이다. 종교집회에 참석하면 간식을 받는 것 외에 목청껏 노래할 수 있다는 장점이 있다.

접견실 철창에는 아크릴이 덧대어져 있어 접견인과 재소자는 마이크를 사용해서 말하고 스피커를 통해 상대방의 목소리를 듣는다. 우측 상단에 위치한 타이머가 종료되면 마이크와 스피커의 전원도 꺼진다. 동석한 교도관이 대화를 기록하면서 눈물을 훔치거나, 재량을 발휘하여 접견시간을 늘려주는 일은 과거의 풍경이 되었다.

x x x x x   x x x x x   x x x x x   x x x x x   x x x x x

x x x x x   x x x x x   x x x x x   x x x x x   x x x x x

x x x x x   x x x x x   x x x x x   x x x x x   x x x x x

x x x x x   x x x x x   x x x x x   x x x x x   x x x x x

x x x x x   x x x x x   x x x x x   x x x x x   x x x x x

x x x x x   x x x x x   x x x x x   x x x x x   x x x x x

x x x x x   x x x x x   x x x x x   x x x x x   x x x x x

x x x x x   x x x x x   x x x x x   x x x x x   x x x x x

x x x x x   x x x x x   x x x x x   x x x x x   x x x x x

x x x x x   x x x x x   x x x x x   x x x x x   x x x x x

x x x x x   x x x x x   x x x x x   x x x x x   x x x x x

x x x x x   x x x x x   x x x x x   x x x x x   x x x x x

x x x x x   x x x x x   x x x x x   x x x x x   x x x x x

x x x x x   x x x x x   x x x x x   x x x x x   x x x x x

x x x x x   x x x x x   x x x x x   x x x x x   x x x x x

x x x x x   x x x x x   x x x x x   x x x x x   x x x x x

x x x x x   x x x x x   x x x x x   x x x x x   x x x x x

x

다음 세대를 위한
병역거부 길잡이
—
정치범 수감자의
글쓰기와 남성성

다음 세대를 위한 병역거부 길잡이
—나의 병역거부 소견서

1. 오래된 고민을
끄집어내며

병역거부를 결심한 시기가 언제인지 그 시작점을 꼬집어 말하기란 쉽지 않다. 야들야들하던 대학 초년생 시절, 결핍된 남성성에 대해 고민하면서 같은 시기에 가시화된 병역거부자의 존재에 가슴이 두근거렸다. 공교롭게도 내가 대학에 입학한 2001년은 오태양*이 비여호와의증인으로서 최초로 병역거부를 선언한 시기이기도 하다. 이라크전 반대 집회가 한창이던 2003년, 병역거부 선전물을 받아 읽고서 감정이 복받쳤던 기억도 떠오른다. 병역거부를 선언하는 시점에서 새삼 그때를 돌이키고자 하니, 아련하고 어색하다.

　아련하고 어색한 데에는 까닭이 있다. 일단 시간이 적잖이 흘렀다. 사회적 신분도 달라졌다. 2001년의 신입생은 대학에 이어 대학원도 졸업해 사회학 석사가 됐다. 하지만 시간이 병역문제를 해결해줄 수는 없

＊　불교 신자 오태양은 2001년 12월 평화주의 신념으로 병역을
　　거부했다. 여호와의증인이 아닌 첫 번째 병역거부자였다. 오태양의
　　선언 이후 한국사회의 병역거부는 소수 종파에 국한된 실천을 넘어선
　　사회운동이 됐다. 당시 오태양의 활동과 관련된 자료 중 주목할 만한
　　것으로는 지식인 박노자와 나눈 편지가 있다. 박노자, 『좌우는 있어도
　　위아래는 없다』, 한겨레출판, 2002. 그중에서 「3부 오태양과의 편지」.

었다. 병역문제의 잠복기가 길어질수록 증상은 더 선명해졌다. 마침내 외면할 수 없는 시기가 됐다. 하던 일을 정리하고 올해(2009년) 초부터 본격적으로 병역거부를 준비했다. '전쟁없는세상'*의 모임에 참석해 활동가들과 안면을 익혔다. 그리고 지난 10월 입영통지를 받자 주변 사람들에게 병역거부 의사를 밝혔다. 대개 이유를 꼬치꼬치 따지지 않고 지지해줬다. 궁금할 법도 한데. 만류할 법도 한데. 대단한 반향이 없자, 한편으론 섭섭한 마음이 들었다.

병역거부를 주제 삼아 토론하게 된 첫 번째 상대는 신림동 인쇄소 아저씨였다. 오늘 행사를 알리는 초대장을 찾으러 갔을 때, 아저씨는 안타까운 기색을 비치며 이것저것 꼼꼼히 물어보셨다. 예전부터 머릿속에 그려온 상황이었다. 하지만 그 순간 내 입에서 흘러나온 말은 볼품없고 식상했다. 병역거부 관련 자료는 어지간하게 봤다고 생각했는데 소용이 없었다. 그 후에도 비슷한 상황이 더 있었지만 내 말이 헛돈다는 느낌은 가시지 않았다.

내가 지금까지 사람들을 설득하기 위해 시도한 방법은 다음과 같은 테두리를 벗어나지 못했다. 먼저 반反이명박 정서를 이용해 공감을 사는 방법이다. 노무현 정부가 정권 말기에 대체복무제 도입을 약속했는데 2008년 12월 '이명박' 정부가 그것을 백지화했다는 점을 강조하는 것이다. 구체적 수치를 들어 한국사회의 후진성을 폭로하는 방식도 있다. 전 세계 병역거부 수감자 중 90퍼센트 이상이 한국인이며 2009년 전국 교도소에 700여 명이 수감되어 있다는 사실을 알리는 것

×　'전쟁없는세상'은 반군사주의에 기반해서 평화운동을 하는 단체로 2003년 5월 15일 세계병역거부자의 날에 결성되었다.

　다음 세대를 위한 병역거부 길잡이

이다. 치사하지만 본인이 사회복지학과 출신임을 활용할 수도 있다. 상대방의 눈을 지긋이 바라보며 온화한 말씨로 군사훈련 대신 복지영역에 복무하고 싶다고 하면 된다.

이처럼 안전한 언사를 사용할 수밖에 없는 맥락부터 설명하고자 한다. 나는 토론이 깊어질수록 자신을 방어하기 위해 아주 많은 정보가 필요하다고 느꼈다. 〈100분 토론〉에 나가 병역거부와 대체복무제 찬성 측 패널이 되는 상상을 해보았다. 맹자의 성선설부터 식민지 근대의 징병제 도입, 나아가 미국 오바마 행정부의 동아시아 군사 전략까지 학습해야 한다는 압박감이 밀려왔다. 한국사회는 병역거부자(와 평화운동가)에게 인간의 본성부터 국민국가 이후 세계체제의 윤곽까지 답변하라 채근하는 것이다.

또한 군사주의를 가지고 제대로 된 토론을 하기 위해서는 국가, 국민, 안보, 평화, 폭력 등과 같이 대화의 전제가 되는 개념을 문제 삼아야 한다. 그러다 보면 대화가 성립하지 않는다. 일상언어를 허물어뜨리면서 소통을 도모해야 한다는 이중의 난제가 있다. 하지만 이 또한 내 능력 밖이거나 대답해도 책임질 수 없는 것이 대부분이다. 때문에 어느 정도를 넘지 않는 말만 고르게 되었다. 자꾸 사회복지학과 이력을 꺼내 동정표를 사고 싶어졌다.

다른 한편으로 나는 앞에서 이야기한 내용을 잘 설명할 수 있게 된다고 해도, '나'의 병역거부를 설명하는 언어는 빈곤을 면치 못할 것이라는 예감이 있었다. 조심스레 고백하건대 병역거부 당사자인 나는 위의 이야기 틀에 내가 병역거부를 결심하게 된 사연을 잘 담을 수 없어 마음이 허했다. 이런저런 담론이 지닌 교육적 가치를 폄하하고 싶진 않다. 우리는 이만큼의 언어를 벼르기 위해 운동한 역사를 간과해서도 안 된다.

그럼에도 내게 기존의 언어는 몸을 보호하기 위해 입지만 사이즈가 맞지 않는 외투처럼 어색하게 느껴졌다. 내가 하고픈 이야기는 정치적 대의와는 먼 사소한 문제제기처럼 보였다. 그것이 정치적으로 올바른 병역거부자의 이미지와 배치되지 싫어 겁이 나기도 했다. 하지만 공과 사, 정치와 일상을 분리하는 경계는 허구적이었다. 내밀한 일상이야말로 내가 얼마만큼 권력에 사로잡혀 있는지가 확연히 드러나는 영역이었다. 어쩌면 우리가 덮어두고자 애쓰는 순간순간에 소수자minority의 삶과 공명할 수 있는 계기가 숨겨져 있는지도 모르겠다.

지금부터 나는 이 자리에 모인 여러분과 더불어 군대에 대한 고민과 병역거부에 이르게 된 내밀한 사연을 나누고자 한다. 여기에는 나와 개인적 친분 때문에 온 사람이 있다. 반면 동료로서 활동에 결합하기 위해 온 사람이 있다. 단순히 병역거부자를 보려고 온 사람도 있다. 심지어 빨간 내복을 입고 우스꽝스런 춤을 추는 사내를 기대하는 사람도 있을 것이다.* 병역을 기준으로 분류하면 예비역, 면제자, 입영대상자, 병역에서 배제된 자가 다 있다. 다양한 사람들이 모였다.

나는 오늘 우리가 병역거부를 고민하는 자리를 함께 마련했다고 생각한다. 여러분에게 사적인 개인이 괴로워하던 끝에 괴로움의 원인이 권력임을 인식하고, 권력과의 접촉면 최대치에서 병역거부를 선언한 과정에 대해 허심탄회하게 이야기하고 싶다. 고생이라고는 용돈을 벌고 등록금을 보태는 정도였던 평범한 젊은이가 권력과 대면하며 겪

---

*   이 행사를 알리는 초대장 앞면에는 내가 빨간 쫄쫄이 스판을 입고 하이킥을 날리는 그림이 그려져 있었다.

었던 혼란에 대해 말하고 싶다.

2. 입문 단계:
고통의 의미를 해석하기

먼저 병역거부를 상의하지 못한 점에 대해 주변 사람들에게 양해를 구하고 싶다. 짐작했겠지만 군대 때문에 우울했다. 대학 남자동기들이 하나둘씩 입대했을 때부터니 제법 오래됐다. 식은땀에 흠뻑 젖어 잠에서 깬 적도 있다. 곁에 누워 자던 친구가 놀라서 깨운 적도 있다. 군대엔 가지도 않았는데 '엄살'이 심했다. 남들은 입대 직전이나 제대 후 십 년 정도 그런 악몽을 꾼다고 했다.

군대와 대면하고 싶지 않았다. 군복을 입고 총을 멘 자신의 모습을 상상할 수 없었다. 이유를 설명하고픈 욕구는 없었다. 상상만 해도 감정에 압도되어 괴로웠기 때문이다. 그것을 피하는 것이 우선이었다. '그냥 총을 들지 않겠다는 건데. 이게 국가안보를 위협하는 정치적 신념이라니. 소박한 바람에 가깝지 않나' 정도로 생각했다. 잊고 지내다 보면 수가 생기지 않을까 싶었다. 주위에서도 "잘되겠지"라고 했다. 당시에는 군대문제가 나를 이 정도로 괴롭힐 줄 몰랐다.

대학을 졸업할 무렵에는 우울이 방문하는 빈도가 잦아졌다. 진이 빠져 멍 때리던 적이 많았다. 사회에 대해 쉽게 분노하거나 막연히 변화를 기대하는 것은 순진한 생각이 되었다. "잘되겠지"란 말을 들으면 짜증이 났다. 돌파구는 고사하고 실마리조차 막막했다. 성행위에 몰두하기도 했다. 실용성으로 볼 때 탁월한 선택이었다. 성행위를 하면 몸에서 기운이 빠져나가고 아무 생각도 나지 않았다. 쉽게 잠들 수 있었다. 이것도 스트레스가 심하면 실행이 불가능했다.

시간이 흐를수록 군대에 대한 두려움은 인생에 대한 두려움으로 번졌다. 통상 이십 대라면 계획을 가지고 선택을 조합하면서 무언가를 해내겠다는 목표를 갖기 마련이다. 내겐 군대라는 장벽 때문에 삼십 대 이후의 서사를 준비할 수 없었다. 취업, 결혼 등과 같은 '통과의례'를 실감할 수 없었다. 능동적으로 사는 것이 아니라, 피동적으로 '살아진다'는 느낌 때문에 괴로웠다.

며칠 전 병역거부에 대해 털어놓자 한 친구는 "왜 지금까지 한 번도 군대에 가지 않겠다고 말하지 않았어?"라고 질문했다. 간단하다. 군대에 가지 않으면 어떤 일이 발생하는지 알기 때문이다. 내가 처한 시대적 조건상 감옥행을 피할 수 없다. 군대 대신 감옥에 가겠다는 말을 하긴 힘들었다. 마음속의 혼란과 동요도 통제하지 못하면서 병역거부란 단어를 입에 올릴 수 없었다. 말이 씨가 될까봐 두려웠다. 군대 못지 않게 감옥도 두려웠다. 지금도 마찬가지다.

내 주변 사람들은 알고 있다. 나는 군대, 입영 등을 화제로 삼지 않는다. 주변 사람들도 내게 군대에 대해 묻지 않는다. 금기다. 따로 정하진 않았다. 언제부터인지 주변 사람들과 나 사이에는 그런 암묵적 규칙이 생겼다. 군대문제는 연인과의 관계에도 영향을 미쳤다. 나는 아무런 약속도 기약도 하지 않는 책임감 없는 애인 신세를 벗어나지 못했다. 2006년 봄에 교제를 시작했는데 2009년 봄이 될 때까지 군대문제로 대화한 적이 없다. 단순 부재를 말하는 것이 아니다. 직접 언급되진 않았지만 해결되지 않는 문제로서 군대는 항상 존재했다.

모든 상황에서 침묵을 지킬 수 있었던 것은 아니다. 통제할 수 없는 상황도 발생했다. 예컨대, 또래 남자나 나이 많은 형들과의 술자리에서 군대는 안주로 오르곤 했다. 그럴 때마다 나는 찰나의 공백도 허

다음 세대를 위한 병역거부 길잡이

용하지 않고 이야기를 쉴 새 없이 쏟아냈다. 이야기의 화살이 내 군대 문제로 돌아오지 않도록 과장된 말투로 시간을 메우면서 대화의 방향을 은근슬쩍 돌렸다. 언제부터인지 모르겠지만 이러한 임기응변에 능숙해졌다. 나는 그런 일을 잘했다.

이런 대처방식에는 부작용이 따른다. 내 일상을 구성하면서 내게 (군대문제를 포함한) 조언과 충고를 아끼지 않는 사람들과의 관계가 굴절됐다. 그들의 성심과 선의에도 불구하고 나는 그들에게 거리감을 갖게 된 것이다. 내겐 절박한 현실이 한국사회의 일상에는 들어설 여지가 없는 비현실이라는 점을 거듭 확인했다. 마음속의 군대가 커질수록 고민을 나눌 수 없겠다는 확신도 커졌다. 그럴 때마다 관계에 대해 체념했다. 좋은 사람들에게 미안한 짓을 저지르고 말았다.

불쑥 용기를 내 말하고 싶었던 순간도 있었다. 하지만 내가 군대에 대해 말한다면 입술이 제대로 떨어질지조차 의심스러웠다. 얼굴은 벌게지고, 목소리 톤은 조절되지 않고, 눈가엔 눈물이 맺히는 상황이 그려졌다. 나는 분위기를 망치는 이상한 사람이 될 것만 같았다(실제로 그런 적도 있다). 안 그래도 '예민하다'('까다롭다'의 에두른 표현)란 말에 취약한데 공연히 약점을 드러내어 이목을 끌고 싶진 않았다.

내가 보기에 이런 장면은 특별하지 않다. 군대와 관련되어 있는 우리에게 익숙하고 평범한 일상이 내 이십 대의 대부분을 차지한다. 이런 소소한 풍경에도 권력이 스며들어 있다고 말한다면 지나친 주장일까. 물론 이런 자리에는 고함도, 욕설도, 발길질도, 핏자국도 없다. 나쁜 의도를 가지고 권력을 행사하는 가해자를 지목하기도 힘들다. 하지만 그토록 '자연스런' 일상이었기에 그곳에도 권력이 작동한다는 점을 깨닫기 어려웠다.

가장 힘들었던 것은 내가 겪는 고통과 슬픔의 의미를 알 수 없었다는 점이다. 솔직히 나는 지금도 자신의 경험을 설명하기 위해 고통, 슬픔, 권력 같은 단어를 사용하는 것이 낯설다. 나 같은 사람이 쓰라고 만든 단어가 아닌 것 같다. 군대와 관련해서 내가 권력관계에 취약한지 의심스럽다. 나는 학습을 통해 '국가폭력', '국민만들기', '생권력' 등의 개념을 알고 있었다. 하지만 지금 겪는 곤란은 권력보다는 내가 관계 맺기에 서툴고 미래가 요동치는 시시한 이십 대를 보내기 때문이 아닌가 생각하게 된다.

시인 이성복은 "나는 곱게 곱게 자라왔고 몇 개의 돌부리 같은 사건들을 제외하면 아무일도 없었다"*고 말했다. 내 삶을 거쳐 간 돌부리의 목록을 작성해보니 실연, 재수 같이 흔해빠진 것이라 남에게 보여주기 민망했다. 내가 경험한 '억압(?)'은 딱 그 수준이었다. 그래서 내게서 피어나는 감정은 세상의 불행을 저 혼자 짊어진 체하는 자의식의 산물일 것이라고 의심했다. 이십 대의 미성숙이 야기하는 과장된 자의식 말이다. 이런 몰골이 누군가에게는 어설픈 신파극처럼 보일 것만 같았다. 이런 내 모습을 인정하고 싶지 않았다. 극복하거나 부정하거나 단숨에 제거하고 싶었는데, 잘 안 됐다.

어쩌다 보니 심각한 척, 불행한 척, 불쌍한 척하는 내용을 늘어놓고 말았다. 오해하진 마시라. 나의 이십 대가 눈물로 범벅이 되었던 것은 아니다. 그럭저럭 지낼 만했고 실제로 잘 지냈다. 맛집도 가고, 등산도 하고, 영화도 보고, 음악도 들으면서 살았다. 농담 따먹기를 하며 시

---

*　이성복, 「세월에 대하여」, 『뒹구는 돌은 언제 잠 깨는가』, 문학과지성사, 1992.

간을 죽이고, 포털사이트의 기사를 클릭해대며 웹서핑도 하고, 속없는 사람처럼 지내기도 했다.

그렇게 지내다 보면 내겐 정말 아무 문제도 없는 것 같았다. 유머 감각이 떨어지긴 했다. 많이 먹었다. 옹졸하게 굴었지만 예전에도 그랬다. 남들처럼 현재에 의미를 부여하면서 미래를 다져가지 못하는 게 약간 아쉬웠다. 미래를 의욕직으로 구상하고 실행에 옮길 수 없는 게 약간 서운했다. 나중에는 이게 군대 때문인지 군대를 핑계 삼아 삶을 방기하기 때문인지 모를 정도가 되었다.

이와 같은 감정과 정서는 우울증의 증상일 수 있다. 우울증이라는 진단명이 나를 설명하기 위해 쓸 수 있는 용어라고 생각한다. 하지만 나는 이러한 상태가 내가 지금 권력과 부대끼고 있기 때문에 비롯된다는 예감*을 떨칠 수가 없었다. 만약 그렇다면 이런 상태를 다른 관점에서 바라보는 것도 가능하다 싶었다. 사실 그렇지 않은가. 아무리 봐도 심증은 명백한데. 문제는 나의 일상을 일시적 치기가 아닌 권력과 결부시킬 정치적 언어가 없다는 것이었다.

3. 응용 단계:
선택의 무게를 가늠하기

병역과 관련해서 내게 주어진 약간의 행운이 있다. 첫 번째 행운은 내

✕ '예감'이란 표현은 도미야마 이치로에게서 빌려왔다. 도미야마는 예측과 예감을 구별해서 사용하는데, 예측은 모든 순간을 통치의 역학으로 수렴시키는 용어인 반면 예감은 그런 논리로 환원되지 않는 가능성에 주목하는 용어다. 도미야마 이치로, 『폭력의 예감』, 김우자 외 옮김, 그린비, 2009, 57~60쪽.

가 서울 소재의 제법 괜찮은 대학을 다녔다는 사실이다. 이것은 기득권이지만 그로부터 비롯된 여유는 기성 사회를 비판적으로 사고할 수 있는 토양이 되기도 한다. 많은 이들이 권력과 폭력이 무엇인지 사고할 기회를 갖지 못한 채 그것을 경험한다. 나도 중고등학교 때 그랬었다. 당하면서도 막연히 불쾌하단 느낌만 가질 뿐 그것이 무엇인지 알지 못했다.

권력과 폭력을 제대로 이름 붙일 수 없는 사람들이 있다. 그들은 피해자다. 하지만 안타깝게도 피해자는 자신의 경험을 성찰할 수 있는 기회를 갖지 못함으로써 가해자가 되기도 한다. 권력에 공모하는 것이다. 아니, 피해자와 가해자를 포개서 악순환을 재생산하는 것이 권력의 작동방식이다. 군대는 피해자와 가해자를 동시에 생산하는 대표적 기구다. 때문에 병역거부자(와 평화운동가)를 향한 예비역의 분노는 생뚱맞지 않다. 물론 바람직하지 않다.

다행히 내가 우울에 허덕이면서도 고민을 지속할 수 있던 까닭은 대학 안팎의 활동을 통해 권력에 대해 생각할 수 있는 기회와 자원을 가졌기 때문이다. 두 번째 행운은 내가 대학에 입학한 시기와 한국사회에 병역거부'운동'이 출현한 시기가 겹친 것이다. 하지만 그런 자원이 있는 것과 그것을 실제 삶으로 녹여내 사유로 확장하는 것 사이에는 괴리가 있다. 더군다나 고민의 끝에는 사유로 환원되지 않는 실천이란 '도약'이 있었다.*

병역거부 관련 자료를 찾고, 읽고, 할 수 있을지 가늠하는 일은 고됐다. 아무런 지지와 공감도 없이 혼자 고민하는 작업은 쉽지 않았다. 이럴 땐 속절없이 자기 안으로 침잠하곤 했다. 내가 겪는 감정과 정서를 권력의 관점에서 구체적으로 사유할 줄 몰랐기에 감상주의에 빠지

다음 세대를 위한 병역거부 길잡이

곤 했다. '왜 남들이 실용적으로 결정하고 처리하는 문제를 가지고서 전전긍긍하나', '왜 남들이 이십 대 초반에 통과하는 문제를 가지고서 이십 대 내내 에너지를 쏟아붓나' 운운. '전쟁없는세상'의 모임에 나가기 전까진 안도감을 가질 수 없었다.

온갖 복잡한 수식으로 계산해봐도 답은 마이너스가 나왔다. 손해가 막심했다. 병역거부를 한다고 활력이 증가하고 기쁨이 발생하진 않는다. 다가올 손실을 최소화할 수단과 방법을 고민하는 것이 최선이었다. 어느새 나는 비극의 주인공이 되어 근심걱정의 나래를 펼치곤 했다. 이를테면 다음과 같은 식이다. 감옥에 가도 클렌징폼하고 선크림은 있어야 외모가 유지될 텐데. 〈마이클 잭슨-스릴러〉하고 〈언니네 이발관-가장 보통의 존재〉 앨범은 지구상 어디서든 들어야 하는데. 평소에는 고향집에 전화도 잘 안 하면서 불효자가 될 신세를 한탄하고. 토익, 토플 성적표 하나 없으면서 출소 후 직장을 못 구할까봐 마음을 졸였다.

대학동기들이 대부분 중산층 이상이기 때문에 나는 내가 가진 것이 없다고 생각해왔다. 하지만 감옥에 간다고 생각하니 잃을 것이 한두 가지가 아니었다. 대수롭지 않게 여겼던 것들이 일상을 유지하는 중요한 관계, 노동, 자원이었고, 사라진다고 생각하니 깜깜했다. 내가 주류적 삶을 선택하지 않는 것과는 별개로, 전과자가 되어 사회로 진입할 수 있는 여러 가능성 자체가 차단된다는 느낌도 씁쓸했다. 뒤집어 보면 나는 권력관계에서 취약한 상황에 놓인 적이 별로 없었다.

결정적으로 나는 병역거부가 나를 아끼고 사랑하는 사람들에게 치명적 상처가 된다는 사실을 받아들이기 힘들었다. 누군가에게 지울

✱　　뒤에서 살펴보겠지만 실천은 도약이 아니었다.

수 없는 상처를 주는 가해자가 된다는 깨달음은 고통스럽다. 대표적으로 외할머니를 떠올릴 때마다 머리가 어질어질했다. 나는 유복자로 태어나서 생계부양자인 어머니와 가정주부인 외할머니 밑에서 자랐다. 때문에 아직까지도 어머니보다 외할머니에 대한 정서적·감정적 애착이 크다.

나는 여든 살의 외할머니에게 손자 인생의 가장 중요한 결심을 이야기하고 이해를 구할 수 없다. 대신 병역거부선언과 이후의 수감생활을 숨기기 위한 구체적 방편을 준비하고 실행에 옮겨야 한다. 어머니, 누나와 함께 공동모의를 해야 한다. 나는 한국사회에서 제일 좋다고 하는 대학을 졸업했고 석사학위까지 있다. 그 모든 공부는 나와 사랑하는 외할머니 사이를 소통할 수 있는 언어를 제공하지 못한다. 이것은 슬픈 일이다.

빤히 보이는 파국에도 불구하고 나는 왜 병역거부에 집착하는 것일까. 어렸을 때부터 고집이 세고 오기가 있다는 말을 들었는데, 세 살 버릇을 고치지 못한 걸까. 정신분석에서 말하는 죽음충동이 내게 들러붙은 것은 아닐까. 한편으론 외할머니에게 숨길 방안을 모색하는 데 급급한 나는 병역거부자로서 자격미달은 아닌가 싶기도 했다.

그러는 와중에 나의 운동 관념을 다시 생각하게 되었다. 공부와 활동을 한다는 것을 대단한 비주류적 삶의 양식처럼 내세웠다. 실제로 그런 일이라고 생각했다. 하지만 그것을 통해 더욱 풍성한 관계, 행복, 인정을 누리길 바란다는 점은 변함이 없었다. 즉 내게 공부와 활동은 세상에 대한 발언권, 설명력, 통제력을 얻기 위한 소중한 수단이었다. 공부와 활동이 쌓이면 내 이야기에 귀를 기울이고 지지와 공감을 보내줄 사람이 늘어날 것이라고 생각했다. 내가 당면한 병역거부는 고

다음 세대를 위한 병역거부 길잡이

양이나 상승을 기대하면서 뛰어들 수는 없는 운동이었다. 병역거부는 사회적으로 주어진 선택 바깥에 있는 것이니 가장 자유롭고 주체적인 것이라 할 수 있다. 그런데 보다시피 자유로운 주체의 모습은 매력적이지 않았다.

이와 같은 감정의 정체는 위치의 자각과 뒤따르는 이동의 예감에서 발생하는 두려움이었다. 탈주, 횡단, 한계 경험 같은 기창한 용어를 애용하던 시절이 있었다. 병역거부를 계기로 나는 자신이 한 번도 그런 위치 이동을 겪어본 적이 없다는 사실을 깨달았다. 그런 개념이 지칭하는 바가 무협지의 황홀한 무공이 아니라는 것도 알았다. 나의 두려움은 현재 위치와 병역거부 사이에 놓인 심연을 목격했기 때문에 발생하는 감정이었다.

한 측근은 내게 다음과 같이 충고했다. "어쩐지 병역거부 할 것 같더니만. 이왕 할 거면 좀 진즉 하지 그랬어." 2009년 7월 병역거부를 선언한 기독교 신자의 기사에서도 비슷한 댓글을 본 적이 있다. '이십 대 초반도 아니고. 대학 졸업할 때가 되니 병역거부를 한다니. 군대 가기 싫어서 그러는 것 아니냐. 비겁하다'고 적혀 있었던 것 같다. 그런 점에서 나는 내가 겁쟁이임을 밝히지 않을 수 없다. 나의 변명은 선택 바깥을 선택하기 위해서는 훨씬 많이 준비해야 한다는 것이다. 시간이 필요했다. 그리고 이런 겁은 소심증일 수도 있지만, 권력을 권력으로서 경험하고 인식하려는 자만이 겪는 감정일 수 있다고 주장하고 싶다.*

＊　도미야마는 겁쟁이를 멸시하는 혁명적 전통에 반기를 든다. "겁쟁이이기 때문에 상처받을 것을 두려워하고, 사람을 죽이는 것을 두려워하는 것이 바로 사회를 구성해가는 가능성"이라는 주장이다(도미야마 이치로, 앞의 책, 7쪽). 겁쟁이가 갖는 양의적

겁을 권력의 증후로 사고했을 때, 우리는 다음과 같은 전환을 목격한다. 이것은 무엇보다 겁을 극복하거나 제거해야 할 부정적 감정으로 간주하지 않는다는 것을 의미한다. 어떤 고민을 권력의 문제로 제기하기 위해서는 감정을 섣불리 지우지 않고 오히려 감정에 집중할 것이 요구된다. 또 그와 같은 감정이 몸과 마음에 미치는 동학을 감내하고, 관찰하고, 기록해야 한다. 그래서 이토록 오랜 시간이 걸렸나 보다. 우울증은 의학적 치유의 대상이다. 하지만 우울증은 간혹 정치학의 자원이 되기도 한다. 나는 우울증의 치유제로 정치학을 택했다.

4. 심화 단계:
운동주체의 자격을 검열하기

기존 정치적 병역거부자는 '양심적' 혹은 '양심에 따른' 병역거부라는 용어를 걸고 활동했다.** 지긋지긋한 오해를 반복하지 않기 위해 다음을 짚고 넘어가자. 양심의 '양'자는 어질 양良으로 환원되지 않는다. 평화운동가들이 말하는 양심은 도덕적 가치의 목록이 아니다. '사회적인 것'the social으로 잠식되지 말아야 할 개인의 내밀한 신념을 가리킨다. 양심의 내용은 제각각이고 몽상적이거나 순수할 수 있다.

즉 양심 개념은 사회의 지배적 가치로 포섭되지 않는 영역을 보호

가능성에 대해서는 『폭력의 예감』의 한국어판 서문 「서문을 대신하여-겁쟁이들」을 참조하라.
** '양심적 병역거부'와 '양심에 따른 병역거부'란 표현이 등장한 맥락과 용어를 둘러싼 논쟁에 대해서는 다음을 참고할 것. 전쟁없는세상·한홍구·박노자, 『총을 들지 않는 사람들』, 철수와영희, 2008, 14쪽. 이 글에서는 양자를 구별하지 않고 사용한다.

다음 세대를 위한 병역거부 길잡이

하기 위해 고안되었다. 양심은 개인의 삶을 지탱하기 위한 방어적 개념이다. 하지만 사회변화를 유도하는 힘이 잠재되기도 했다. 오랜 세월 한국사회에서 국가는 개인 위에 군림해왔다. 국가에 대항하는 진보진영에서도 대의와 집단성이 운동의 핵심이었다. 기업 마케팅을 제외하고는 1990년대까지 공적 담론에서 개인의 존재가 주목받고 노출된 경험이 거의 없다. 따라서 국가에 내항해 '양심의 자유'를 내세우는 병역거부운동은 보수진보를 막론하고 격렬한 논란을 불러일으켰다. 한국적 맥락에서 양심의 자유는 자유주의적 수사를 띠었지만 급진적 파급력을 지닐 수 있었다.

나는 병역거부자들의 소견서를 읽어보면서 양심으로 집약되는 완결된 서사와 고도의 성찰성을 공통적으로 발견했다. 병역거부자의 소견서에는 최초의 계기와 중요한 문턱을 거쳐 마침내 병역거부를 선언하기까지의 드라마틱한 서사가 담겨 있다. 그들은 일찍이 고유한 문제의식과 목표를 지니고 살아온 우직한 선구자처럼 보인다. 이런 면모는 운동의 설득력에 있어 핵심 요소였다.*

내가 병역거부자가 되어 소견서를 작성하려고 보니, 내세울 만한 신념이 없었다. 성찰성은 죄책감을 불러일으켰다. 죄책감은 좀 시달려도 괜찮다. 하지만 죄책감은 '다르게 살아야지'가 아니라 '그러니까 넌 안 돼'라고 속삭였다. 또한 과거의 이력은 균질적이지 않았다. 주워 담고 싶어도 수습되지 않는 과거가 많았다. 모난 곳 투성이라 운동주체

---

* 같은 병역거부자의 기록임에도 병역거부 소견서와 『총을 들지 않는 사람들』은 다르다. 병역거부 소견서에는 진정성 있는 서사를 작성하기 위해 긴장한 흔적이 역력하다. 반면 『총을 들지 않는 사람들』에는 상대적으로 병역거부자의 다양한 면모가 실려 있다.

로서 병역거부자의 이미지로 잘 귀결되지 않았다.

일례로 사회학과 대학원 선배는 소문을 듣고서 "현민이는 군대 갔다 와야 하는데……"라고 반응했다고 한다. 그것이 전해들은 소식의 전부였다. 그는 큰 고민 없이 말했을 가능성이 크다. 그는 자신이 한 말을 기억 못할 수도 있다. 나도 그쯤은 안다. 하지만 그 말을 듣자마자 출석체크나 하던 대학원 생활과 쥐지도 놓지도 못하던 어중간한 관계가 상기됐다. 논문을 통과받기 위해 취했던 비굴한 태도도 떠올랐다. 의도도 깊이도 없는 말 하나를 두고서 여러 날을 앓았다. 나는 병역거부를 할 만큼 훌륭한 인물이 아닌 것 같았다.

출소한 한 병역거부자가 내가 다니던 대학원에 입학하고 활동하는 모습을 보면서 그런 생각은 더욱 강해졌다. 그는 병역거부를 할 만한 능력이 있는 청년이었다. 속된 말로 군대에 다녀오지 않아도 될 만했다. '저런 사람이 병역거부자니까 주변 사람들도 공감하겠지'라고 생각했다. 나는 병역거부를 준비하면서 그에게 많은 도움을 받았지만 가까워질수록 그와 나를 견줘 보면서 열등감을 느끼기도 했다.

내게 병역거부의 사유로 밀 만한 키워드는 없는 것 같다. 천주교 세례명이 있지만 냉담자다. 소속 단체가 없다. 활동가가 아니다. 짝사랑하는 사상가는 있지만 무슨주의자라고 하기엔 쑥스럽다. 이십 대 내내 페미니즘은 나와 고민을 함께했던 사상이었다. 하지만 페미니스트라고 하기엔 성별에 문제가 있다. 페미니스트와 연애에 실패했다는 치명적 과거도 있다. 평화를 사랑하기보다 그냥 싸움을 못하는 것 같다. 병역거부자라면 분쟁 지역의 상황도 잘 알아야 할 것 같은데, 부끄럽지만 내겐 팔레스타인 주민의 아픔을 헤아릴 능력이 없다.

이번에 개설한 인터넷 후원카페를 보니 대학 동기가 '평화의 꽃'이 되라고 지지글을 올렸다. 나는 평화의 꽃보다 얼짱 꽃미남이 되고 싶다는 생각을 훨씬 많이 했다. 이런 생각을 하다 보면 나는 병역거부에 어울리지 않고 내 이력은 너무 빈약하다는 죄책감이 들었다. 내게도 배경은 이렇고 기승전결은 이렇다는 화끈한 서사가 있었으면 좋겠다고 생각했다. 하지만 병역거부를 결정짓는 단 한 번의 사건은 없었다. 이럴 땐 정말 그릇도 안 되는 놈이 분단국가에 태어나서 주제넘게 욕을 보는구나 싶었다.

여성학 연구자 강인화의 연구는 나의 고민이 병역거부운동의 역사와 밀접하게 연관되어 있다는 점을 알려준다. 강인화는 병역거부운동에서 나타나는 남성성을 분석하면서 초기 병역거부운동이 정당성을 얻기 위해 '기피'와 '거부'를 구분짓는 데 몰두했음을 지적한다.* 내용인즉슨 병역거부운동은 진정성을 입증하기 위해 강한 도덕성과 나약함에 대한 거부를 내세웠고, 이는 운동에 적합한 주체와 부적합한 주체를 구분 짓는 효과를 낳았다는 것이다. 이를 이해하는 일은 어렵지 않다.

예컨대, 병역거부를 고민하는 한 친구는 사적인 대화에서 흥미로운 일화를 들려줬다. 평화운동을 시작할 무렵, 자신은 한 술자리에서 오태양이 맥주를 마시는 모습을 보고 속으로 기겁했다는 것이다. 오태양이라면 개미 한 마리 못 죽이고 공중부양을 해서 다닐 줄 알았다는 농담도 덤으로 건넸다. 우리는 술 마시고 주정부리는 병역거부자를 상상하지 못한다. 나 또한 자신의 속물성을 알기에 내가 병역거부를 할

✳   강인화, 「한국사회의 병역거부 운동을 통해 본 남성성 연구」, 이화여자대학교 석사학위논문, 2007.

라치면 비웃음을 살 것이라고 생각해왔다.

　이처럼 운동에 적합한 주체와 부적합한 주체, 병역거부와 병역기피 사이의 엄연한 구분이 있다. 이는 병역거부를 신성시하는 효과를 낳는다. '신성한' 병역을 문제 삼는 병역거부는 병역의무 이상으로 신성시된 면이 있다. 그래서 병역거부자 개인은 묵직한 실존적 결단을 감수해야 한다. 때문에 현재 병역거부운동의 집단적 주체는 잘 생기지 않고 있다. 동시에 병역거부자가 아니거나 병역의무에서 배제된 평화운동가는 주변화되기도 했다.* 병역거부자의 서사에 이질적인 이력이나 행적이 노출됐을 때 운동의 도덕성이 훼손되기도 한다.

　가령 사람들은 병역거부자가 장교나 카투사, 산업기능요원 시험에 응시한 전력이 있으면 의혹을 품는다. 병역을 여러 차례 연기해도 안 된다. 파렴치한(?) 과거가 '발각'되거나 '들통'났다고 생각한다. 학생회 활동을 할 때였다. 학생회 간부 출신이 병역거부를 하자, 운동권 선배들은 그가 집회 때면 전경과 싸우기 위해 앞으로 뛰쳐나갔다고 수군댔다. 사회운동가조차 병역거부자가 간디 이미지에서 벗어나면 납득을 못한다.

　태어나서 이런 운동단체는 처음 봤다. '전쟁없는세상'에 가서 병역거부를 하고 싶다고 말해도 환영받지 못한다. "대체 왜 그래요. 다시

＊　나는 병역거부를 선언하기 전 어머니를 '전쟁없는세상'의 여성 활동가에게 소개하는 자리를 가졌다. 그 자리에서 내 어머니가 한 첫 번째 말은 다음과 같았다. "당연히 감옥에 갔다 오고 나이도 좀 있는 남자일 거라고 생각했는데. 아가씨가 올 줄은 몰랐네요." 병역거부운동에 대한 평가와 한계를 다룬 연구로는, 임재성, 『삼켜야 했던 평화의 언어』, 그린비, 2011. 그중에서도 8장.

　　　　　　　　　　다음 세대를 위한 병역거부 길잡이

한번 생각해봐요"라는 핀잔을 듣는다(여기에는 감옥행이라는 현실적 고려가 작동하고 있다). 한국사회에서 군대에 간다고 하면 아무도 '왜'라고 질문하지 않는다. 총을 들고 군사훈련을 받는 것이 예삿일은 아닐 텐데. 반면 군대에 가지 않겠다고 하면 해명할 것이 너무 많다. 이상하다. 질문에 일일이 답변하고 틀리지 않으려고 애쓰기에 앞서 상황의 비대칭성을 문제 삼고 싶다. 병역거부'운동'의 역사가 십 년을 바라보는데 이제 그래도 될 것 같다. 병역거부와 병역기피 사이의 경계를 슬며시 이동시키고 싶다. 나 같은 사람도 하는 마당에 뻔뻔한 병역거부자가 조금 더 많아지면 좋겠다.[*]

나는 병역거부를 하기 위해 자신을 완전무결한 도덕적 주체로 포장하고 싶지 않다. 대의에 기대고 싶지도 않다. 샅샅이 뒤지면 병역거부에 필요한 이력이 없진 않다. 학생회 활동을 했고 집회에 자주 나갔다. 미군 기지를 둘러싼 갈등이 있었던 화성 매향리^{**}와 평택 대추리^{***}도 갔었다. 전경한테 맞기도 했다. 월드컵 땐 시큰둥했다. 행렬 앞에

     ×   한편 이용석은 병역거부운동의 외연이 넓어지는 만큼 탈정치화되는 현실에 대한 고충을 털어놓고 있다. 이용석, 「새로운 유형의 병역거부, 그들과 만날 때…」, 『전쟁없는세상 소식지』 23호, 2009.

     ××   화성 매향리는 1951년부터 2005년까지 54년간 미공군의 사격장으로 사용된 곳이다. 훈련 중 폭격으로 인해 주민 11명이 숨지고 19명이 다치는 등 주민의 피해가 심각했다. 2005년 사격장이 폐쇄되고 평화공원과 역사관 조성을 추진 중이다.

     ×××   미군이 주둔국의 방위군을 넘어 아시아 지역군대의 위상을 갖게 되면서, 서울 용산 미군기지의 평택 이전이 결정되었다. 대추리는 평택의 미군기지 캠프 험프리 인근에 위치했는데, 대추리 주민들은 정부의 강제추방에 맞서 2005년부터 2007년까지 3년 동안 투쟁을 전개했다.

서 구호를 외친 적도 있다. 병역 관련 시험에 응시한 적이 없다. 엮으면
끼워 맞출 수 있다. 하지만 그런 활동은 단일한 목표의식하에 행한 일
이 아니었다.

동시에 남의 말을 섣불리 가져다 써 후회되는 순간도 있다. 연대
라고 했지만 나중에 보니 연민인 적이 있다. 당시에는 강렬했지만 희미
한 흔적뿐인 기억, 관계, 사람도 많다. 부족함을 고해성사하는 것이 아
니다. 내겐 진정성과 속물성, 소심함과 뻔뻔함, 귀여움(?)과 섹시함(?)이
공존한다. 어떤 사람의 눈에는 병역거부자의 모순처럼 보이겠지만 실
로 모든 삶은 이질성으로 그득하기 마련이다. 내게 완결된 서사는 불가
능하며 매력이 없다. 완결된 서사의 이면, 즉 내밀한 일상의 파편은 정
치적 올바름을 훼손하는 것이 아니라 오히려 정치를 다르게 사고할 수
있는 자원이라고 생각한다.

나는 병역거부를 하면서 내 몸에 얽혀 있는 감정을 부정하고 싶지
않았다. 자신의 찌질함조차 자학하지 않고 긍정하는 병역거부운동을
하고 싶다.* 운동을 바다에 떠 있는 배에 빗대보자. 목적지에 도달하려
고 파도를 가르는 쾌속선보다 정해진 항로도 종착지도 없이 해풍과 물
결에 따라 항해하는 돛단배가 되고 싶다. 대신 외부적 계기에 아주 민
감한 돛을 달고 싶다. 나는 개개의 마주침 또한 운동이 될 수 있다고
생각한다. 병역거부는 그렇게 맞닥뜨린 계기다. 다행히 항해에 참고할

---

* 유사한 문제의식에서 쓰인 글로는 유정민석, 「나약하고 유약한 제
안의 여전사는 병역을 거부합니다」. 병역거부자 53인의 소견서는
전쟁없는세상 엮음, 『우리는 군대를 거부한다』, 포도밭, 2014에 실려
있다. 그리고 정희진, 「'양심적 병역 기피'를 옹호함」, 『씨네21』 533호,
2005.

다음 세대를 위한 병역거부 길잡이

만한 별자리가 없진 않다.

　병역거부자 이용석이 쓴 멋진 글귀가 내게 응원을 보내는 것만 같다. "평화의 결과로 병역거부를 선택한 것이 아니라 병역거부를 하면서 평화를 알아가게 됐다."* 그렇다면 나 같은 사람도 괜찮지 않을까. 안 괜찮아도 어쩔 수 없다. 그냥 병역거부 하련다.

5. 도약이 아닌
몰락을**

유머와 위트가 넘치는 두 형에게 병역거부 결심을 털어놓았을 때다. 한 형의 눈동자가 일순간 흔들렸다. 다른 형은 "이제 우리가 한 사람의 인생이 도약하는 순간을 목격하겠구나"라며 감탄사를 뱉었다. 그는 내가 앞으로 대단한 투사나 정치인이 될 것이라고 예상했나 보다. 그 말을 듣자마자 나는 고개를 갸우뚱했다. 별다른 말을 보태진 않았지만 '형, 사실 그것은 도약이 아니라 몰락이에요'라고 말하고 싶었다. 왜냐하면 내가 병역거부를 통해 선택한 것은 하강이지 상승이 아니기 때문이다.

　나는 사회운동에 관심이 많다. 하지만 많은 대학생과 지식인이 그러하듯 필요에 따라 소위 민중과 자신을 동일시하거나 적당히 거리를 조절할 수 있었다. 이때도 나름의 진정성과 공감의 시간이 없진 않았다. 그러나 병역거부는 내게 지금까지의 행동과는 달리 실제 그러한 삶의 진입이 어떤 체험인지를 예감하게 해주었다. 아무리 따져봐도 병역거부에는 이득이 없다. 손실은 오래 지속된다. 생의 좌표가 한번 기우

---

*　　이용석, 「촛불집회, 사실 너머의 진실을 보도하라」, 『MBC, MB氏를 부탁해』, 프레시안북, 2008, 122쪽.

**　　신형철, 『몰락의 에티카』, 문학동네, 2008, 「책머리에」를 참조했다.

뚱할 뿐이다. 하지만 그렇기 때문에 역설적으로 강력한 선택이자 주체적 떠맡음일 수 있다. 가치척도가 뒤바뀌기 때문이다. 전과 같은 눈과 귀를 가질 수 없다. 내가 병역거부를 두고서 오랜 고민 끝에 내린 결론이다.

지금까지 살펴본 것처럼 이 병역거부 소견서에는 드라마 같은 인생역정이 없다. 정치적 대의의 담지자도 없다. 소견서 어디를 뒤져봐도 신념을 전달하려고 결연한 눈빛을 보내는 젊은이는 없다. 겁 많고 소심한 젊은이가 웅크리고 앉아 눈치를 보고 있을 따름이다. 병역거부는 내가 처한 상황을 여과 없이 노출시켰다. 나는 권력의 피해자로 자신을 인식하기 힘들었다. 저항자의 포즈는 곧잘 취했지만 피해자로서 자의식은 별로 가져본 적이 없기 때문이었다. 그랬기 때문에 나의 고통과 슬픔을 권력과 결부시키기 위해 정말 많은 시간과 에너지를 소모했다.

병역거부는 내가 지닌 안전한 위치와 거리조절 능력, 그 밖의 자원을 상당히 박탈할 것이다. 이때 생긴 상처는 쉽게 지울 수 없으면서 오랜 세월 감당해야 할 흔적으로 남을지도 모르겠다. 다른 병역거부자들이 그런 것처럼 말이다. 즉 병역거부는 몰락의 순간이다. 하지만 나는 몰락을 기꺼이 선택함으로써 내게 부착된 권력을 백일하에 드러내고자 한다. 그것이 찰나에 불과할지라도. 나는 이를 통해 개별적 삶에서 벗어나기를 소망한다. 그리고 나의 삶을 다른 이들과 포갤 수 있는 위치에 이르고 싶다. 그것을 낭만적으로 생각하는 일은 금물이다. 유쾌한 경험이 될 순 없을 것이다. 하지만 그때의 삶은 운명일 수 있다. 나는 이제 병역거부자라고 불리는 전혀 다른 삶으로 이주한다.

겨우 딛던 자리에서 벗어나 한 발자국 내려왔을 뿐이다. 아래로 한 발을 딛는 데 이토록 힘이 들고 오랜 시간이 걸릴 줄은 몰랐다. 그동안

다음 세대를 위한 병역거부 길잡이

은 위로만 시선을 향했지, 아래에도 발 디딜 수 있는 세계가 있다는 사실을 알지 못했다. 그래봤자 한 번인데. 하지만 지금 내겐 이 한 발자국의 몰락이 이전의 어떤 도약보다 의미심장해 보인다.

추기: 나는 스스로가 오태양의 출현을 충격으로 받아들인 세대의 끝임을 의식하며 이 글을 작성했다. 오태양 이후의 비여호와 의증인 병역거부자는 대개 서울 소재 대학 출신으로 학생운동 경험이 있었다. 이제 그런 병역거부자 세대는 종말을 고하는 것처럼 보인다. 시대적 조건이 달라졌고 다른 상황과 배경 속에서 병역거부를 고민하는 사람이 늘고 있다. 전형적으로 굳어진 병역거부자의 모습 또한 변화하고 있다. 주제 넘는 제목을 붙였지만, 그들이 병역거부의 문턱에서 서성일 때 참고할 만한 글이 됐으면 좋겠다.

정치범 수감자의 글쓰기와 남성성
—신영복의 『감옥으로부터의 사색』을 중심으로

1. 수감자의 남성성과 옥바라지

법을 위반하고 감옥에 갇혀 있는 남성 수감자 하면 쉽게 떠오르는 이미지가 있다. 험상궂은 외모나 거친 말투, 몸싸움이나 성적 능력의 과시 같은 것들. 1990년대 중반의 베스트셀러 『빵끼통』*을 위시한 유사 르포르타주 소설은 통상적으로 접근하기 힘든 그들의 생활을 적나라하게 묘사하면서 독자의 선정적 호기심을 충족시켜 준다. 이때 감옥은 사회적 규칙이 정지된 공간이고 남자들의 행태는 그들의 '본성'을 드러내는 것 같다. 이는 남자들의 폭력성을 증언하는 사례로서 남성성을 논하기에 적절한 장면처럼 보인다.

한편 우리는 정치범**의 사색을 담은 옥중수고에서 정반대의 풍경을 목격한다. 같은 공간에서의 생활을 다루고 있지만 양자의 모습은 매우 다르다. 신영복의 『감옥으로부터의 사색』(이하 『사색』), 박노해의 『사람만이 희망이다』, 황대권의 『야생초 편지』 같은 책들.*** 각각은

  ＊   이진수, 『빵끼통』, 밝은세상, 1993. '빵끼통'은 감방 안의 변기를 가리키는 재소자들의 은어다.

 ＊＊   이 글에서는 유사한 의미를 갖는 '정치범', '사상범', '양심수' 등의 용어를 구별하지 않고 정치범으로 통일해 사용하였다.

＊＊＊   신영복, 『감옥으로부터의 사색』, 돌베개, 1998; 박노해, 『사람만이 희망이다』, 느린걸음, 2015; 황대권, 『야생초 편지』, 도솔, 2012.

관념적 지식을 추구하던 엘리트 인텔리가 민중성을 깨우친 사상가로 거듭난 이야기, 전투적 노선을 견지하던 사회주의 혁명가가 희망을 노래하는 생명운동가로 거듭난 이야기, 제3세계 혁명을 공부하던 유물론자 유학생이 영성을 발견하고 생태주의자로 거듭난 이야기로 회자된다. 정치범에게 감옥은 사회로부터 격리됐지만 역으로 세속을 초월할 수 있는 가능성을 열어주는 공간처럼 작동한다. 그들의 수형생활은 남성성 같은 주제와는 무관한, 은둔한 수행자가 깨달음을 얻는 과정처럼 말해진다.

두 종류의 수감자의 차이는 어디에서 비롯되는 것일까. 물론 일반 재소자와 정치범을 동일선상에 놓고 비교하는 것은 무리다. 정치범은 다른 수감자에게 '불순한' 영향력을 행사할 수 있다는 이유로 독방생활을 하게 되는 경우가 많다. 그러나 이런 차이 때문에 전자는 남성성에 해당하고 후자는 남성성과 무관하다고 가름하는 것은 단순한 사고다. 남성성은 폭력성 같은 몇 가지 성질로 환원될 수 없다. 영단어 man에 '남성'과 '인간'이라는 두 가지 의미가 겹쳐 있는 것처럼, 남성은 하나의 성별로 한정될 수 없으며 사회에서 활동하는 보편적 주체로서 인간을 대표한다.[*]

성별화된gendered 사회에서 남성을 정의하는 주된 기준은 공적 영역에서의 위치와 사회적 자원의 보유 여부다. 이런 관점에서 보면 일반 재소자들이 남자다움을 과시하는 행동은 자신을 둘러싼 환경이 급변하면서 정체성이 위기를 겪고 있기에 나타나는 과잉반응으로 해석

[*] '남성성'과 '여성성'의 비대칭적 관계에 대해서는 정희진, 「한국 남성의 식민성과 여성주의 이론」, 『한국 남성을 분석한다』, 교양인, 2017, 41~44쪽을 참조.

할 여지가 있다. 그런데 정치범도 기존의 자원을 상실하고 사회에서 요구하는 역할을 수행할 수 없는 사정은 마찬가지다. 장기간의 단절에도 불구하고 그들은 어떻게 스스로가 남자임을 의심하지 않을 수 있었을까. 정치범의 감옥 이야기에는 그들이 남성이라는 점이 '자연적' 사실로 당연시되고 있다.

옥바라지는 '바라지'에서 파생된 단어로 감옥 바깥에 있는 사람이 수감자를 지속적으로 보살피는 일을 가리키는 말이다. 접견(면회)을 와서 영치금을 넣어주거나 속옷을 부쳐주거나 편지를 보내는 일이 전형적 옥바라지에 해당한다. 옥바라지는 형벌을 받고 있는 수감자가 여전히 행사할 수 있는 사적 혹은 미시적 권력이 있음을 알려준다. 옥바라지하는 사람은 가족 중에서도 어머니나 아내처럼 여성인 경우가 대부분이다. 가사노동이 그렇듯 한국사회에서 보상이 없고 가시화되기 힘든 비공식적 노동은 여성에게 쉽게 맡겨진다. '죄수'에 대한 낙인은 옥바라지를 타인의 시선에 노출되지 않으면서 수행해야 하는 은밀한 노동으로 만든다.[*]

옥바라지를 고려하면 일반 수감자와 정치범 사이의 엄격한 구분이 와해된다. 서로에게 동일시하기 힘든 두 종류의 재소자가 남성 범주로 묶일 수 있는 까닭은 교도소에서 남성으로 분류되었다는 사실 때문만이 아니다. 젠더 규범이 옥바라지를 통해 교도소 안까지 작동하기 때문이다. 이뿐이 아니다. 나는 수감 중에 여호와의증인 재소자들끼리

---

[*] 옥바라지는 2016년 서대문형무소 인근 옥바라지 골목의 철거를 계기로 주목받기 시작했다. 관련된 글로는 후지이 다케시, 「옥바라지 기억하기」, 『한겨레』, 2016년 2월 28일.

사용하는 '오자매'라는 은어를 접한 적이 있다. 교도소 규정상 한 번에 접견 가능한 최대 인원이 다섯 명인데, 한 번에 다섯 사람이 그것도 전부 자매(여자)가 왔다는 것을 뽐내기 위한 여호와의증인 신도만의 언어였다. 종교적 신념에 따른 병역거부자인 여호와의증인은 일반 재소자들의 남성중심적 문화와 거리를 두고자 노력한다. 그럼에도 남자다움의 과시와는 다른 방식으로, 즉 자매들의 집단적 지지와 응원을 통해 자신이 남자임을 확인받을 수 있다. 이처럼 옥바라지에는 수감생활 보조 이상의 의미가 있다. 옥바라지는 일반 재소자들의 문화 못지않게 수감자의 남성성을 이해하기 위한 필수 요소지만 그 중요성이 간과되어 왔다.

옥바라지를 여성 노동력을 무상동원하는 여성 억압이라고 볼 수도 있지만, 실제로 옥바라지하는 아내는 가족질서를 통해 남편에 종속되는 존재로 한정되지 않는다. 남성 수감자와 그 아내의 경우, 남녀의 위치는 훨씬 복잡하고 불안정하다. 예컨대 아내가 이혼소송을 제기하면 남편에게 혼인관계를 유지하지 못한 책임이 있다는 판결이 날 가능성이 크다. 구금된 남성 수형자의 정체성은 사회 속 위치가 아닌 여성과의 관계를 통해 좌우되는 면이 있다. 본인 명의의 상당한 재산이 있지 않은 이상, 남성 수감자는 자신의 정체성을 유지하기 위해 여성에게 의존해야 하는 상황에 처한다. 누가 옥바라지를 제공해주며 그는 수감자와 어떤 관계를 맺고 있는가. 나는 이것을 정치범 수감자의 남성성을 이해하기 위한 단서로 삼고자 한다.

2. 『사색』 다시 읽기(상):
자아의 붕괴와 여성 수신자의 의미

나는 정치범의 남성성을 분석하기 위한 자료로 신영복의 『사색』을 선택했다. 그 이유는 『사색』이 한국의 옥중서한 중 유일하게 원본에 가까운 접근을 허락하는 자료이기 때문이다. 정치범의 옥중서한은 편지라는 매체가 갖는 사적 특성 때문에 일단 접근하기가 쉽지 않다. 출간되더라도 여성과의 관계 같은 젠더 이슈는 사생활로 간주되어 감춰지기 십상이다. 예외적으로 『사색』은 내용뿐 아니라 철필로 눌러쓴 글씨체, 여백에 그린 그림이 함께 주목받으면서 역사적 가치를 인정받았기에 영인본影印本*이 존재한다. 영인본이 만들어진 이유는 『사색』이 출판 시장에서 오래오래 환영받는 저작이 되었기 때문이기도 하다.** 연구자 입장에서 이런 여건은 충실한 자료를 제공받는 것이다.

1988년 한국 독서계에 감동과 충격을 가져다주며 지식인 신영복의 탄생을 알린 초판 『사색』은 구속 시점인 1968년이 아니라 1976년 계수(제수) 앞으로 보낸 편지에서 시작된다.*** 수감기간 동안 신영복이 주로 편지를 쓴 대상은 아버지(65통), 계수(63통), 형수(56통), 부모(25통), 어머니(17통)다.**** 사실 아버지만큼 자주 편지를 보낸 대상인

---

*   원본을 그대로 복제한 인쇄물이다. 신영복, 『엽서』, 너른마당, 1993; 신영복, 『신영복의 엽서』, 돌베개, 2003.

**   김형찬, 「21세기의 신新고전 50권-44」, 『동아일보』, 2005년 9월 30일; 이훈성, 「우리 시대의 명저 50-15」, 『한국일보』, 2007년 5월 10일.

***   엄밀히 말하면 『사색』의 상당 부분은 신영복이 '엽서'에 쓴 글이지만, 편지지에 쓴 글까지 포함시키고 매체로서의 성격을 강조하기 위해 가급적 엽서보다 '편지'라는 용어를 사용하였다.

****   1998년 출간된 증보판을 기준으로 집계하였으며 신영복의 표기를

계수와 형수는 그가 수인이 되기 전에는 모르는 사람이었다. 이 점은 1988년 초판(이하 '초판')과 1998년 증보판(이하 '증보판')을 비교해보면 알 수 있다. 증보판에는 형과 동생에게 보낸 편지가 추가로 수록되어 있는데, 여기서 신영복은 두 사람의 결혼에 대해 언급한다. 즉 계수와 형수는 신영복의 구금 한참 후에 등장하는 인물이다.

『사색』을 읽어보면 계수와 형수가 영치금을 넣어주고 조카와 접견을 오고 수건, 양말, 내의, 책 등을 소포로 부쳐줬음을 알 수 있다. 계수와 형수의 옥바라지는 신영복 수형생활의 고유한 요소다. 또한 신영복은 그들의 도움을 받는 대상에만 머무르지 않고 그들에게 많은 편지를 보낸다. 이러한 사실은 그동안 호사가들의 귀를 솔깃하게 만들었을 뿐 진지하게 탐구할 일이라고 여겨지지 않았다. 나는 계수와 형수가 편지의 수신자라는 사실이 우연에서 비롯된 약간 특이한 일이 아니라 합당한 이유가 있는 것이라고 주장한다. 그들의 존재는 정치범 수감자에게 여성이 어떤 의미를 지니고 있으며 그의 남성성이 어떻게 구성되는지를 고찰하게 해준다.

1) 붕괴: "밑이 꺼지는 공허를 어쩔 수 없습니다."*

1941년생 신영복은 서울대 경제학과를 졸업하고 육군사관학교 경제학과의 교관으로 재직하던 중 구속되었다. 1960년 4·19를 계기로 형성된 역사의식이 그를 대학 졸업 후에도 학술 동아리를 만들고 대

존중해서 제수 대신 '계수'로 표기하였다. 수신자 중 아버지, 어머니, 부모는 따로 구별하였다.

* 소제목은 모두 『사색』에서 인용한 문장으로 일부는 소제목의 형식에 맞게 수정하였다.

학생에게 세미나를 지도하도록 이끌었다. 그러나 1961년 5·16 이후의 지배세력은 그의 행동을 불온한 것으로 보았다. 1968년 중앙정보부는 한 줌의 사실에 겹겹의 음모를 씌워 통일혁명당 사건을 만들어냈고, 158명을 검거하고 50명을 구속시켰다. 신영복은 통일혁명당에 대해 알지 못했지만 간부로 지목되었고 반국가단체구성죄로 사형을 선고받았다. 그는 스물여덟의 나이에 모든 사회적 지위를 잃고 생물학적 죽음까지 바라보게 되었다.

파괴된 자아의 흔적은 신영복이 육군교도소에서 쓴 원고에서 찾아볼 수 있다. 그는 함께 생활하던 수형자들이 형장의 이슬이 되는 것을 지켜보면서 자신의 죽음을 준비하였다. 종이와 필기구를 금지당한 그는 배급받은 휴지에 숨겨둔 펜을 사용해서 심경을 메모하였다. 이 글에는 수신자도 날짜도 기재되어 있지 않다. 그중 일부를 임의로 발췌하면 다음과 같다. 맥락을 짐작하기 힘든 문장을 적는가 하면("신발이 바뀐 줄도 모르고 집으로 돌아온 밤길의 기억을 나는 갖고 있다.", 「독방에 앉아서」), 유년기를 회상하고("오늘같이 비가 내리는 날이면 자꾸만 밑이 꺼지는 공허를 어쩔 수 없습니다. 진흙바닥에 발이 박혀서 신발마저 뽑아내지 못한 채 끝내 울음을 터뜨리고 말았던 국민학교 시절의 기억……", 「고성 밑에서 띄우는 글」), 돌연 고함을 지르기도 한다("아무리 추워봐라. 내가 내복을 사 입나!", 「니토泥土 위에 쓰는 글」).*

이 시기의 글은 『사색』이 출간된 다음에 발견되어 영인본과 증보판에 수록된 것으로 분량이 많지 않다. 편지 형식도 아니고 관조적 태

---

* 육군교도소에서 쓴 글에는 날짜는 없는 경우가 대부분이라서 제목으로 표기했다.

도도 볼 수 없으며 수감자들과의 생활을 다루지도 않는다. 민중과 더불어 사는 성자 신영복의 모습은 아직 나타나지 않는다. 예외적으로 담백한 문체의 「청구회 추억」이 각광을 받았는데, 「청구회 추억」은 봄날 서오릉으로 가는 소풍길에서 우연히 시작된 여섯 꼬마와의 사귐을 되짚어보는 산문이다. 원숙한 완성도와는 별개로 이 글 또한 초판의 내용과는 이질적이며 수감 초기의 붕괴된 자아를 보여준다. 제목에 '추억'이 들어간 것에서 알 수 있듯이 이 작품은 체포 이전의 구김 없던 날을 소환한다. 내게 이 아름다운 글은 사형을 언도받은 신영복이 위태로운 자아를 지켜내기 위해 과거를 복원하려는 시도로 읽힌다.

영인본은 형식과 내용뿐 아니라 글씨체도 비교할 수 있게 해준다. 신영복의 손글씨는 디지털 글꼴font로 만들어졌는데 이때 대전교도소와 전주교도소 시절의 편지만 모델로 채택되었고 초기 육군교도소와 안양교도소에서 쓴 것은 배제되었다. 제작자 김민은 그 이유를 다음과 같이 설명한다. "필체를 분석하던 중에 문득, 초기의 불안정감과 말기의 안정감은 교수님의 내재된 감정이 글씨에 배어나온 결과가 아닐까 하는 생각이 들었다. 사람은 누구나 나이, 필기구, 글 쓰는 상황, 내용 등의 요인들에 의해 필체가 조금씩 바뀌는데 그중에서도 쓰는 이의 감정이 모양에 가장 큰 영향을 준다."[*] 신영복이 수감 중에 꾸준히 그린 그림에서도 심리를 추리할 수 있다. "종일 날아도 그 자리"(병풍에 갇혀 있는 새 그림, 21쪽), "out of reach"(손에서 놓쳐 버린 풍선 그림, 58쪽) 그밖에도 15, 17쪽.[**] 화구의 차이를 감안하더라도 초기의 그림은 대전교도

[*] 김민, 「디지털 글꼴 '엽서체' 개발 이야기」, 『신영복 함께 읽기』, 돌베개, 2006, 407쪽.
[**] 영인본 2003년판의 쪽수다.

소에서 굳어진 수묵화나 명랑만화풍과는 스타일이 판이하다.

2) 회복: "탯줄의 끝에 달린 자신을 발견하게 됩니다"

신영복이 대법원에서 무기징역 확정판결을 받은 것은 1970년, 서른 살의 일이다. 그는 육군교도소에서 나와서 안양교도소를 거쳐 대전교도소에 수감되며 이곳에서만 장장 15년을 머문다. 사형에서 벗어나자 끝 모를 감금이 시작되었다. 신영복은 죄과를 개인에게 물을 수 없는 정치범 신분인데다 무기수라서 석방 날짜를 기다릴 수도 없다. 그의 사회적 자아는 잘못을 반성하면서 재기를 다짐하거나 바깥을 동경하는 순진한 사고로 회복될 수 없다.

즉 미래라는 시간도 밖이라는 공간도 신영복을 주체로 호명하지 못한다. 신영복은 지금 여기에서 자신의 정체성을 만들 방법을 고안해야 한다. 장기수의 처지가 대부분 그렇다. 이런 상황에 비춰보면 글쓰기는 지식인 신분인 정치범들에게 각별한 것이다. 글은 교도소에서 쓰인 흔한 편지처럼 영치금을 보내달라고 연락하거나 정서적 위로를 얻기 위한 방편에 그치지 않는다. 사회적 위치를 상실한 정치범에게 적당한 도구만 주어지면 가능한 글쓰기는 자기를 실현할 수 있는 유일한 수단으로 간주된다. 유배당한 다산 정약용의 방대한 업적이나 이탈리아 마르크스주의자 안토니오 그람시Antonio Gramsci의 『옥중수고』 등, 예시는 아주 많다. 사후에도 저자의 이름이 남는다는 특성 때문에 글쓰기는 육체적 제약과 시공간을 초월할 수 있는 것으로 여겨지기까지 한다. 신영복의 경우에도 그가 죽음을 앞두고 한 일은 몰래 메모를 작성하여 친분 있던 헌병에게 보관을 부탁한 것이었다.

한국 감옥은 집필의 자유를 보장하지 않아서 경제학자 출신인 신영복은 그람시처럼 이론을 발전시킬 환경을 갖지 못하였다. 종이와 펜을 소지할 수 없었으며 한 달에 한 번 간수의 감시하에 엽서 한 장 쓰는 것이 전부였다. 게다가 지면에 기고하거나 지인에게 보낼 수 있는 상황도 아니었다. 직계가족에게만 편지쓰기가 허용되었다. 이런 제약에도 불구하고 신영복은 편지를 자기를 구성하는 매체로 삼는다.

징역 전반부 십여 년 동안 아버지에게 쓴 편지가 많은 것은 이런 이유 때문이다. 정치범 편지의 수신자는 사회를 대리re/present하는 역할을 맡아야 한다. 학자인 아버지에게 보낸 편지에서 신영복은 아버지의 관심사인 고전, 역사, 서예 등을 소재 삼아 글을 쓰면서 지식인 정체성을 되살린다. 이런 점은 어머니에게 보낸 편지와 비교하면 더 분명해진다. 그가 어머니에게 보낸 편지수는 아버지에게 쓴 것의 사분의 일에 지나지 않으며 내용도 모자 관계에 충실하다. 이 같은 편지의 내용과 분포는 어머니로부터의 분리와 아버지와의 동일시라는 정신분석의 (남성) 주체화 과정에 비추어 해석할 수 있다. 어머니에게 보낸 편지는 신영복을 감옥 바깥과 연결시키지만 스스로를 아들로만 호명해야 하기에 그가 욕망하는 자아를 발전시킬 기반이 되지 못한다.

그러나 사회적 자아를 유지하기 위해 아버지에게 의존해야 하는 신영복과 달리 아버지는 사회적 욕망을 충족하기 위해 아들을 경유할 필요가 없다. 아버지는 저서를 집필하면서 사회와 직접 소통하면 된다. 이런 관계의 비대칭성은 1972년 3월 16일자 엽서에서 잘 드러난다. 신영복은 아버지의 편지 내용이 가족 이야기에 국한된다는 점을 언급하면서 불만을 표출한다.

"저에게는 아버님으로부터 아버님의 '아들'로서가 아니라, 하나의 독립된 사상과 개성을 가진 한 사람의 '청년'으로서 이해되고 싶은 욕심이 있습니다. (…) 아버님이 보내주신 편지의 대부분은 "집안 걱정 말고 몸조심하여라"라는 말씀입니다. (…) 저는 아버님으로부터 좀 다른 내용의 편지를 받고 싶습니다."

　이후에도 부자 관계를 지식인 대 지식인으로 재정립하려는 신영복의 시도는 뜻대로 나아가지 못한다. 신영복은 아버지 연구를 보조하는 조교 내지 독자로서 종속된 위치에 머문다. 이것은 앞서 언급한 소재의 선택에서는 물론이고, 여타의 편지에 비해 고풍스러운 문장이 맞춤해 구사된다는 점에서도 확인된다.

　부모의 옥바라지를 받는 신영복은 자신을 미성숙한 존재로 인식한다. 예컨대, 신영복은 서구적 존재론을 넘어서는 '관계론'에 대해 사유할 때 "영원한 탯줄의 끝에 달린 제 자신"이라는 의미심장한 비유를 사용한다. "가서家書를 받을 때, 소포 꾸러미를 받고 무인拇印을 찍을 때, 접견 호명을 받을 때 그리고 오늘처럼 봉함엽서를 앞에 두고 생각에 잠길 때……, 저는 다시 한번 영원한 탯줄의 끝에 달린 제 자신을 발견하게 됩니다."(1980. 10. 14.)

　가족 내 또 다른 남성인 형과 동생에게 보낸 편지는 각각 1통과 3통뿐이고 1975년 1월 동생에게 보낸 것이 마지막 편지다. 두 사람이 편지의 안정적 수신자가 될 수 없는 까닭은 청장년인 그들에게는 형제의 옥바라지보다 국가건설이나 경제발전에 참여할 것이 요구되기 때문이다. 과거 동료와의 관계 역시 다르지 않다. 그들은 신영복이 공적 세계의 일원이 되어야만 협력하거나 경쟁하면서 관계를 맺을 수 있는 상대다. 설령 그중에 신영복과 편지를 주고받을 누군가가 있었다 해도, 신영복은 자신과 연루됐다는 이유로 주변인이 연좌제나 사찰 대상이 되어 피해를 입는 것을 경험한 사람이다.* 또한 공적 영역의 남성은 기성 사회를 표상하기 때문에 신영복에게 말걸기 상대로서 안전하다는 느낌을 주기가 쉽지 않다.

3) 만남: "염려하는 사람이 늘었다는 기쁨은 소년들의 그것처럼 자랑하고 싶고"

신영복이 징역살이를 하는 동안 형과 동생이 차례로 결혼을 하고 형수와 계수가 옥바라지하는 인물로 새롭게 등장한다. 물론 신영복을 옥바라지하는 일이 신 씨 집안 며느리에게 부과된 의무라는 점은 형수와 계수가 편지의 안정적 수신자가 될 수 있는 전제 조건이다. 편수로 따지면 1982년부터 1988년 출소 때까지 보낸 편지가 『사색』의 절반을 차지하는데, 이 시기 수신자는 계수(46통), 형수(36통), 아버지(21통), 어머니(9통), 부모(8통)의 순서로 집계된다. 신영복이 가족 누구보다 계수와 형수에게 많은 편지를 보냈다는 사실은 이들의 옥바라지에 여성 노동력의 단순 동원 이상의 의미가 있다는 점을 드러낸다. 재소자 입장에서 영치금이나 덧버선은 아무나 넣어줘도 상관이 없다. 하지만 편지

---

*　　1992년 경제학자 정운영과의 인터뷰에서 신영복은 통일혁명당 사건에 연루됐던 지인들과 어떻게 지내느냐는 질문에 다음과 같이 답한다. "누구와 가깝게 지낸다는 사실이 어느 날 갑자기 공포로 변하고, 그것 때문에 전전긍긍해야 하는 세상에서 그 가까움이란 마음뿐이지요." 신영복, 「모든 변혁 운동의 뿌리는 그 사회의 모순 구조 속에 있다」, 『손잡고 더불어』, 돌베개, 2017, 100쪽.

를 주고받을 때는 상대가 누구인지가 매우 중요하다. 즉 두 사람은 신영복이 신중하게 선택한 대상인 것이다.

언급했다시피 정치범은 자신과 사회를 일치시킬 수 없기에 별도의 매개가 필요하며 편지(와 수신자)가 그 역할을 맡는다. 이런 점에 비춰봤을 때, 계수와 형수가 가족의 일원이지만 다른 집안에서 나고 자란 타인이기도 한 이중적 존재라는 사실은 흥미롭다. (신영복에게는 결혼한 누나가 둘 있는데 『사색』에 두 사람에게 보낸 편지는 없다.) 계수와 형수는 가족의 일원으로 간주되어 편지쓰기나 접견을 허가받을 수 있는 상대지만 부모처럼 자신을 미성숙한 존재로 위치시키지 않는다. 설혹 두 사람이 가족질서를 환기시킨다 해도, 그것은 '탯줄'이나 '아이' 같은 과거가 아니라 성인으로서 새로운 역할(조카들의 삼촌)을 제시하는 미래의 시간성과 결부된다. 신영복이 대전교도소와 전주교도소에서 엽서에 그린 그림은 조카들을 위한 것이 많다.

지식인 신영복의 탄생을 이해하려면 수인들의 재조명 같은 성취뿐 아니라, 이를 가능하게 한 몰입과정도 밝힐 필요가 있다. 그것은 개인적 노력의 차원인 '불굴의 의지'나 '초인적 인내'라는 말로 설명될 수 없다. 주체화는 자아감각의 증대를 주축으로 하기 때문에, 감정적으로 연루되어 있는 타인과의 관계에 의해 촉구된다.* 이때 타인은 친분이 없는 상상 속의 인물일 수도 있다. 여기서 중요한 것은 지식인의 담론 생산의 바탕이 되는 이런 몰입이 어떻게 만들어지며 특히 그것이 얼마나 자주 성별과 관련되는가 하는 점이다.

---

* 이블린 폭스 켈러, 「역동적 자율: 주체로서의 객체」, 『과학과 젠더』, 민경숙·이현주 옮김, 동문선, 1996, 113~114쪽.

　　　　　　　　　　　　　정치범 수감자의 글쓰기와 남성성

계수와 형수의 성별이 '여성'이라는 점은 신영복이 자신을 구속시킨 기성 사회와 차별화된 사회를 상상할 수 있게 해주는 핵심 요인이다. '빨갱이'가 되어 추방당한 신영복이 사회와의 결속을 다시 욕망하는 위험천만한 행위는 계수와 형수라는 여성을 매개로 해서 안전한 것으로 전화轉化된다. 신영복이 편지의 수신자로 계수와 형수를 택하고 그들을 향한 글쓰기에 몰입한 배경에는 성차가 자리한다.

계수에게 보낸 첫 번째 편지에서 신영복은 자신의 심정을 소년의 설렘에 빗댄다. "염려하는 사람이 한 사람 더 늘었다는 기쁨은 흡사 소년들의 그것처럼 친구들에게 자랑하고 싶고 보이고 싶고……."(1976. 2. 11.) 단정한 모습만 보이던 형수가 읽고 찢어버리길 바라는 편지를 보냈을 때, 신영복은 "저는 이번에 보내주신 형수님의 헝클어진 편지가 마음 흐뭇합니다"(1984. 10. 5)라고 반응한다. 편지라는 매체는 형과 동생을 주변화해서 그가 형수, 계수와 독특한 관계를 맺도록 해준다. 신영복은 두 사람한테 다른 재소자나 부모에게서 기대할 수 없는 종류의 친밀성을 느끼고 있다.

이것은 신영복이 계수와 형수를 연모했다거나 성적인 대상으로 보았다는 의미가 아니다. 그의 여성을 향한 글쓰기의 근원에는 사회를 향한 욕망이 있다. 계수와 형수는 아버지와 어머니에 비해 추상화된 인물이어서 신영복은 자신의 일상과 심정, 사색을 '자유롭게' 엽서에 담을 수 있다. 두 사람에게 보낸 편지 대부분은 수신자가 누구인지가 두드러지지 않는다는 특징이 있다. 그들의 위상은 익명의 독자와 유사하다. 두 여성의 존재감은 뚜렷하지만 그 내용물은 비어 있기에 신영복은 자신의 상상을 펼칠 여지를 제공받는다. 신영복의 사회적 자아는 두 사람한테 작성하는 편지 안에서 전개된다. 통혁당 사건의 무기수 신영복은 국가와의 관계에서도 가족 관계에서도 주체가 될 수 없지만 편지를 통해 계수, 형수라는 수신자와 연결되면서 자기 언어를 만들어내는 주체 위치에 서게 된다.

초판 『사색』의 차례가 '1부 - 계수씨에게 보내는 편지', '2부 - 형수님에게 보내는 편지', '3부 - 어머님 아버님께 보내는 편지'인 것도 시사적이다. 이런 목차는 의아하다. 각 인물이 갖는 사회적 중요성이나 편지가 작성된 날짜로 따져 보아도 통상적이지 않다. 나는 이런 구성에 지식인의 면모가 돋보이는 원고를 전면에 배치하려는 출판사의 의도가 반영되어 있다고 해석한다. 부모 앞으로 보낸 편지에는 아들 자아가 부각되며 수감생활이 별로 노출되지 않기에 출판사 입장에서는 독자에게 덜 매력적일 것이라고 판단할 수 있다. 반면 계수와 형수에게 보낸 편지는 독자가 표제에서 기대할 법한 내용에 부합하며 두 사람과의 관계에 한정되지 않는 보편적 이야기로 읽힌다. 이런 해석은 서문에 직접 인용되는 편지 두 통이 모두 계수한테 쓴 것이라는 사실을 통해서도 뒷받침된다(『사색』은 신영복의 출소 다음 날 출간되었기에 그는 출판에 관여할 수 없었으며 『평화신문』측에서 서문을 작성하였다).

세간에 회자되는 『사색』의 명문은 계수와 형수 앞으로 보낸 편지에서 나온 것이 많다. "돕는다는 것은 우산을 들어주는 것이 아니라 함께 비를 맞으며 함께 걸어가는 공감과 연대의 확인이라 생각됩니다."(1983. 3. 29. 형수님 전상서) "용기는 선택이며 선택은 골라서 취하는 것이 아니라 어느 한쪽을 버리는 일이라 생각합니다."(1984. 3. 15. 계수님께) "아픔을 끝까지 앓는 행위야말로 그것의 가장 정직한 방법인지도 모릅니다"(1985. 8. 18. 계수님께) 등. 유사한 사례로 1985년 구미유학생간첩단 사건으로 무기징역을 선고받은 황대권이 있다. 그의 수감생활 13년은

정치범 수감자의 글쓰기와 남성성

세 가지 깨달음('생명', '공동체', '영성')을 얻는 기간이었다고 평해지는데,
그에게는 각 주제에 관해 자신의 언어를 발전시키기 위한 세 명의 여성
독자가 있었다. 『야생초 편지』의 수신자인 여동생 미선, 『백척간두에
서서』의 수신자로 옥중약혼에 이르는 '혜경 씨', 『바우 올림』의 수신자
인 가톨릭수녀 '디냐 자매님'.[*]

3. 『사색』 다시 읽기(하):
민중되기와 편지의 수행성

구금 같은 열악한 조건에서 정치범들은 방어적이 되는 경향이 있다. 이
런 태도는 정치범 편지쓰기의 두 가지 유형으로 설명 가능하다. 첫 번
째는 신념을 수호守護하는 자기확신형 글쓰기다. "나의 지성은 비관
적이지만 나의 의지는 낙관적이다."(그람시) 두 번째는 감정을 토로하
는 자기연민형 글쓰기다. "감옥에 있으면서도 울지 않는 날이란 마음
이 즐거운 날이 아니라 마음이 완전히 굳어버린 날이다."(오스카 와일드
Oscar Wilde)[**] 그러나 자기확신형이든 자기연민형이든 사회로부터 철
회당한 감정 에너지가 새로운 대상을 발견하지 못하고 모두 '자기'한테
묶인 상태라는 점에서는 다르지 않다. 이는 남성 자아의 (사회적) 동일
시가 좌절됐을 때 나타나는 전형적 양상으로 통제력 상실에 대한 두려
움을 보여준다.

---

[*] 이상은 책에서 확인할 수 있는 내용이다. 황대권, 앞의 책; 황대권,
     『백척간두에 서서』, 사회평론, 1992; 황대권, 『바우 올림』, 시골생활,
     2007.
[**] 각각 안토니오 그람시, 『감옥에서 보낸 편지』, 양희정 옮김, 민음사,
     2000; 오스카 와일드, 『옥중기』, 배주란 옮김, 누림, 1998.

신영복의 『사색』은 위 둘 중 어느 부류에도 속하지 않는다. 여기서 신영복 주체화의 또 다른 특징을 볼 수 있다. 바로 이론(그람시)도 내면(와일드)도 골몰할 수 없게 된 남성 지식인이 자기를 개방하여 '민중'과 동일시한다는 점이다. 참고로 신영복이 무기징역 확정판결을 받은 후에 이감된 1971년의 대전교도소에는 정치범이 일반 재소자를 '룸펜 프롤레타리아'라고 무시하는 분위기가 우세했다고 한다. 정치범들은 다른 재소자와 함께하는 생활이 무의미하다고 판단해서 독방을 원하는 경우가 많았다.* 신영복은 사상전향서를 썼기 때문에 보통 수형자들과 생활하게 되었다.** 이윽고 그는 자신의 지식으로 재소자들의 삶을 재단해서는 안 된다는 것을 깨닫고 민중성에 대해 고민한다. 사상전향서 작성에서 시작되긴 했으나 신영복은 재소자의 일원이 되기 위해 스스로를 형벌의 복판으로 밀어 넣는다.

1) 성장: "징역살이는 사회·역사 의식을 배우는 훌륭한 교실입니다."

신영복에게 감옥은 자신의 관념성을 시험받고 민중성을 체득하기 위한 최고 수위의 공간으로 간주된다. 펜밖에 모르던 그의 손은 차츰 굳은살이 박이면서 장인匠人의 손으로 변모한다. 신영복은 언제부턴가

×   신영복, 『담론』, 돌베개, 2015, 227~228쪽.
××   신영복은 1970년 안양교도소에서 가족들의 권유로 사상전향을 한다. 당시 안양교도소에서 정치범은 신영복 한 사람뿐이었다. 그가 전향문제를 진지하게 고민한 것은 대전교도소로 이감된 뒤 박정희 정권의 강제전향 공작을 목격한 다음부터다. 이와 관련해서는 한홍구, 「신영복의 '60년'을 돌아본다」, 『신영복 함께 읽기』, 56쪽; 김경환, 「신영복과 서준식의 '전향에 대하여'」, 『월간 말』 146호, 1998년 8월을 참조하라.

어느 재소자보다 감옥에 깊이 뿌리내린 재소자가 되어버린다. 대전교도소에서는 한 사람의 재소자와 일곱 차례 출소인사를 나눌 정도였다. 그는 대전교도소에서 수제화작업장 반장을 맡았고, 전주교도소로 이감오자 마자 '땜통 미싱사'로 활약한다(땜통은 여러 기계를 옮겨가면서 노동해야 하기에 고도의 숙련이 필요하다). 교도소 곳곳에 '재소자 준수사항'이나 '동상 예방 주의사항' 등의 표어를 적는 일도 그의 몫이었다.

이 변화를 지식인 정체성이 소멸하는 과정이라고 이해해서는 안 된다. 사실 법을 위반하고 사회로부터 쫓겨났다는 공통점이 있을 뿐 수감자는 단일한 집단으로 존재하지 않는다. 동일시는 '─와 같은 정체성을 갖고자 한다'는 의미로, 이상화된 자질에 대한 욕망이다. 신영복이 민중되기를 통해 자신의 관념성을 청산하겠다고 결심했을 때, 수감자들은 민중의 형상을 지니거나 감추고 있는 존재로 설정되었다. 여기에는 민중은 역사의 진정한 주체라는 가정이 깔려 있다. 이런 인식이야말로 그의 지식인 정체성 때문에 가능한 것이었다. 낮은 곳으로 향하겠다는 그의 의지는 오히려 다른 수감자와 신영복 사이의 근본적 괴리를 보여준다.[*]

『사색』에는 성장이나 배움과 관련된 어휘가 많다. 학교, 교실, 개조, 발전, 변혁, 수확, 깨달음, 역사학, 사회학, 인간학 등. "육순 노인에서 스물두어 살 젊은이에 이르는 스무남은 명의 식구(?)가 한방에서 숨길 것도 내세울 것도 없이 바짝 몸 비비며 살아가는 징역살이는 사회·역사 의식을 배우는 훌륭한 교실이라고 할 수 있습니다."(1982. 10. 23. 형

[*] 한국에서 1960년대부터 1980년대까지 전개된 사회운동과 민중 개념의 관계에 관한 대표적 논의로는 이남희, 『민중 만들기』, 유리·이경희 옮김, 후마니타스, 2015를 참조하라.

수님 전상서) 후일 그는 수감경험을 "두 번째 대학 시절"이라 명명하기까지 한다. 교도소에 대한 이런 규정은 신영복에게 수감기간이 무의미한 시간이 아니라고 여기게 해준다. 민중되기라는 목표는 그의 삶에 일관성과 안정성을 확보해준다. 무기징역을 한 차원 높은 의식, 평범한 사람들의 삶과 유리되지 않은 '진정한' 지식을 얻기 위한 과정으로 정의내릴 수 있기 때문이다.

2) 이상理想: "미워하는 대상은 말초감각에 의해 그릇되게 파악되고 있는 것입니다"

성장과 배움이라는 목표는 매순간 긍정될 수 없으며 혼란스러워지고 불안정해지기 마련이다. 그는 재소자를 낭만화할 만한 물리적 거리를 지니고 있지 않다. 또한 여기에는 신영복이 수감자 문화에 동화되면서 지식인 자아를 상실할 수 있는 위험이 상존한다. 신영복 자신도 민중되기의 딜레마에 대해 모르지 않는 바 때로는 가벼운 에피소드(1983. 9. 19.)처럼 때로는 진지한 어조(1984. 5. 22.)로 민중에 관한 논의를 개진한다(이 내용이 담긴 두 통의 편지 모두 수신자는 형수다).

이때 편지쓰기는 모호하고 파편적인 경험을 여과하고 전유하여 의미 있는 것으로 구성한다. 글쓰기에는 선택과 배제가 필수적이다. '정돈'은 신영복이 성찰이나 사색과 동반해서 유사한 의미로 자주 사용하는 단어다. 그의 주체화는 재소자들과의 사귐이나 노동의 숙련만으로 불가능하며 궁극적으로 언어화에 의존한다. 언어화는 수감자 대중과의 생활을 갈무리하여 성장의 밑거름으로 변환시키는 과정에 다름 아니다. 이처럼 신영복의 민중은 실체가 아닌 담론의 산물이다.* 나는 신영복의 편지쓰기를 수감생활을 반영한 것으로 여기는 통념과 달

정치범 수감자의 글쓰기와 남성성

리 일종의 수행performing으로 읽기를 제안한다. 신영복의 주체화는 민중성의 체득에 있고 편지는 그 과정을 기록한 것이 아니다. 편지쓰기가 곧 주체화다. 편지쓰기의 반복이 민중을 생산하며 그만큼 신영복의 지식인 정체성도 공고해진다. 민중되기와 지식인되기는 동연적同延的, coextensive이다. 「여름 징역살이」(1985. 8. 28)를 읽어보자.

> "없는 사람이 살기는 겨울보다 여름이 낫다고 하지만 교도소의 우리들은 없이 살기는 더합니다만 차라리 겨울을 택합니다. 왜냐하면 여름 징역의 열 가지 스무 가지 장점을 일시에 무색케 해버리는 결정적인 사실 — 여름 징역은 자기의 바로 옆사람을 증오하게 한다는 사실 때문입니다.
>
> 모로 누워 칼잠을 자야 하는 좁은 잠자리는 옆사람을 단지 37℃의 열덩어리로만 느끼게 합니다. 이것은 옆 사람의 체온으로 추위를 이겨나가는 겨울철의 원시적 우정과는 극명한 대조를 이루는 형벌 중의 형벌입니다.
>
> 자기의 가장 가까이에 있는 사람을 미워한다는 사실, 자기의 가장 가까이에 있는 사람으로부터 미움받는다는 사실은 매우 불행한 일입니다. (…) 무엇보다도 우리 자신을 불행하게 하는 것은 **우리가 미워하는 대상이 이성적으로 옳게 파악되지 못하고 말초감각에 의하여 그릇되게 파악되고 있다는**

×   조직폭력배 두목에게 술을 얻어먹은 에피소드나 정치인과 경제사범 목격담 같은 것은 편지의 내용에서 배제되다가 출소 한참 후에 언급된다. 신영복, 『담론』, 64~65, 177쪽.

것, 그리고 그것을 알면서도 증오의 감정과 대상을 바로잡지 못하고 있다는 자기혐오에 있습니다."[강조는 인용자]

이 글에서 신영복은 말초감각의 오류를 이성으로 교정해야 한다고 쓰지만, 그의 해법은 다른 수감자들에게 공허하고 설득력이 없다. 게다가 계절이 여름에서 다시 겨울로 바뀌면 감각기관의 오류는 자동으로 사라진다. 이런 기이한 기술은 재소자를 무고無辜한 존재로 만들어야 하는 신영복의 주관적 필요에서 나온다. 그는 다른 수인들과 물리적 거리두기가 불가능한 감방 안에 있다. 동료 재소자를 증오하게 되는 부정적 경험을 방어하기 위해 신영복은 몸을 초월한 자아를 구축하고자 한다.

신영복의 편지에는 감정을 이성으로 극복해야 한다는 식의 구절이 퍼져 있다. 신영복의 사유는 이성과 감정의 이원론에 기초하고 있으며 그는 자신의 개인성과 특수성에서 벗어나 세상을 조망하려 한다. 물론 그의 초월은 타인을 지배하고 통제하기 위한 것이라기보다 자신의 경험을 점검하고 종합하여 높은 인식에 도달하기 위한 것에 가깝다. 거듭 말하면 신영복이 상상적 거리를 마련하고 관조적 언어를 생산할 수 있는 이유는 감옥 바깥에서 계수와 형수가 그와 견고하게 연결된 타인으로 존재하기 때문이다.

신영복은 부정적 감정을 지양하므로 품위를 보존할 수 있다. 계수, 형수와도 예의 바르게 관계 맺을 수 있다. 이성과 감정의 위계는 남아 있지만, 이 같은 주체화는 여성 노동력을 쉽게 동원하는 문화 속에서 감정을 착취하지 않게 해주었다고 평가할 수 있다. 이런 효과가 발생한 맥락을 이해하려면 추가로 고려해야 할 요소가 있다. 편지에는 계수와

정치범 수감자의 글쓰기와 남성성

형수 외에도 숨겨진 수신자가 있는데, 그의 정체는 바로 검열 교도관이다. 신영복은 자신의 편지를 들여다보는 국가의 시선 앞에서 좌절하는 모습을 노출할 수 없었다.

즉 편지는 두 가지 남성성이 대치하는 장이기도 하다. 교도관이 지켜보는 가운데 편지를 써야 하는 신영복은 권력이나 무력을 추종하는 자들에 대항해서 청렴하고 절의를 지키는 도덕적 자아를 구축하고자 한다(유교적 가치관을 존중하는 집안에서 자란 그는 조선시대 선비의 전통을 참조한다). 그가 자신에게 감정을 넉넉하게 허락하는 순간은 조카들을 위한 그림을 그릴 때 정도다. 삼촌 역할을 하는 것은 가족 내의 책임감을 보여주는 것으로서 자신을 패배자로 인식되지 않게 한다. 그러나 이런 주체화에는 지불해야 할 대가가 있다. 그는 자신의 몸에 있는 부정적 감정을 부인하여 취약성을 드러내지 못하게 되었다.

3) 분열: "아무 이야기도 나누지 못하고 말았습니다"

1984년 8월 8일자 엽서는 신영복이 여성과 맺는 관계의 한계를 보여준다. 이것은 겉면을 알 수 있는 하나뿐인 엽서인데 본문과 겉봉에 적혀 있는 수신자의 이름이 다르다. 겉면에는 "신영석[동생 이름] 옆[앞이 아니고 옆이다]"이라고 되어 있는 반면 안쪽의 맨 윗줄에는 "계수님께"라고 적혀 있다. 이렇게 쓰인 이유는 직계가족에게만 편지쓰기가 허용되었기 때문이다. 동생 '옆' 계수에게 보낸 편지는 교도소 내 서류에는 전부 동생 '앞'으로 보낸 편지라고 기록되어 있을 것이다. 어디에도 그녀들의 이름은 없다.*

---

*   신영복이 2007년 인터뷰한 내용("형수님 또는 계수님 '앞'이라고

신영복에게 계수는 "나를 가장 이해하는 사람"(1985. 8. 18.)이지만, 막상 담장 밖에서 만나게 됐을 때 두 사람은 활발하게 소통하지 않는다. 어머니가 위독하셔서 교도소의 허가를 받아 외출 나왔을 때의 일이다. "지난번 집에 잠시 들렀을 때는 바쁘고 경황 없어서 아무 이야기도 나누지 못하고 말았습니다만 계수님과는 언젠가는 좋은 말동무가 되리라고 믿고 있습니다."(1984. 1. 6.) 형수와의 관계도 마찬가지다. 귀휴歸休** 직후 형수에게 보낸 편지에서 그는 아쉬움을 표한다. "형수님께 편지 쓰려니, 손님들과 어른들의 뒷켠에서 계속 설거지만 하시던 모습이 생각나고 정작 형수님과는 별로 이야기를 나누지 못하였음을 뒤늦게 깨닫게 됩니다."(1984. 9. 5.)

위 맥락과는 거리가 있지만 나는 신영복의 마지막 저서에서 귀휴에 대한 언급을 발견할 수 있었다. 당시 수형생활 17년 차였던 그는 귀휴 내내 수의를 입고 생활할 것을 고집했다고 한다.

"수의를 입은 채 호텔 커피숍에서 친구들을 만날 수 있었던

쓰지 않고 '옆'이라고 썼지요.")은 자료와 일치하지 않는다. 이 불일치는 정확한 사실관계 조사가 필요한 일이지만 그 이유에 대해 생각해보는 것만으로 의미 있을 것이다. 신영복, 「실천이 곧 우리의 삶입니다」, 『손잡고 더불어』, 258쪽. 참고로 한국사회에서 정치범 재소자를 옥바라지한 사람의 서신이 출간된 사례는 대통령 김대중의 부인 이희호 정도다. 이 편지의 출간은 두 사람이 합법적 부부고 이희호가 김대중 이상의 지식인이라는 사실을 빼놓고 설명할 수 없다. 이희호, 『옥중서신 2』, 시대의창, 2009.

** 모범적으로 수형생활을 한 장기수를 단기간 집으로 보내 가족과 함께 생활할 수 있도록 하는 제도. 엿새 동안의 귀휴는 1984년 6월로 추정된다.

정치범 수감자의 글쓰기와 남성성

것은 수의에 대한 나의 생각이 달랐기 때문임은 물론입니다. 수의는 '변화의 유니폼'과 같았습니다. 그때만 해도 나 자신의 변화에 대한 확실한 자부심이 없지 않았습니다."*

이 무렵 그는 자신의 주체화 과정을 돌이키며, 스스로 흡족한 평가를 내리고 있던 것이었다. 그랬던 그가 감옥으로 돌아와서는 다음과 같이 심경을 전한다.

"짐지고 서서 사는 일에는 어지간히 이력이 났거니 생각해온 나로서는 의외다 싶을 정도로 힘겨웠고 가족들의 따뜻한 포용에도 좀체 풀리지 않는 '어떤 갈증'에 목말라하기도 했습니다. (…) 그때의 유별난 아픔은 냉정한 이성의 언어를 거부하는 감정의 독립 같은 것이었습니다. 결국 이곳에 돌아와 자도자도 끝이 없는 졸음과 잠으로 대신할 수밖에 없었던 '휴식'이 차라리 잘된 일이라 생각됩니다."(1984. 6. 19.)

이 편지는 신영복이 '아픔', '상처', '슬픔', '통증' 같은 단어를 노골로 사용하는 드문 텍스트로, 수신자는 계수다. 여기서 그는 자신의 '갈증'의 정체를 밝히기 위해 애를 쓴다. 짐작컨대 계수는 신영복에게 아내가 필요하다는 조언을 했던 것 같다. "계수님이 편지에 적은 '애정의 안식처'에 대한 갈구였는지도 모릅니다." 그는 이 문제를 다소 산만하게 파헤치는데 내게는 그가 최종적으로 사용하는 "자기를 설명하려고

* 　　신영복, 『담론』, 242쪽.

하는 충동"이라는 표현이 도드라져 보였다. 나는 '애정의 안식처'를 아내, 결혼, 가족에 한정하지 않고 젠더로 '자기를 설명하려는 충동'을 언어, 즉 지식인 정체성을 의미하는 것으로 해석해보았다.

새삼 그가 고통을 호소하는 까닭은 자신의 주체화에 사회적 근거가 결여된 현실을 깨달았기 때문이 아니었을까. 다른 남성들은 독립적으로 정체성을 수립하는 반면 신영복의 정체성은 계수와 형수에게 의존한다는 점에서 그 차이가 있었다. 담장 밖에서 만나게 된 계수와 형수는 편지 너머의 비어 있는 기표일 수 없다. 그들은 아내, 며느리, 어머니로 음식을 장만하고 설거지를 하는 구체적인 존재다. 신영복의 언어를 승인하면서 그 가치를 보증해온 두 사람은 '사회적'으로 의미 있는 존재가 아니다. 편지가 필요 없는 환경에서 신영복은 계수와 형수한테 가까이 다가가기는커녕 서먹함을 느낀다.

결국 쉽게 예상되는 일련의 사건이 그에게 무력감을 안기어 자신의 주체화를 긍정할 수 없게 했던 것은 아닐까. 신영복은 이 논의를 "자신감의 결여를 반증하는 것이라는 점에서 그것은 어차피 나 자신의 개인적인 문제로 귀착되는 것입니다"라며 봉합한다. 그러나 자신을 대안적 주체로 상상하는 데 실패한 이 순간은 신영복의 주체화가 젠더화와 얽혀 있음이 불가피하게 드러나는 순간이기도 하다.[*]

[*] 이상의 두 단락은 권김현영이 제국 여성에게 정체성의 근거지를 빚진 식민지 남성에 대해 분석한 내용을 참고해서 작성한 것이다. 자세한 사항은 권김현영, 「근대 전환기 한국의 남성성」, 『한국 남성을

정치범 수감자의 글쓰기와 남성성

4. 정치범 수감자의
신화를 해체하기

1988년 마흔여덟의 신영복은 특별가석방으로 출소하였다. 그의 재소자와의 만남은 『사색』이라는 출판물이 되었고 대중의 많은 성원을 받았다. 『사색』은 역경을 이겨내고 깨달음을 얻은 성자의 이야기나 1980년대 운동권이 헌신했던 민중되기를 극적으로 수행한 영웅담으로 유통되었다. 이에 신영복은 자신의 의도와 무관하게 장기수 정치범의 신화를 대표하고 '구도자', '혁명적 인간', '운명의 승리자', '시대의 양심', '시대의 스승', '마지막 선비' 등으로 불렸다. 그의 남성성도 계수와 형수한테 벗어나 사회에 맞도록 재구성되었다.＊

　지금까지 나는 『사색』에서 나타나는 신영복의 보다 무의식적인 차원을 탐구하였다. 그는 자신의 무기형에 의미를 부여해야 하는 절대적 필요 때문에 기존의 민중 담론을 활용하여 생활을 언어화하는 작업을 하였다. 그의 편지쓰기는 담장을 경계로 안에서는 동일시 집단인 민중을, 밖으로는 성별화된 타자인 여성을 두고 자신을 주체로 만드는 과정이었다. 표면적으로 신영복의 성찰은 구도자의 고행처럼 말해지면서 신비화되지만 그것은 명백하게 젠더와 연관된 실천이었다. 신영복의 (재)주체화는 젠더화와 별개의 것이 아니다.

＊
분석한다』, 교양인, 2017, 83~87쪽.
그럼에도 신영복의 글쓰기에서 계수와 형수의 흔적은 계속 나타난다. 출소한 그는 국내 여행기와 세계 여행기를 차례로 선보이는데 두 책에는 '당신'이라는 가상의 수신자가 등장한다. 계수와 형수보다 훨씬 추상화되어 있지만 여전히 인격화된 판본이 '당신'이다. 이후 그가 출간한 구어체의 강의 형식으로 된 책에서 '당신'은 다시 여럿이 된다.

『사색』에는 신영복의 민중되기가 남성되기임을 보여주는 구절이
없지 않다. 다음 날 출소할 사람을 보고 "내일 저녁은 '치마 걸린 온돌
방'에서 잘 사람"(1980. 11. 10.)이라고 애틋하게 언급하는 부분이나 대전
교도소 옥창 너머로 보이는 충남방직 여공기숙사 창문에 주목한 부분
등이 그러한 사례다. 재소자의 현실에 대한 긍정 내지 판단유보는 그
가 자신을 젠더화된 존재로 사유하지 못하게 만들었다. 성별은 그의
주체화 과정을 관통하는 주된 원리지만 '자기 개조'의 영역으로 간주
되지 않는다. 새로운 주체화는 세속을 초월한 것이라기보다 상당한 가
치와 일정한 한계를 동시에 지닌 것이었다.

　말년의 신영복은 감옥에 관한 글을 쓰고 싶어 했다고 전해진다. 검
열을 거치지 않은 새로운 이야기라면 성장과 배움보다는 회의와 번민
에 관한 것이 아니었을까. 그는 수감 중에는 교도관의 감시 때문에 석
방 후에는 우러르는 눈망울에 둘러싸여서 자신의 고통을 삭였을 뿐
드러낼 기회를 갖지 못하였다. 그는 언제나 누군가의 고민을 들어주는
선생의 자리에 있었다. 내가 신영복의 남성성에 대해 논하는 이유는
단지 그의 결함을 지적하기 위해서가 아니다. 수감된 지식인이 자신을
주체로 만드는 과정에서 의도하지 않았으나 나타난 결과를 검토하기
위해서다. 외람되오나 나는 감옥만큼 그를 가두었던 구도자 형상과 신
비화된 영웅 서사를 조금 덜어주고 싶었다. 이 글이 인간 신영복의 삶
을 기리는 하나의 방식이 될 수 있을까.

감사의 말

김영배, 김영준, 문명진, 이조은은 수감경험을 공유해주었다. 김향선 님이 원고를 검토해주셨기에 내 생각이 명료해질 수 있었다. 돌베개 출판사에서 이 책이 나오는 것이 기쁘다. 장르도 문체도 각각인 원고 들이 한 권의 책이 된 것은 편집자 윤현아 님 덕분이다.

어머니, 외할머니, 누나에게 감사드린다. 성씨가 다른 세 여자는 한결같이 내게 과분한 사랑을 주고 계시다.

참고문헌

아래는 글의 성격상 본문에 명시적으로 언급할 수 없었지만 내게 영향을 미친 자료의 목록이다. 사고와 묘사를 발전시키는 데 도움을 받은 것이라면 빠뜨리지 않고 기록하고자 했다. 감옥 관련 자료를 검토하다 보면 내 경험과 유사하면서 보다 매력적인 사례를 발견할 수 있었다. 그러나 재소자나 교도관이 쓴 글은 기억을 상기하기 위한 보조도구로 사용했을 뿐 이야기를 풍부하게 만들기 위한 재료로 삼지 않았다. '수감 중에 쓴 글'에도 영향 받은 자료가 있을 테지만 집필 과정이 기억에 온전히 남아 있지 않아서 참고문헌에 수록할 수 없었다.

국내 문헌

가토 다이조, 『나는 왜 고민하는 게 더 편할까』, 이현안 옮김, 나무생각, 2016.
강인화, 「한국사회의 병역거부 운동을 통해 본 남성성 연구」, 이화여자대학교 석사학위
　　　논문, 2007.
강준만 외, 『신영복 함께 읽기』, 돌베개, 2006.
게오르그 짐멜, 『짐멜의 모더니티 읽기』, 김덕영·윤미애 옮김, 새물결, 2005.
고광철, 『감방별곡』, 우리출판사, 1997.
고영복, 『시련과 진실』, 사회문화연구소, 2001.
국가인권위원회, 『군대내 성폭력 실태조사』, 2004.
　　　　　　　, 『구금시설 수용자 건강권 실태조사』, 2010.
　　　　　　　, 『구금시설 건강권 실태조사』, 2016.
권김현영 엮음, 『한국 남성을 분석한다』, 교양인, 2017.

기쿠타 고오이치,『일본의 행형제도』, 박병식 옮김, 동국대학교출판부, 2007.

기욤 르 블랑,『안과 밖』, 박영옥 옮김, 글항아리, 2014.

김경환, 「신영복과 서준식의 '전향에 대하여'」,『월간 말』146호 , 1998년 8월.

김남시,『광기, 예술, 글쓰기』, 자음과모음, 2016.

김보통,『DP 개의 날 1~4』, 씨네21북스, 2015·2016.

김빵잽이,『빵잽이 아카데미』, 아이이퍕, 2012(전자책).

김선명 외,『0.75평 지상에서 가장 작은 내 방 하나』, 창, 2000.

김영현, 「벌레」,『20세기 한국소설 45』, 창비, 2006.

김유식,『개드립 파라다이스』, 가쎄, 2011.

김종대·임태훈,『그 청년은 왜 군대 가서 돌아오지 못했나』, 나무와숲, 2014.

김찬호,『모멸감』, 문학과지성사, 2014.

김하기,『완전한 만남』, 창비, 1991.

김형경,『만 가지 행동』, 사람풍경, 2012.

김형찬, 「21세기의 신新고전 50권-44」,『동아일보』, 2005년 9월 30일.

김홍중,『마음의 사회학』, 문학동네, 2009.

나이토 아사오,『이지메의 구조』, 고지연 옮김, 한얼미디어, 2013.

나카무라 유지로,『공통감각론』, 고동호·양일모 옮김, 민음사, 2003.

나타샤 캄푸쉬,『3096일』, 박민숙 옮김, 은행나무, 2011.

노진희,『고양이 심화학습』, 예담, 2016.

다카바타케 마사유키,『궁극의 문구』, 김보화 옮김, 벤치워머스, 2016.

단테 알리기에리,『신곡』, 김운찬 옮김, 열린책들, 2007.

대릴 커닝엄,『정신병동 이야기』, 권예리 옮김, 이숲, 2014.

도리스 메르틴,『혼자가 편한 사람들』, 강희진 옮김, 비전비엔피, 2016.

도미야마 이치로,『전장의 기억』, 임성모 옮김, 이산, 2002.

_____,『폭력의 예감』, 송석원·손지연·김우자 옮김, 그린비, 2009.

_____,『유착의 사상』, 심정명 옮김, 글항아리, 2015.

도이 다카요시,『친구지옥』, 신현정 옮김, 새움, 2016.

돈 아이디,『테크놀로지의 몸』, 이희은 옮김, 텍스트, 2013.

라인하르트 할러, 『평범했던 그는 왜 범죄자가 되었을까』, 신혜원 옮김, 지식의숲, 2015.

랭던 길키, 『산둥 수용소』, 이선숙 옮김, 새물결플러스, 2014.

레나토 로살도, 『문화와 진리』, 권숙인 옮김, 아카넷, 2000.

로마노 과르디니, 『삶과 나이』, 김태환 옮김, 문학과지성사, 2016.

로브 레이들로, 『동물원 동물은 행복할까?』, 박성실 옮김, 책공장더불어, 2012.

_____, 『동물 쇼의 웃음 쇼 동물의 눈물』, 박성실 옮김, 책공장더불어, 2013.

리차드 세넷, 『장인』, 김홍식 옮김, 21세기북스, 2010.

리처드 스티븐스, 『우리는 왜 위험한 것에 끌리는가』, 김정혜 옮김, 한빛비즈, 2016.

리타 펠스키, 『페미니즘 이후의 문학』, 이은경 옮김, 여성문화이론연구소, 2010.

마르셀 모스, 『증여론』, 이상률 옮김, 한길사, 2002.

마르크 베네케·리디아 베네케, 『악의 어두운 창고에서』, 김희상 옮김, 알마, 2014.

마이클 R. 캔필드 엮음, 『과학자의 관찰노트』, 김병순 옮김, 휴먼사이언스, 2013.

마키 유스케, 『시간의 비교 사회학』, 최정옥·이혜정 옮김, 소명출판, 2004.

매튜 크로포드, 『모터사이클 필로소피』, 정희은 옮김, 2010.

멜러니 선스트럼, 『통증 연대기』, 노승영 옮김, 에이도스, 2011.

멜리사 그레그·그레고리 J. 시그워스 엮음, 『정동 이론』, 최성희·김지영·박혜정 옮김, 갈무리, 2015.

무타 카즈에, 『부장님, 그건 성희롱입니다!』, 박선영 외 옮김, 나름북스, 2015.

미셸 푸코, 『감시와 처벌』, 오생근 옮김, 나남, 2003.

_____, 『정신의학의 권력』, 오트르망 옮김, 난장, 2014.

미셸 푸코 외, 『자기의 테크놀로지』, 이희원 옮김, 동문선, 1997.

바버라 내터슨-호러위츠·캐스린 바워스, 『의사와 수의사가 만나다』, 이순영 옮김, 모멘토, 2017.

바버라 콜로로소, 『괴롭히는 아이 당하는 아이 구경하는 아이』, 염철현 옮김, 한울, 2013.

박갑로, 『범털과 개털』, 문학통신, 1995.

박노자, 『좌우는 있어도 위아래는 없다』, 한겨레출판, 2002.

박노해, 『사람만이 희망이다』, 느린걸음, 2015.

박준상, 『떨림과 열림』, 자음과모음, 2015.

백승덕, 「신입방 일기」, 『맘울림』 30~39호, 2011~2016.

벨 훅스, 『남자다움이 만드는 이상한 거리감』, 이순영 옮김, 책담, 2017.

브루스 핑크, 『라캉과 정신의학』, 맹정현 옮김, 민음사, 2002.

_____, 『에크리 읽기』, 김서영 옮김, 비, 2007.

비바람, 『교도소 바둑』, 행복한마음, 2012.

사이먼 M. 레이험, 『죄라고 부르는 유익한 것들』, 이성하·이은비 옮김, 글로벌콘텐츠, 2016.

사이토 준이치, 『민주적 공공성』, 윤대석·류수연·윤미란 옮김, 이음, 2009.

샌디 호치키스, 『나르시시즘의 심리학』, 이세진 옮김, 교양인, 2006.

서동진, 『누가 성정치학을 두려워하랴』, 문예마당, 1996.

서승, 『서승의 옥중 19년』, 김경자 옮김, 역사비평사, 1999.

세릭 조세익, 『더 펜 the PEN』, 미호, 2016.

셰리 오트너 엮음, 『문화의 숙명』, 김우영 옮김, 실천문학사, 2003.

수전 웬델, 『거부당한 몸』, 김은정·강진영·황지성 옮김, 그린비, 2013.

스티븐 F. 코언, 『돌아온 희생자들』, 김윤경 옮김, 글항아리, 2014.

신영복, 『감옥으로부터의 사색』, 햇빛출판사, 1988·돌베개, 1998.

_____, 『엽서』, 너른마당, 1993.

_____, 『나무야 나무야』, 돌베개, 1996.

_____, 『신영복의 엽서』, 돌베개, 2003.

_____, 『강의』, 돌베개, 2004.

_____, 『담론』, 돌베개, 2015.

_____, 『더불어숲』, 돌베개, 2015.

_____, 『냇물아 흘러흘러 어디로 가니』, 돌베개, 2017.

_____, 『손잡고 더불어』, 돌베개, 2017.

신형철, 『몰락의 에티카』, 문학동네, 2008.

아리스토텔레스, 『영혼에 관하여』, 유원기 옮김, 궁리, 2001.

아비 스타인버그, 『교도소 도서관』, 한유주 옮김, 이음, 2012.

아즈마 히데오, 『알코올 병동』, 오주원 옮김, 세미콜론, 2015.

아트 슈피겔만, 『쥐』, 권희섭·권희종 옮김, 아름드리미디어, 2014.

안토니오 그람시, 『감옥에서 보낸 편지』, 양희정 옮김, 민음사, 2000.

알렉산드르 솔제니친, 『이반 데니소비치, 수용소의 하루』, 이영의 옮김, 1998.

알프레드 알바레즈, 『자살의 연구』, 최승자 옮김, 청하, 1982.

애덤 모턴, 『잔혹함에 대하여』, 변진경 옮김, 돌베개, 2015.

애슐리 몬터규, 『터칭』, 최로미 옮김, 글항아리, 2017.

앤드류 포터, 『진정성이라는 거짓말』, 노시내 옮김, 마티, 2016.

야마구치 하지메, 『아이의 뇌는 피부에 있다』, 안수경 옮김, 세각사, 2007.

야콥 폰 윅스퀼, 『동물들의 세계와 인간의 세계』, 정지은 옮김, 비, 2012.

양지열, 『이야기 형법』, 마음산책, 2014.

어빙 고프먼, 『스티그마』, 윤선길 옮김, 한신대학교출판부, 2009.

_____, 『상호작용 의례』, 진수미 옮김, 아카넷, 2013.

에드워드 쇼터, 『정신의학의 역사』, 최보문 옮김, 바다출판사, 2009.

에리히 프롬, 『자유로부터의 도피』, 김석희 옮김, 휴머니스트, 2012.

에릭 에릭슨, 『유년기와 사회』, 송제훈 옮김, 연암서가, 2014.

엘렌 베스·로라 데이비스, 『아주 특별한 용기』, 이경미 옮김, 동녘, 2012.

오사 게렌발, 『7층』, 강희진 옮김, 우리나비, 2014.

오스카 와일드, 『옥중기』, 배주란 옮김, 누림, 1998.

올랜도 파이지스, 『속삭이는 사회 1·2』, 김남섭 옮김, 교양인, 2013.

율라 비스, 『면역에 관하여』, 김명남 옮김, 열린책들, 2016.

이건범, 『내 청춘의 감옥』, 상상너머, 2011.

이나바, 『서울구치소 유학』, 조순 옮김, 민조사, 1988.

이남희, 『민중 만들기』, 이경희·유리 옮김, 후마니타스, 2015.

이블린 폭스 켈러, 『과학과 젠더』, 민경숙·이현주 옮김, 동문선, 1996.

이성복, 「세월에 대하여」, 『뒹구는 돌은 언제 잠 깨는가』, 문학과지성사, 1992.

이순길, 『교도소 사람들』, 찬섬, 2003.

이용석, 「촛불집회, 사실 너머의 진실을 보도하라」, 『MBC, MB氏를 부탁해』, 프레시

359

안북, 2008.

_____, 「새로운 유형의 병역거부, 그들과 만날 때…」, 『전쟁없는세상 소식지』 23호, 2009.

이재관, 『왈왈이들의 합창』, 보리, 1997.

이정찬 엮음, 『이것이 교도소다』, 한국교정선교회, 2005.

이지훈, 『예술과 연금술』, 창비, 2004.

이토 아사, 『눈이 보이지 않는 사람은 세상을 어떻게 보는가』, 박상곤 옮김, 에쎄, 2016.

이진경, 『서비스 이코노미』, 나병철 옮김, 소명출판, 2015.

이진수, 『삥끼통 1·2』, 도훈, 2014.

이철용, 『어둠의 자식들』, 새움, 2015.

이현수, 『하루 3시간 엄마 냄새』, 김영사, 2013.

이훈성, 「우리 시대의 명저 50-15」, 『한국일보』, 2007년 5월 10일.

이희호, 『옥중서신 2』, 시대의창, 2009.

일레인 아론, 『민감한 사람들의 유쾌한 생존법』, 노혜숙 옮김, 더난출판사, 2003.

일자 샌드, 『서툰 감정』, 김유미 옮김, 다산3.0, 2017.

임재성, 『삼켜야 했던 평화의 언어』, 그린비, 2011.

장-다비드 나지오, 『사랑은 왜 아플까?』, 표원경 옮김, 한동네, 2017.

_____, 『정신분석의 근본 개념 7가지』, 표원경 옮김, 한동네, 2017.

_____, 『히스테리, 불안을 욕망하는 사람』, 표원경 옮김, 한동네, 2017.

장 자크 루소, 『에밀』, 김중현 옮김, 한길사, 2003.

_____, 『고독한 산책자의 몽상』, 김중현 옮김, 한길사, 2007.

_____, 『고백록 1·2』, 이용철 옮김, 나남출판, 2012.

잭 자페, 『어느 날 당신이 눈을 뜬 곳이 교도소라면』, 한영선 옮김, 푸른나무, 2012.

전병용, 『감방별곡』, 공동체, 1990.

전쟁없는세상·한홍구·박노자, 『총을 들지 않는 사람들』, 철수와영희, 2008.

전쟁없는세상 엮음, 『우리는 군대를 거부한다』, 포도밭출판사, 2014.

정희진, 「'양심적 병역 기피'를 옹호함」, 『씨네21』 533호, 2005.

_____, 『저는 오늘 꽃을 받았어요』, 또하나의문화, 2001.

_____, 『페미니즘의 도전』, 교양인, 2013.

정희진 엮음, 『양성평등에 반대한다』, 교양인, 2017.

제레미 홈즈, 『존 볼비와 애착이론』, 이경숙 옮김, 학지사, 2005.

제이시 두가드, 『도둑맞은 인생』, 이영아 옮김, 문학사상사, 2011.

제임스 클리포드·조지 E. 마커스 엮음, 『문화를 쓴다』, 이기우 옮김, 한국문화사, 2000.

조경국, 『필사의 기초』, 유유, 2016.

조르조 아감벤, 『호모 사케르』, 박진우 옮김, 새물결, 2008.

_____, 『아우슈비츠의 남은 자들』, 정문영 옮김, 새물결, 2012.

조성두, 『황선지대』, 서음출판사, 1992.

조지 마커스·마이클 피셔, 『인류학과 문화비평』, 유철인 옮김, 아카넷, 2005.

존 보울비, 『애착』, 김창대 옮김, 나남출판, 2009.

주디스 버틀러, 『윤리적 폭력 비판』, 양효실 옮김, 인간사랑, 2013.

주디스 버틀러·아테나 아타나시오우, 『박탈』, 김응산 옮김, 자음과모음, 2016.

주호민, 『짬』, 상상공방, 2006.

_____, 『짬 시즌 2』, 상상공방, 2009.

지크문트 프로이트, 「도라의 히스테리 분석」, 권세훈 옮김, 『꼬마 한스와 도라』, 열린책
  들, 2004.

_____, 『정신분석 강의』, 홍혜경·임홍빈 옮김, 열린책들, 2004.

_____, 『끝낼 수 있는 분석과 끝낼 수 없는 분석』, 이덕하 옮김, 비, 2004.

질 들뢰즈·펠릭스 가타리, 『안티 오이디푸스』, 김재인 옮김, 민음사, 2014.

최정기, 『비전향 장기수』, 책세상, 2002.

_____, 『감금의 정치』, 책세상, 2005.

카렌 호나이, 『현대인의 이상성격』, 배영사, 1991.

카를 마르크스, 『유대인 문제에 관하여』, 김현 옮김, 책세상, 2015.

캐럴라인 냅, 『드링킹』, 고정아 옮김, 나무처럼, 2009.

캐슬린 린치 외, 『정동적 평등』, 강순원 옮김, 한울, 2016.

컬린 토머스, 『나는 한국에서 어른이 되었다』, 김소정 옮김, 북스코프, 2008.

테렌스 데 프레, 『생존자』, 차미례 옮김, 서해문집, 2010.

크리스텔 프티콜랭, 『나는 생각이 너무 많아』, 이세진 옮김, 부키, 2014.

크리스토퍼 라쉬, 『나르시시즘의 문화』, 최경도 옮김, 문학과지성사, 1989.

클리퍼드 기어츠, 『문화의 해석』, 문옥표 옮김, 까치, 1998.

_____, 『저자로서의 인류학자』, 김병화 옮김, 문학동네, 2014.

템플 그랜딘·캐서린 존슨, 『동물과의 대화』, 권도승 옮김, 샘터, 2006.

퍼트리샤 스테인호프, 『적군파』, 임정은 옮김, 교양인, 2013.

폴 윌리스, 『학교와 계급재생산』, 김찬호·김영훈 옮김, 이매진, 2004.

폴 코블리, 『내러티브』, 윤혜준 옮김, 서울대학교출판문화원, 2013.

프리모 레비, 『가라앉은 자와 구조된 자』, 이소영 옮김, 돌베개, 2014.

하지현, 『정신의학의 탄생』, 해냄, 2016.

한겨레21, '영등포교도소 특집'(「영등포교도소여, 안녕」, 「우리는 흐린 감방 속에 살
고 있다」, 「감옥에서의 일상」, 「그리울진저, 내 청춘의 시절이여」), 『한겨레21』,
2011년 11월 7일 제884호.

한국성폭력상담소, 『보통의 경험』, 이매진, 2011.

한국성폭력상담소 부설 열림터 외, 『우리들의 삶은 동사다』, 이매진, 2014.

한병철, 『아름다움의 구원』, 이재영 옮김, 문학과지성사, 2016.

황대권, 『백척간두에 서서』, 사회평론, 1992.

_____, 『바우 올림』, 시골생활, 2007.

_____, 『야생초 편지』, 도솔, 2012.

황용희, 『가시울타리의 증언』, 멘토프레스, 2007.

헤르베르트 플뤼게, 『아픔에 대하여』, 김희상 옮김, 돌베개, 2017.

후지이 다케시, 「옥바라지 기억하기」, 『한겨레』, 2016년 2월 28일.

R. W. 코넬, 『남성성/들』, 현민 외 옮김, 이매진, 2013.

외국문헌

前田愛, 「都市空間のな」, 『都市空間のなかの文学-前田愛著作集 第五卷』, 筑摩書房,
1989(마에다 아이, 「감옥의 유토피아」, 『도시 공간 속의 문학-마에다 아이 저

작집 제5권』, 지쿠마쇼보, 1989, 비평고원 http://cafe.daum.net/9876 참조).

花輪 和一, 『刑務所の中』, 講談社, 2006(하나와 카즈이치, 『형무소 안에서』, 고단샤, 2006).

인터넷 자료

박광욱, 「교도소 이야기」, 『오마이뉴스』, 2000년 7월 30일~2000년 9월 14일.

신구범, '격동의 현장-남기고 싶은 이야기'(「4중1 3689 … 서울구치소 생활이 시작되다」, 「양은이파 두목, 그를 서울구치소에서 만났다」, 「그가 날 형님으로 부르자 내가 얻은 별칭은 '큰 형님'」, 「노무현! 그를 알게 되고 감옥의 문이 열렸다」), 『제이누리』, 2013년 3월 12일~2013년 4월 2일.

으냐아, 「교도소 일기」, 디시인사이드 http://gall.dcinside.com/board/view/?id=hit&no=12985(2018년 4월 20일 최종 접속).

찾아보기

발표 지면

한겨레신문사에서 발행한 월간지 『나·들』에 2013년 5월(7호)부터 2014년 7월(21호)까지 총 15회에 걸쳐 연재했던 「감옥의 몽상」을 전면 수정하고 확장시켰다. 7, 10, 11, 13, 14장은 새로 집필한 원고다.

「수감 중에 쓴 글」은 웹진 『위클리 수유너머』에 2010년 2월 10일 (3호)부터 2011년 7월 19일(75호)까지 비정기적으로 연재했던 「영장 찢고 하이킥」에서 선별했다. 출소한 다음에 쓴 글과 일치하지 않거나 부정확한 부분이 있지만 재소자의 제한된 상황을 반영하는 것이기에 바로잡지 않고 그대로 두었다. 출간에 필요한 최소한의 수정만 거치었다.

「다음 세대를 위한 병역거부 길잡이」는 나의 입영날짜인 2009년 11월 10일, '영장찢고 하이킥'이라는 이름으로 열었던 행사에서 발표했던 원고다. 이 글은 『맑스를 읽자』(그린비, 2010)와 『우리는 군대를 거부한다』(포도밭, 2014)에 실린 적이 있으며, 이마마사 하지메今政肇의 번역으로 일본 임팩트 출판사에서 발행되는 『임팩션』インパクション 2010년 5월(174호)에도 게재됐다. 재수록하면서 문장을 다듬었다.

374

× × × × ×

× × × × ×